Der Urwald hat
meinen Vater verschluckt

Simon van der Geest, geboren 1978, schreibt Bücher, Theaterstücke und Gedichte und ist einer der bedeutendsten niederländischen Kinderbuchautoren. Seine Bücher wurden vielfach ausgezeichnet, unter anderem mit dem Goldenen Griffel, dem wichtigsten Preis für Kinder- und Jugendliteratur in den Niederlanden.
www.simonvandergeest.nl

Außerdem von Simon van der Geest erschienen:
Das Abrakadabra der Fische

Mehr über unsere Bücher, Autoren und Illustratoren auf:
www.thienemann-esslinger.de

SIMON VAN DER GEEST

Der URWALD hat meinen VATER verschluckt

Mit Illustrationen von
Karst-Janneke Rogaar

Aus dem Niederländischen von
Andrea Kluitmann

THIENEMANN

*Für meine Schwester Anzj
und für Timon*

Ich versuche, nicht an Kaimane zu denken. Oder an Piranhas. Und auch nicht an Wassergeister. Nur ans andere Ufer denken. Es ist nicht weit.

Bis zur Taille stehe ich im strudelnden Wasser, meine Hände umklammern das Tau. Der letzte Rest der Seilbrücke. Der Fluss zieht und zerrt an mir. Vögel übertönen kreischend das Getöse, als würden sie mich ermutigen: Los, Eva, du schaffst das!

Das andere Ufer. Da muss ich hin. Da ist er. Irgendwo hinter dieser Wand aus Blättern, Baumstämmen, Schilf und Lianen.

Ich mache einen Schritt, tiefer rein in den Fluss. Das Wasser reicht mir bis zum Nabel und reißt mich schon fast mit. Aber dann wollen meine Füße nicht mehr weiter. Das Tau scheuert in meinen Händen, meine Armmuskeln fangen an zu zittern. Tausende Kilometer habe ich zurückgelegt, und jetzt, so nah, traue ich mich nicht mehr.

Noch ein letztes Mal schaue ich mich um. An einem Ast hängt mein Rucksack mit meinem Handy und meiner Projektarbeit, mit der alles vor ein paar Wochen anfing. Hätte ich ein anderes Thema gewählt, würde ich jetzt nicht hier stehen. Dann säße ich ganz normal in der Klasse, neben dem leeren Aquarium, hinter Luuk.

1. Die Projektarbeit

KAPITEL 1

Wie ich auf die Idee für diese Projektarbeit gekommen bin

Zuerst fiel mir wirklich nichts ein, als wir uns ein Thema überlegen sollten. Es darf alles Mögliche sein, sagte unsere Lehrerin, wenn es nur etwas ist, worüber du mehr wissen möchtest, und wenn es mit Biologie zu tun hat.

»Dann nehme ich Biotomaten!«, rief Wesley natürlich sofort, weil sein Vater in seinem Gartenbaubetrieb Biotomaten züchtet. Kein Kunststück. Ich glaube nicht, dass das ein Thema ist, über das er mehr wissen will. Er weiß schon alles.

Für die meisten ist es nicht so schwierig, ein Thema zu wählen. Wer ein Lieblingstier hat, nimmt einfach das, zum Beispiel Hühner, Tropenfische oder Drachen. (Okay, Drachen waren nicht erlaubt. Aber wenigstens hatte Luuk eine Idee.)

Ich habe die ganze Woche nachgedacht, aber ein Lieblingstier habe ich nicht so recht, in unserem Garten wächst nur Gras, und ich habe keinen Vater mit einem biologischen Gartenbaubetrieb. Ich habe nicht einmal einen Vater. Ich habe nur eine Mutter.

Und da wusste ich es plötzlich. Das ist ein Thema, über das ich mehr wissen will. Ich weiß noch nichts darüber. Ich halte meine Projektarbeit über Biologische Väter.

Liebe Eva,

bist du dir sicher, dass du dieses Thema nehmen möchtest? Ich halte das für keine so gute Idee. Ich glaube, das ist noch zu kompliziert.

Denk noch mal nach. Mittwoch möchte ich gern dein neues Thema hören.

(Und versuche nächstes Mal bitte, deine Mitschüler aus dem Spiel zu lassen. Es ist nicht so nett zu sagen, dass Wesleys Wahl „kein Kunststück" ist …)

Herzliche Grüße
Frau Gerling

Waffen

»So was Blödes«, sagt Luuk und legt Frau Gerlings Brief zurück auf meinen Tisch. »Ich finde es ein voll gutes Thema, ganz bestimmt. Und du hast recht; Wesley macht es sich total leicht. Der kann einfach alles seinen Vater fragen.«

Es hat schon geklingelt. Zu beiden Seiten gehen Kinder an uns vorbei in den Gang. Durch das algengrün verfärbte Aquariumglas scheint die Sonne auf meinen Tisch und verleiht dem Brief die Farbe von Rotz.

»Worüber soll ich denn jetzt schreiben?«

»Du könntest natürlich biologische … Waffen nehmen«, sagt Luuk.

»Was sind das?«

»Du weißt schon, dass riesengroße Wespen gezüchtet werden, um sie im Krieg einzusetzen. Oder Viren ins Trinkwasser der Feinde gesteckt werden, damit sie furchtbaren Juckreiz kriegen.«

»Hm, vielleicht. Ich weiß nicht.«

»Darf Eva das nehmen, Frau Gerling? Biologische Waffen?«, fragt Luuk.

Frau Gerling schaut auf, einen Stapel Hefte in den Händen. Ihr ewiges Lächeln bleibt halb in ihrem Gesicht stecken.

»Lieb, dass du Eva helfen möchtest, Luuk«, sagt sie. »Aber das ist nicht richtig was für Eva, oder?«

Ich zucke die Achseln.
»Du überlegst dir selbst schon noch was, ja, Eva?«
Ich nicke.
Ihr ewiges Lächeln kehrt zurück. »Schlaf noch mal eine Nacht drüber«, sagt sie.

Als Luuk und ich das Schulgebäude verlassen, sehen wir Vita an der großen Eiche stehen. Sie wird umringt von sämtlichen Leuten und hat ihre tragbaren Boxen wieder dabei.
Musik strömt über den Schulhof, manche Kinder bewegen sich zum Beat. Ich habe das Lied schon hundert Mal gehört.
Ein paar Kinder schauen auf, als wir vorbeigehen, und kommen zu mir. »Cooler Song!«, sagen sie. »Darfst du nicht mal mitspielen in den Clips?« »Frag sie doch mal!« »Bestimmt wirst du später auch Sängerin …«
Vita fängt wiehernd an zu lachen. »Eva? Die singt immer superleise und wenn sie mal laut singt, klingt sie wie eine alte Krähe!«
»Als könntest du so gut singen«, schnauzt Luuk.
Ich sage nichts. Sie hat recht, ich kann wirklich nicht singen, ich bin immer heiser. Ein paar Mädchen aus der Fünften kommen kichernd auf mich zu. Eine hält mir ein Heft und einen Stift hin. »Kann ich ein Autogramm von dir haben?«
»Von mir?«
»Ja«, sagt sie. »Silla Loks ist doch deine Mutter?«
Vita verschränkt die Arme über der Brust. »Tja, Eva sieht ihr ja echt nicht die Bohne ähnlich, was?«

Das Mädchen bleibt zögernd stehen und schaut von Vita zu mir. »Äh ...«

»Das sieht man doch sofort? Silla Loks ist weiß und blond. Silla Loks singt die Sterne vom Himmel und Eva ...?«

»Vita, halt jetzt mal die Klappe«, sagt Luuk.

Das Mädchen, das das Autogramm wollte, zieht schon wieder ab.

»Also, ich glaube ja«, sagt Vita zu allen, die es nur hören wollen, »dass Eva bei Silla Loks vor der Tür lag, in einem Körbchen, als Findelkind.«

Eine Flamme schießt durch meinen Bauch. »Silla *ist* meine Mutter!«

»Wieso bist du dann so braun?«, gackert sie weiter.

»Das weißt du genau«, murmele ich.

Luuk zieht mich vorsichtig am Arm. »Komm, Evi.«

Aber ich bleibe stehen.

Vita stemmt die Hände in die Hüften. »Aber du *hast* doch keinen Vater? Das sagst du doch immer.«

»Das ist auch so«, antworte ich. »Aber ich habe natürlich einen *biologischen* Vater.«

»Wen denn? Wo wohnt er denn? Warum erzählst du nie von ihm?«

»Ich erzähle *wohl* von ihm«, schnauze ich zurück. »Ich schreibe sogar meine Projektarbeit über *Biologische Väter!*«

»Haha!«, macht Vita. »Das wird dann bestimmt eine sehr kurze Projektarbeit!« Höhnisch lachend geht sie weg, die Boxen unter dem Arm.

Würmer

»Ich dachte, du wolltest dir ein neues Thema suchen«, sagt Luuk, während wir den Schulhof verlassen.

»Das dachte ich auch. Aber jetzt bin ich mir sicher, dass ich dieses nehme.«

Ich kicke ein Steinchen weg. Zwei Möwen, die um eine Pommes kämpfen, fliegen auf.

»Gehen wir zu dir oder zu mir?«, fragt Luuk.

»Lieber zu dir. Mama hat eine Probe.«

»Crash! Bumm! Tot!«, ruft Luuk plötzlich. Grinsend zeigt er auf meine Füße: Ich habe mich auf einen Kanaldeckel gestellt.

Es ist ein Spiel, das wir uns ausgedacht haben, als wir klein waren: Kanaldeckel sind Schluchten, man darf nicht drauftreten, sonst stürzt man in den Abgrund. Aber jetzt habe ich keine Lust. »Ich mache gerade nicht mit.«

»Oh. Okay«, sagt Luuk, während wir weitergehen. Er schiebt sich die Hände in die Hosentaschen. »Lass dir von Vita doch nicht die Laune verderben. Soll sie doch reden.«

»Es ist auch Frau Gerling«, gebe ich zu, »mit ihrem blöden Brief.«

Luuk zuckt die Achseln. »Ich war auch genervt, als ich meine Projektarbeit nicht über Drachen schreiben durfte«, sagt er. »Dabei ist biologisch gesehen sehr wenig über Drachen bekannt.«

»Weil es sie nicht gibt?«

»Wahrscheinlich. Aber dann habe ich im Internet den Komodowaran gefunden. Das ist eine Eidechse, die bis zu drei Meter lang werden kann und Hirsche frisst, und sogar Büffel. Sie ist fast ein Drache und wird sogar auch Komododrache genannt, außer eben, dass sie kein Feuer speit ...« Mit einem großen Satz springt er über einen Kanaldeckel. »Aber erzählt deine Mutter denn nie was über deinen Vater ... ich meine ... über deinen *biologischen* Vater?«

Ich schüttele den Kopf. »Fast nichts.«

»Weißt du auch nicht, wie er heißt?«

»Nein. Wir reden eigentlich nie über ihn. Und wenn sie schon mal über ihn redet, nennt sie ihn ›diesen Kerl‹ oder ›diesen Wurm‹.«

Luuk hebt eine Augenbraue. »Wieso Wurm?«

»Weiß ich nicht. Vielleicht, weil er sofort abgehauen ist.«

Wir biegen in die Kastanienallee, wo Luuk wohnt.

»Würdest du ihn nicht gern mal sehen wollen?«

»Nein, echt nicht. Ich wüsste nicht, warum.«

»Wo wohnt er eigentlich?«

»Keine Ahnung.«

»Bestimmt unter der Erde«, sagt Luuk lachend.

Mein Mund lacht mit. Kurz. Bis ich sehe, dass er auf einen Kanaldeckel getreten ist. »Patsch! Du bist tot!«, rufe ich.

»Verdammt«, sagt er, und er gurgelt einen Todesschrei:

»Aaahhrrrggg ...«

Hinter uns ertönt eine Fahrradklingel. Es ist Luuks Vater, wacklig fährt er mit Luuks Zwillingsschwestern vorbei: eine sitzt vorn auf seiner Stange und die andere steht auf dem Gepäckträger. Ich hab noch nie bei Mama hinten drauf gestanden.

»Wer zuerst zu Hause ist!«, ruft Luuks Vater. Luuk und ich rennen hinter dem Fahrrad her. Die Schwester auf dem Gepäckträger – es ist Iris, sehe ich jetzt – hält die Schultern ihres Vaters gut fest, als wäre sie die Kutscherin und er das Pferd. »Schneller, Papa!«, ruft sie.

Plötzlich macht das Fahrrad einen seltsamen Satz und mit viel Gekreische und Getöse landet es schwankend im Gebüsch. Siri und Iris können gerade noch abspringen, aber ihr Vater verschwindet samt Fahrrad zwischen den Sträuchern.

Zwei Sekunden später taucht er wieder auf, aus seinem Kragen ragt ein Blatt. »Tut mir leid, Mädels. Alles in Ordnung, könnt ihr noch gehen?«

Sie nicken ein wenig benommen.

»Und könnt ihr noch gewinnen?« Er zwinkert ihnen zu.

Peng! Das Wettrennen geht weiter, sie rennen nach Hause, Luuk dicht hinter ihnen. Er lässt sie absichtlich gewinnen, sehe ich.

»Erste!«, rufen die Mädchen an der Tür. Ihr Vater jubelt und hebt beide Arme in die Luft. Dann schaut er zu mir und legt mir eine Hand auf die Schulter. »Und wie geht's dir, Evi?«

»Ganz gut«, sage ich.

Eigentlich darf nur Luuk mich »Evi« nennen.

Luuks Vater zerrt sein Fahrrad aus dem Gebüsch und fährt

das letzte Stück nach Hause. Ich sehe ihm nach, mit seinen wilden Haaren und den meterlangen Beinen. Als er am Haus angekommen ist, hebt er seine Siegerinnen-Töchter hoch und wirbelt sie durch die Luft, sie kreischen vor Freude. Immer wieder hebt er sie hoch. Während ich zusehe, bekomme ich ein seltsames, hohles Gefühl im Bauch.

Mama steht in der Küche und brät Fisch, als ich nach Hause komme. Mit einem Holzlöffel trommelt sie einen Rhythmus auf der Spüle und tanzt dazu mit den Schultern.
 Sie gibt mir einen Kuss. »Mein neuer Song kommt gut an«, erzählt sie. »Das ist der erste Tag, und er wurde schon ich-weiß-nicht-wie-oft gespielt. And guess what ... Das Flash Festival hat angerufen. Wir spielen nicht im kleinen Zelt, sondern auf der Hauptbühne!« Sie tanzt im Kreis. »Zwölftausend Mann Publikum! Stell dir das nur vor!«
 »Wow«, sage ich. »Wie cool!«
 Vielleicht ist das ein guter Moment.
 Ich lehne mich an den Kühlschrank. »Mam ...?«
 »Hm?« Sie wendet den Fisch in der Pfanne und tanzt weiter.
 »Wir sollen eine Projektarbeit schreiben, in der Schule ...« Ich hole tief Luft.
 »Eine Projektarbeit«, wiederholt Mama. Sie trommelt mit und macht ein Lied daraus: »Eine Pro-jekt-ar-beit ... eine Pro-jekt-ar-beit ...« Ihre Arme machen Wellenbewegungen, als wären sie zwei Schlangen und hätten keine Knochen. »Und? Hast du schon ein Thema?«

Ihre hellblauen Augen schauen mich an.
»Äh ...«, murmele ich. »Vielleicht nehme ich ... Würmer.«
(Warum sage ich das?)
»Würmer?? Magst du die?«
»Nee. Weiß ich nicht.« Ich spüre, wie mir das Blut in die Wangen steigt. »Vielleicht nehme ich auch was anderes.«

Später, in meinem Zimmer, stecke ich das erste Blatt meiner Projektarbeit in eine gelbe Plastikmappe. Dann ziehe ich die untere Schublade von meinem Schreibtisch ganz heraus. Der Platz darunter ist leer, bis auf zwei kleine tote Spinnen. Da verstecke ich die Mappe. Die beiden Spinnen lege ich obendrauf, wie eine Art Aufpasser.

KAPITEL 2

Was ist ein biologischer Vater?

Jeder, der einen Nabel hat, hat auch einen biologischen Vater.

Dein Nabel ist nämlich der Rest deiner Nabelschnur. Das heißt, du warst im Bauch deiner Mutter, und da musst du über die Samen deines biologischen Vaters gelandet sein. Oft ist es auch so, dass er deine Nabelschnur durchtrennt hat, und vielleicht hat er auch einen Knoten da rein gemacht.

Meiner Ansicht nach hat jeder Mensch einen Nabel, und somit auch einen biologischen Vater. Man kann auch noch einen anderen Vater haben, weil es mehrere Sorten gibt, wie zum Beispiel den Stiefvater, den Adoptivvater und den Doktorvater. Es gibt sogar einen Darth Vader (sehr selten:) Aber du hast immer nur einen einzigen biologischen Vater. Nur die allererste Eva nicht, die hatte keinen. Die kam aber auch nicht aus einem Bauch, sondern aus einer Rippe, hatte also keinen Nabel. Wenn du Bilder von ihr mit Nabel siehst, ist das ein Fehler vom Maler. (Aber nun gut, ich finde die Story eh reichlich seltsam: Adam war aus Ton gemacht, dabei kann ich mir noch etwas vorstellen, aber eine Rippe – die ist total hart. Wie konnte Gott daraus eine Frau kneten?)

Ich heiße auch Eva, aber ich habe einen Nabel. Also muss ich auch einen biologischen Vater haben.

START NACHFORSCHUNGEN:

HAT EVA LOKS EINEN BIOLOGISCHEN VATER?

 JA!

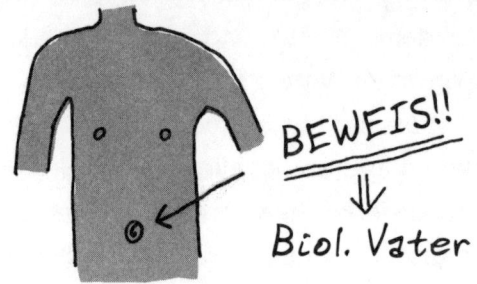

BEWEIS!! ⇩ Biol. Vater

NAME BIOL. VATER = WURM??!

Laut biol. Mutter

"Hallo! Ich bin Evas Vater."

← sehr unwahrscheinlich

Ein Stecknadelregen

»Ich dachte, du würdest ein anderes Thema nehmen?«, sagt Frau Gerling lächelnd. Sie schiebt mir das Blatt mit meinem Kapitel zu. Am Rand steht nur ein großes rotes Fragezeichen, es schreit mich an, ohne Geräusche zu machen.

»Ich sollte noch mal eine Nacht darüber schlafen«, murmele ich. »Und das habe ich getan.«

Die Lehrerin lehnt sich in ihrem Stuhl zurück und wartet.

»Mir ist kein anderes Thema eingefallen«, sage ich schließlich.

»Aber sicher fällt dir was ein«, sagt sie, noch immer mit diesem Lächeln. »Es gibt tausend interessante Themen. Erdmännchen, Eisbären, Klimawandel ...«

Plötzlich schießen mir die Tränen in die Augen. Ich kneife sie fest zusammen, immer wieder, aber es hilft nicht. Ein Tropfen platscht auf den Schreibtisch.

»Eva ...« Frau Gerling streichelt meinen Arm. »Möchtest du es denn so gerne?«

Ich schaue sie an.

Sie seufzt. Ganz tief. »Also gut ... Wenn du nur was daraus lernst.«

Ich nicke und wische mir schnell mit dem Ärmel die Augen trocken.

Dann fragt sie: »Hast du schon mit deiner Mutter darüber gesprochen?«

»Ja, klar«, lüge ich. Der kleine Zeh von meinem rechten Fuß fängt sofort an zu kribbeln.

Bevor Frau Gerling noch weitere Fragen stellen kann, gehe ich schnell zurück zu meinem Platz.

An meinem rechten Fuß habe ich sechs Zehen. Das war schon immer so. Der Arzt hat gesagt, es sei nichts Schlimmes und es käme ganz oft vor: Eines von 3000 Kindern hat einen Zeh zu viel, oder einen Finger. Trotzdem kenne ich niemanden, der das auch hat.

Der zusätzliche Zeh sieht ganz normal aus, bloß vielleicht ein wenig kleiner und krummer. Mama hat schon ein paar Mal gefragt, ob ich ihn nicht wegoperieren lassen möchte. Sie glaubt mir nicht, wenn ich ihr erkläre, dass ich etwas ganz Besonderes mit meinem Zeh kann. Etwas, was sonst niemand kann.

Manchmal fängt er plötzlich an zu piksen und zu kribbeln. Ein warmer Stecknadelregen. Früher habe ich nicht so darauf geachtet. Dann dachte ich, ich hätte zu lange im Schneidersitz gesessen und mein Fuß sei eingeschlafen, aber es war doch anders. Später fiel mir allmählich auf, dass es nur passiert, wenn ich lüge.

Aber das Verrückteste ist vielleicht, dass er manchmal auch anfängt zu jucken, wenn *jemand anderes* lügt. Ich darf nicht zu weit entfernt sein, und ich muss mich gut auf das Gesicht von demjenigen konzentrieren, aber dann passiert es ab und zu. Als würde mein Zeh mir durch sein Kribbeln verraten, ob es die Wahrheit ist oder nicht.

Fast keiner weiß das. Außer Luuk natürlich. Er nennt es meine »Gabe«.

»Ich darf doch«, sage ich auf dem Nachhauseweg zu Luuk. »Frau Gerling hat es sich anders überlegt.«

»Yes!«, jubelt Luuk. Er stößt sich ab und rollt ein Stückchen auf seinem Skateboard vor. »Ich hab doch gesagt, dass es ein gutes Thema ist!« An einem kleinen Hügel versucht er, über einen Kanaldeckel zu springen. Sein Brett segelt anstandslos darüber, aber Luuk selbst fällt zur Seite in einen Garten voller Blumen. Der Mann, dem der Garten gehört, findet das nicht so witzig wie wir. Er hämmert gegen sein Fenster.

»Los, abzischen ...«, rufe ich grinsend. Rollend und rennend hasten wir nach Hause.

»Ach, ja, Evi, noch was«, sagt er vor meiner Haustür, »nächste Woche Samstag sollte doch meine Geburtstagsfeier stattfinden, weißt du noch? Aber mein Vater sagt: Mit zwölf bist du fast schon ein Mann. Zeit für ein großes Fest. Jetzt haben wir uns was viel Besseres ausgedacht ...«

Die Einladung

Beim Essen erzähle ich Mama von Luuks Einladung. Ich bin noch nicht fertig, als sie sich verschluckt.

»Ein *Männer*wochenende?« Sie wischt sich ein Reiskorn von der Wange. »Und dazu lädt er dich ein? Und mich auch?«

»Es ist noch für seinen Geburtstag.«

»Aber ein *Männer*wochenende?«

Ich nicke. »Eigentlich ist es ein Fast-Nur-Männer-Wochenende, aber das ist so lang.«

Sie sieht mich an, als hätte ich mich vor ihren Augen in einen Frosch verwandelt.

»Toll, oder? Luuk darf drei Freunde und ihre Väter einladen.«

»Pfff. Stimmt irgendwas mit Müttern nicht?«

Ich zucke die Achseln. »Er hat noch gefragt, ob ich Opa vielleicht mitnehmen will, aber ich möchte lieber dich. Das war auch okay. Kommst du mit?«

Sie lässt die Arme fallen. »Ich weiß noch gar nicht, ob ich nächstes Wochenende überhaupt kann.«

»Ohne dich bin ich das einzige Mädchen da. Dann gehe ich nicht.«

Sie schluckt einen Bissen Reis herunter.

Ich hebe die Schultern. »Dann eben nicht. Natürlich musst du auftreten. Du musst ja immer auftreten.« Ich schiebe meinen Stuhl zurück. Es klingt schön laut.

»Einfach lächerlich, dass da nur Männer mitkommen sollen«, sagt sie schnell. »Ich bin dabei! Natürlich komme ich mit.«

Ich springe vom Stuhl auf. »Vielleicht gehen wir angeln und machen ein Feuer und so. Wir könnten schon so richtig schmutzig werden.«

Sie nickt so heftig, dass ihr Dutt auf und ab wippt. »Klar, klar. Gar kein Thema. Ich habe Gummistiefel. Irgendwo.«

Sie ist schon unterwegs nach draußen und geht in den Schuppen. Ich höre sie rumkramen und renne ihr nach. »Mama? Haben wir ein Zelt?«

»Habe ich auch«, klingt es gedämpft. »Wohin geht's eigentlich?«

»Zu einem Campingplatz nicht so weit von hier. Am äh ... Zinnensee.«

Sie starrt mich an. »Am Zinnensee?«

»Ja. In den Dünen. Wieso, was ist damit?«

»Nichts.« Sie dreht sich wieder um. »Gar nichts. Möchtest du noch Nachtisch?«

Die Legende

Luuk und ich radeln über den Dünenweg zu meinem Opa. Luuk singt gut gelaunt vor sich hin. Ich habe ihm gerade erzählt, dass Mama und ich zu seinem Fast-nur-Männer-Wochenende kommen. Er freut sich, aber mir kommen plötzlich doch ein wenig Zweifel. Mama und ich, und sonst nur Jungs und Väter ... Aber gut, immerhin kann ich so eine Gruppe biologischer Väter in freier Natur aus der Nähe erleben. Praktisch für meine Projektarbeit.

Nach einer halben Stunde stehen wir vor Opas Tür. Die Falten auf seiner Stirn verschwinden sofort, als er uns sieht.

»Hallo, Opa!«, begrüßt Luuk ihn. Er hat null Opas, also darf er sich meinen gern ein wenig ausleihen.

Ich zeige auf seine Nase. »Du hast da Farbe, Opa.«

Er setzt die Brille ab und verdreht die Augen. »Ja ... Heute hatte ich Ärger.«

»Ärger?«

»Mit meinem Pinsel. Er hat mir meine ganze Leinwand verdorben. Ihr kommt gerade recht. Ich muss mal raus.«

»An den Strand?«, schlägt Luuk vor.

»Gerne.« Opa blickt zu dem dunklen Himmel in der Ferne. »Das schaffen wir gerade noch.«

Also folgen wir dem Weg und der Treppe nach unten, zum

Strand. Barfuß laufen wir zur Brandung. Dort liegt ein Schlachtfeld mit durchsichtigen toten Quallen.

Luuk tippt vorsichtig mit dem Fuß gegen eine riesengroße, die schwabbelt wie ein Wackelpudding.

»Hast du nicht bald Geburtstag, Luuk?«, fragt Opa.

»Samstag«, antwortet Luuk. »Ich gebe ein Campingfest, am Zinnensee. Eva kommt auch mit, natürlich.«

»Und Mama«, sage ich. »Als sie hörte, dass wir an den Zinnensee fahren, hat sie, glaube ich, einen Schrecken bekommen.«

»Warum?«, fragt Opa.

»Keine Ahnung. Ist was mit diesem See?«

»Wenn du mich fragst, ist das ein ganz normaler Dünensee. Auf der alten Dünenkarte bei mir im Flur ist er auch eingezeichnet. Mit einem Meerjungfrauenschwanz, wegen der Legende.«

»Welche Legende?«, erkundigt sich Luuk.

»Kennst du die nicht?«, fragt Opa lächelnd. »Vor Hunderten von Jahren haben ein Fischer und sein Liebchen dort eine Meerjungfrau gesehen. Und seitdem heißt es: Wer nachts bei Vollmond mit seiner wahren Liebe in den See geht, dem erscheint die Meerjungfrau.« Opa schnaubt. »Für jede Menge junger Leute ist so eine Geschichte genug Anlass, nachts in den See zu steigen. Zu meiner Zeit ist sogar mal jemand ertrunken; damals konnten noch nicht alle schwimmen.«

Luuk verzieht das Gesicht. »Schön dumm.«

»Warst du auch mal nachts mit einem Mädchen im See?«, frage ich. »Mit Oma?«

Er schüttelt den Kopf. »Ich glaube nicht an Meerjungfrauen. Genauso wenig wie an die ewige Liebe.« Er tritt ein wenig in den Sand.

»Und Mama? War sie mal im See?«

Opa schaut auf. »Das könnte durchaus sein.«

Luuk und ich sehen uns kurz an. Ich weiß, dass er denkt, was ich denke. Ich versuche, es mir vorzustellen. Mama als Mädchen. Mama, die verliebt ist.

»Hast du meinen biologischen Vater mal gesehen?« Ich erschrecke ein wenig vor meiner eigenen Frage.

Aber Opa lächelt nur. »Leider nicht. Ich weiß genauso wenig wie du.«

»Schade.«

»Ich weiß nicht einmal, wie er heißt«, sagt Opa. »Sie hat kaum jemals von ihren Freunden erzählt. Damals habe ich sie auch nicht so oft gesehen. Als Schluss war, da ist sie wieder öfter hergekommen, am Wochenende. Sie war sehr ... wütend, daran erinnere ich mich noch. Stundenlange Strandspaziergänge und trotzdem noch immer aufgebracht nach Hause kommen ... Aber dann bist du aufgetaucht, in ihrem Bauch, und auf einmal hat sich alles verändert. Deine Mutter strahlte, sie sang, sie stürzte sich wieder auf die Musik. Die Gitarre auf dem dicken Bauch. Einen Fan habe ich schon, sagte sie, weil es immer war, als würdest du in ihrem Bauch tanzen, sobald sie anfing zu spielen.«

»Aber warum erzählt sie denn nie von ihm?«, frage ich.

»Ich weiß es nicht.« Opa schaut mich über den Brillenrand

an. »Aber das kommt bestimmt noch. Wenn du ein wenig älter bist ...«

Ich hasse es, wenn jemand das sagt.

Am Ende des Nachmittags fahren Luuk und ich nach Hause. Mama ist noch nicht da. Ihre Probe dauert bis spät abends. Es ist ein wenig kalt im Haus. Ich schiebe eine Pizza in den Backofen. In der Zwischenzeit lege ich meinen Lieblingssong von Mama auf. »*Du gehörst mir ... Mir gehörst du!*« singt sie durch den ganzen Raum. Aber nach einer Minute habe ich schon wieder genug davon.

Ich lasse mich aufs Sofa fallen und schalte den Fernseher an. Ich zappe ein wenig, bis ich bei einer Sendung über Leute hängen bleibe, die ihre Verwandten suchen. Ein Zimmermann aus Emmen erzählt der Moderatorin, dass er seine echte Mutter gern kennenlernen möchte. Man kann gut sehen, dass er adoptiert wurde: Seine Eltern sind weiß und haben Schnittlauchhaare, während er hellbraune Haut hat und dicke schwarze Locken. Während die Moderatorin ihm zuhört, nickt und seufzt sie, als würde er ihr erzählen, er sei todkrank. »Du hast also all die Jahre eine ... Lücke in dir gespürt?«

»Na ja, eine Lücke ...«, murmelt der Zimmermann.

»Dir fehlt etwas. Dich quält die ewige, brennende Frage ...« Sie ballt eine Faust und hält sie nah an seine Brust, als könnte sie dort das Feuer dieser Frage spüren.

Er zuckt zurück. »Ja ... so was in der Art.«

»Wir helfen dir«, sagt sie und wendet sich zur Kamera. »Wir

von VERLORENE ZEIT, wir werden diese schmerzliche Lücke schließen. Wir ... machen uns auf die Suche.« Sie hat den Satz kaum beendet und sie sitzen auch schon im Flugzeug. So einfach geht das im Fernsehen.

Das Schloss klappert, Mama ist da. Sie gibt mir einen Kuss und setzt sich neben mich aufs Sofa. Ich schmiege mich dicht an sie. Sie riecht nach Probe.

Auf dem Bildschirm sehen wir die Adoptiveltern aus Emmen, zwei alte Leute mit Tränen in den Augen. Sie zeigen Fotos von früher, als der Zimmermann klein war. Man sieht einen Knirps auf dem Dreirad, einen Knirps mit beiden Händen voller Fingerfarbe. Die Adoptivmutter zieht die Nase hoch, ein Tropfen fällt auf das Foto.

»Was siehst du dir denn da an?«, fragt Mama und zieht eine Grimasse.

»Schscht«, sage ich. Der Zimmermann und die Moderatorin sind in einem warmen Land angekommen. Zunächst einmal machen sie sich auf die Suche nach einem Bruder. Es stellt sich heraus, dass der in einer kleinen Holzhütte wohnt. Als der Zimmermann und die Moderatorin fast an der Hütte angekommen sind, ertönen Geigen. Vor der Hütte bleibt der Zimmermann stehen. Mit Tränen in den Augen zeigt er auf das Reetdach. »Sieh nur. Das Dach ist undicht.« Dann klingelt er. Es ist, als würde sein Spiegelbild die Tür öffnen, bloß ist der Bruder etwas kleiner. Sie wollen sich gerade in die Arme fallen, aber das dürfen sie nicht mehr, weil Mama den Fernseher ausschaltet. »Solltest du nicht mal langsam ins Bett gehen?«

Ich frage, ob ich die Sendung bitte noch zu Ende schauen darf. Nur noch ein kleines Stück, ein winziges Stück, aber nein.

Als ich im Bett liege, rufe ich Mama, damit sie mir einen Gutenachtkuss gibt. Sie setzt sich an mein Bett und streichelt meine Haare. »Schlaf schön, Vögelchen.« Ich stütze mich auf meine Ellenbogen. »Opa hat von der Legende vom Zinnensee erzählt.«

»Legende?«

»Kennst du die Geschichte nicht?«

Sie schüttelt den Kopf.

»Dann bist du auch nie nachts im See gewesen?«

»Nachts? Warum sollte ich?« Sie beugt sich über mich und schaltet meine Nachttischlampe aus.

Ich strampele mit dem Fuß unter der Bettdecke.

»Was hast du?«

»Nichts. Es juckt.«

»Mal kurz reiben?«

Ich nicke. Mit ihren warmen Händen nimmt sie meinen Fuß und reibt darüber. Es fühlt sich schön an. Aber das Kribbeln verschwindet erst, als sie aus meinem Zimmer gegangen ist.

Entdeckungen

Man kann nicht weiter als bis zum nächsten Laternenpfahl schauen, so dick ist der Nebel. Ich springe von einem Bein aufs andere, um mich warm zu halten, bis Luuk endlich auftaucht.
»Evi!« Er steckt mir ein Blatt Papier zu. »Hier. Ich habe ein neues Kapitel fertig ... Lies mal. Habe ich gestern Abend noch im Internet gefunden.«
Mit dem Blatt in den Händen gehe ich los.

DIE ENTDECKUNG DES KOMODOWARAN

Das alles geschah 1911, also vor über 100 Jahren. Ein paar Holländer segelten an einer Insel in Indonesien vorbei. Sie kehrten mit Geschichten über Drachen zurück, die sieben Meter lang waren und die ganze Zeit Feuer spuckten. Ein niederländischer Leutnant, der auf einer Insel in der Nähe wohnte, hörte diese Geschichten. Er dachte: Puh, sieben Meter ... so ein Quatsch.

Das wollte er mit eigenen Augen sehen. Er glaubte nicht an Drachen, aber sicherheitshalber nahm er trotzdem ein paar Soldaten mit, und Gewehre und eine Kanone und ein riesiges Netz. Man konnte schließlich nie wissen. Sie fuhren mit dem Boot zu der Insel und suchten überall in der Wildnis. Nach ein paar Tagen rief der Leutnant plötzlich: Seht mal dort! Da steckte nämlich ein Drache den Kopf aus dem Gebüsch. Alle bekamen einen furchtbaren Schrecken. Als das Tier das Maul aufriss, sahen sie, dass es auch noch eine blaue Zunge hatte und einer der Soldaten wurde ohnmächtig. Die anderen wurden nicht ohnmächtig. Die fingen an zu schießen. Bis das Tier umfiel.

Als sie es aus dem Gebüsch zogen, sahen sie, dass es nicht sieben Meter lang war, sondern höchstens zweieinhalb. Es war einfach eine ziemlich große Eidechse. Sie mussten alle lachen.

Zum Spaß schleiften sie die tote Eidechse zu dem einen Soldaten, der in Ohnmacht gefallen war, und legten das Tier auf ihn. Danach kippten sie ihm einen Eimer Wasser ins Gesicht. Er schreckte auf, sah das Monster und fing an zu schreien wie am Spieß. Er machte sich auch in die Hosen, wahrscheinlich. Die anderen Soldaten kriegten sich kaum noch ein.

»So, Jungs, das reicht mal wieder«, rief der Leutnant. »Nehmt das Tier da weg. Und zwar vorsichtig!« Er hatte nämlich Angst, dass es noch mehr beschädigt würde, und das wollte er verhindern. Er wollte es nämlich einem Freund schenken, der ein Museum hatte.

Der Freund freute sich total, denn so eines hatte noch keiner in der ganzen Welt. Er nannte das neue Tier Komodowaran. Komodo, weil es auf der Insel Komodo lebte, und Waran, weil es ein Waran war.

So wurde der Komodowaran erst 1911 entdeckt. Das ist

ganz schön spät, denn die meisten Tiere kennen wir schon viel länger.

»Pass auf!« Luuk greift nach meinem Arm. Hupend fährt ein Auto knapp an meiner Nase vorbei.
»Uff ... Danke.«
Ich gebe Luuk sein Blatt zurück. »Und das ist alles echt wahr?«
»Das meiste schon. Nur das mit dem Soldaten, der in Ohnmacht fiel und den Scherz, den die anderen sich erlaubt haben, den Teil habe ich mir ausgedacht. Aber es hätte durchaus so sein können.«
»Das ist eine *Projektarbeit*«, sage ich. »Darin schreibst du doch keinen Unsinn?«
»Es muss nur gut werden, und man muss was daraus lernen«, sagt Luuk entschlossen. »Und daraus lernt man auch viel.«
»Ja«, sage ich, »dass man nie in der Nähe von albernen Soldaten in Ohnmacht fallen sollte.«

Nach der Schule gehe ich sofort in mein Zimmer, mache die Tür fest hinter mir zu und fische die gelbe Mappe aus meiner Schreibtischschublade.
Ich nehme ein leeres Blatt Papier und will anfangen, aber dann fällt mein Blick auf das Poster vor mir. Von der Wand aus starrt Mama mich mit dunkel geschminkten Augen an. Ich habe noch keinen Buchstaben geschrieben und trotzdem spüre

ich diesen stechenden Blick. Ich klebe zwei gelbe Memozettel wie eine viereckige Blindenbrille darüber und fange mit einem neuen Kapitel an.

KAPITEL 3

Die Entdeckung des Biologischen Vaters

Viele werden sagen, dass man einen biologischen Vater nicht »entdecken« kann, denn meist ist er schon von Anfang an da. Dein Vater ist dein Vater, solange du dich erinnern kannst.
Aber so ist es nicht bei jedem. Bei mir zum Beispiel nicht.

Entdeckung Nummer 1: Als ich fünf Jahre alt war

Mir war noch nie aufgefallen, dass ich etwas nicht hatte. Klar sah ich, dass viele Kinder einen Vater hatten, aber ich hatte eine Mutter und ich hatte noch nie darüber nachgedacht. Ich dachte einfach: <u>Entweder</u> man hat einen Vater, <u>oder</u> man hat eine Mutter, und wenn man Glück hat, hat man beides.
Aber als ich fünf war, habe ich den biologischen Vater entdeckt. Jedenfalls, da habe ich entdeckt, dass es meinen biologischen Vater geben muss, ich ihn aber noch nie gesehen habe. Es war also mehr eine Nicht-Entdeckung, denn bei einer normalen Entdeckung wie etwa beim Komodowaran sieht man ihn zum ersten Mal und weiß deshalb, dass er da ist. Bei meiner Entdeckung entdeckte ich, dass er nicht da ist. Aber dass es ihn trotzdem gibt. Hoffentlich kannst du mir noch folgen.

Zusammen mit Opa und Mama war ich im Zoo. Dort sah ich, dass der Löwe ständig auf der Löwin reiten wollte. Ich musste darüber mächtig lachen und ich sagte: Das ist doch kein Pferd! (Ich war erst fünf!)

Opa erklärte, dass der Löwe nicht reiten, sondern sich paaren wollte, um neue kleine Löwen zu machen.

Aber kleine Löwen wachsen doch einfach im Bauch?, fragte ich.

Ja, aber wie kommen sie dahin?, fragte Opa.

Ich zuckte die Achseln.

Na ja, so also, sagte Opa, und er zeigte auf den Löwen. Jeder wird so gemacht, erklärte Opa. Ein Papa lässt Samen zu den Eizellen im Bauch der Mama fließen, und daraus wächst ein Baby. So wurdest du auch gemacht.

Eigentlich glaubte ich es nicht, ich dachte, Opa würde Spaß machen. Also fragte ich Mama: Hat jemand Samen in deinen Bauch getan?

Mama sagte nichts.

Aber wer denn?, fragte ich. Ein Löwe?

Darüber musste Opa laut lachen, aber Mama nicht. Sie zog mich mit, um ein Eis zu kaufen. Aber ich wollte kein Eis, ich wollte wissen, wer die Samen in Mamas Bauch gesteckt hatte.

Ein Mann eben, sagte sie genervt.

Aber Opa sagte: Dein Papa.

Ich habe also doch einen Papa?, fragte ich.

Nein, sagte Mama schnell, das ist kein Papa. Ein Papa ist für dich <u>da</u>, er liest dir vor, hilft dir beim Anziehen, nimmt dich mit in den Zoo und all diese Sachen. Der Kerl ist kein Papa. Der Kerl hat dich gemacht und mehr nicht. Und jetzt holen wir Eis.

Ab diesem Tag begriff ich, dass es jemanden gab, der mich zusammen mit Mama gemacht hatte. Opa nannte ihn »dein Papa«. Mama nannte ihn »der Kerl«. Ich habe lange gedacht, so würde er einfach heißen: Derkerl.

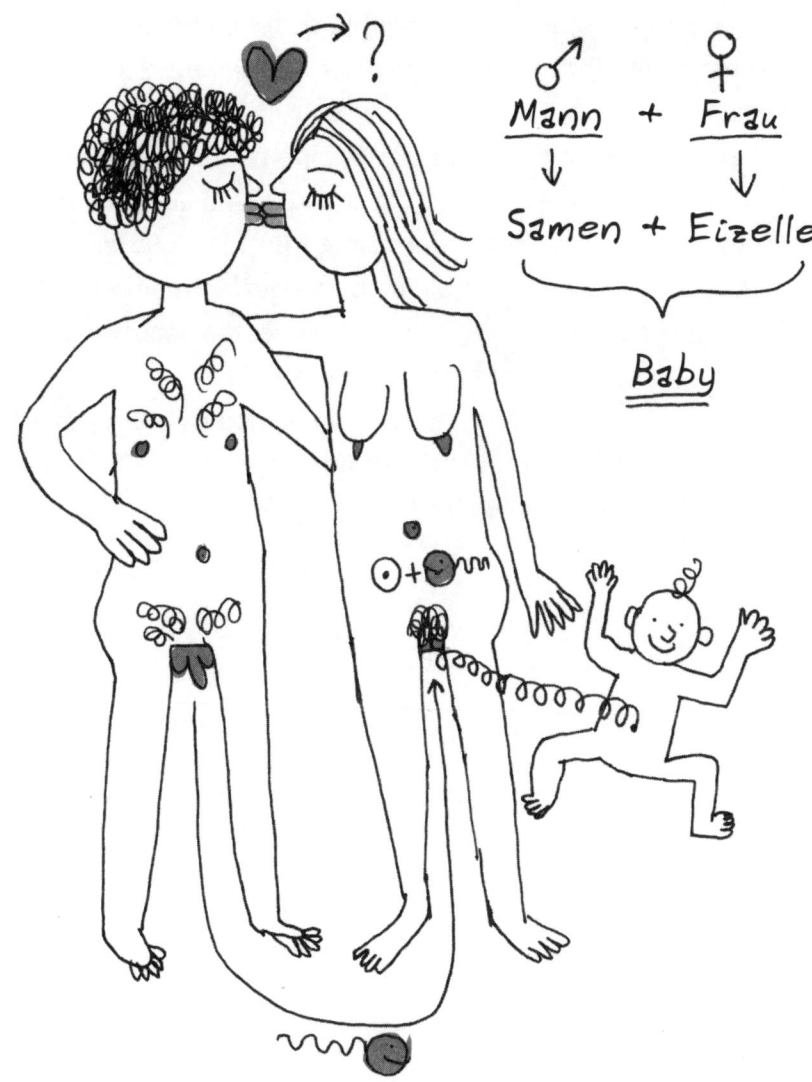

Entdeckung Nr. 2: Als ich 11 war

Ich wusste jetzt also, dass es ihn gab, aber ich wusste noch nichts darüber, <u>wie er aussah</u>, außer dass er bestimmt dunkle Haare und braune Haut hatte. Eine der wenigen Dinge, die meine Mutter mal erzählt hat, ist, dass er aus Suriname kommt.

Letztes Jahr fand ich in einer Mappe meiner Mutter ein halbes, durchgerissenes Foto. Da ist ein Arm drauf und eine Hand mit drei Ringen. Der Arm umarmt meine Mutter. Der Arm ist dunkelbraun und ist noch dunkler als meine Haut. Sehr wahrscheinlich ist das der Arm meines biologischen Vaters. Das war meine Entdeckung Nummer 2.

Wer weiß, vielleicht kommt irgendwann noch mal eine Entdeckung Nummer 3 und ich bekomme auch andere Teile zu sehen. Vielleicht seine Beine. Oder seinen Kopf.

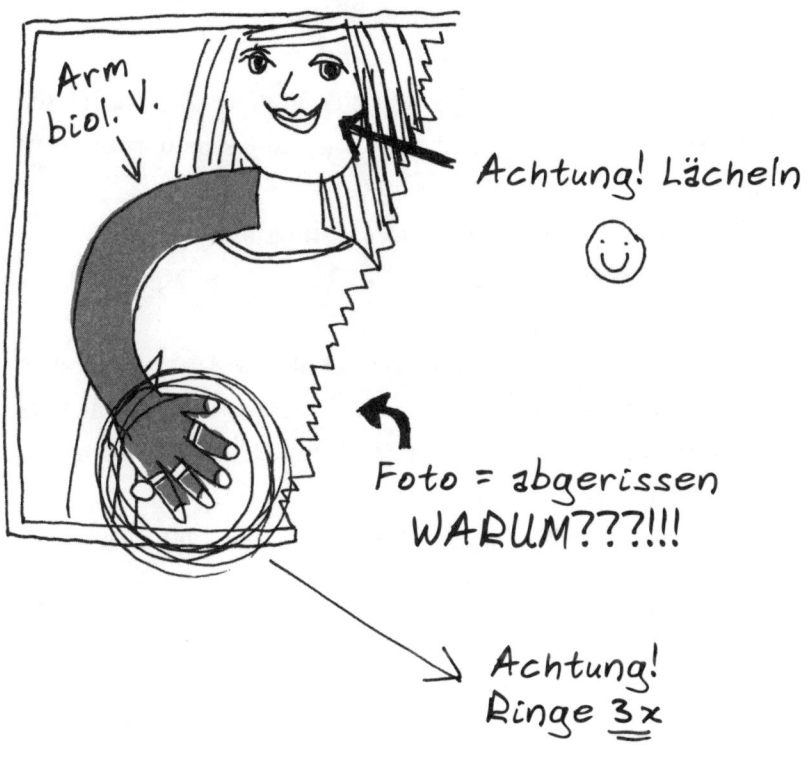

Derkerl

Plötzlich kommt Mama in mein Zimmer, ohne vorher anzuklopfen. Schnell drehe ich mein Blatt um und legte die Arme darauf. Sie lacht. »Was hast du denn da?«
»Nichts.« Mein Zeh kribbelt. Meine Wangen glühen. Schnell schaue ich auf das Blatt. Ich hoffe, die Tinte scheint nicht allzu sehr durch.
»Machst du was für die Schule?«, fragt Mama.
»Ja.« Das stimmt ja sogar.
»Zeig mal her ...?«
»Nee...« Eine Ausrede. Ich muss mir eine Ausrede einfallen lassen. »Lieber nicht ...«, sage ich. »Es ist ein Bild, aber es ist misslungen ...« Wieder sticht mein Zeh. Aber Mama fällt darauf rein. »Schade«, sagt sie.
Sie lehnt am Türrahmen. »Du weißt, dass ich heute Abend einen Auftritt habe, oder? Ich werde gleich abgeholt. Aber in der Küche steht Nudelsalat.«
»Okay.« Sie zieht die Tür hinter sich zu. Erst als ich sie die Treppe hinuntergehen höre, traue ich mich, das Blatt wieder umzudrehen.

Ich starre darauf. Und plötzlich muss ich ans Schwimmbad denken, als ich das Seepferdchen gemacht habe. Ich war sechs.
Wir standen in zwei Reihen bereit. Immer, wenn der Bade-

meister auf einer Trillerpfeife blies, sprangen zwei Kinder ins Wasser. Das Mädchen vor mir zeigte stolz auf ihren Papa und ihre Mama auf der Tribüne. Ich zeigte auch: Da ist Mama, und da ist Opa.

»Und wo sitzt dein Papa?«, fragte das Mädchen.

Ich schüttelte den Kopf. »Habe ich nicht.«

»Wie traurig.« Sie stieß einen Jungen in der Reihe neben uns an. »Sie hat keinen Papa.«

Ihm fiel die Kinnlade herunter. »Ist er tot?«

»Nein.«

»Wo ist er denn?«, fragte er.

Ich zuckte die Schultern. »Weg.«

»Weißt du nicht, wo er ist?«

Ich schüttelte den Kopf.

»Sie weiß überhaupt nichts«, sagte das Mädchen. »Schlimm, was?«

»Nein, nein«, beeilte ich mich zu sagen, »ich weiß, wie er heißt: Derkerl.«

Das Mädchen und der Junge lachten. »Das ist doch kein Name!«

Ein scharfer Pfeifton ertönte und sie sprangen ins Wasser. Als ich an der Reihe war, rührte ich mich nicht. Ich starrte nur auf das große blaue Wasser vor mir.

»Warum bleibst du da stehen?«, fragte der Bademeister. »Hallo, du sollst springen! Hey, du, wie heißt du?«

»Nichts«, sagte ich bockig. »Ich heiße nichts.«

Das verbotene Studio

Mama steht vor dem Spiegel im Flur und schminkt sich. Ganz vorsichtig trägt sie Mascara auf. Niemand in der ganzen Welt hat so lange Wimpern wie meine Mutter. Da wären sogar Kamele neidisch.

»Du stehst da mit offenem Mund«, sagt sie. Ich presse die Lippen zusammen.

Sie zwinkert ein paar Mal und dreht sich zu mir.

»Ist es gut so?«

»Gut?«

»Oder ist es zu viel? Das ist zu viel, oder?«

Sie sieht großartig aus. Wenn sie die Augen aufschlägt, erschreckt man sich ein wenig. So schön.

»Du ... Du bist wie ein Kamel.« Es klingt anders, als ich es meine.

Sie seufzt. »Du sollst mich auch nicht so anstarren, dann rutsche ich aus.«

Mit einem Wattebausch wischt sie sich die Wimpern ab. Draußen hupt ein Auto.

»Shit«, sagt sie. »Da sind sie schon.«

»Mam, wir brauchen noch Schlafsäcke. Für das Wochenende. Haben wir Schlafsäcke?«

»Bestimmt. Irgendwo. Such mal.«

Sie gibt mir einen Schnellkuss und rennt nach draußen.

Ich mache mich auf die Suche nach Schlafsäcken. Auf dem Dachboden und im Schuppen finde ich nichts. Auch nicht in der Küche oder in Mamas Schlafzimmer.

Vor der Tür zu ihrem Studio bleibe ich stehen, die Hand auf der Klinke. Das Studio ist heilig. Ich kann mich nicht erinnern, jemals ohne Mama hier drinnen gewesen zu sein. Aber sie hat auch nie gesagt, *warum* ich nicht ins Studio darf. Nicht wirklich.

Ich öffne die Tür einen Spalt. An den Wänden hängen zwei Gitarren und lauter grüne, bucklige Schaumstoffmatratzen. Die sorgen dafür, dass kein Echo entsteht, hat sie mir mal erklärt.

Wenn es hier Matratzen gibt, sind hier vielleicht ja auch Schlafsäcke. So unlogisch klingt das nicht, finde ich.

Ich betrete den Raum.

Das Klavier ist mit Kaffeeringen übersät. Überall liegen Notenpapiere und Hefte. Ich öffne ein Heft. Da stehen Sätze drin für neue Lieder. Manche sind durchgestrichen. *Du weißt, wonach ich mich sehne / meine Haut hält mich gefangen,* steht da in Kritzelschrift. Schnell klappe ich das Heft wieder zu. Schlafsäcke, ich suche Schlafsäcke.

Hinter dem Klavier liegt nur Staub. Im Schrank Kartons mit CDs und Kabeln. Ich will den letzten Karton gerade zurückstellen, als mir unten auf dem Schrankboden eine rosa Karte auffällt. Auf der Vorderseite ist ein hässliches Krokodil mit einem Luftballon in der Hand abgebildet. Ich hebe sie auf und fange an zu lesen.

Ich versuche, die Karte still zu halten, aber es ist, als wäre sie

ENTDECKUNG NR. 3

Liebe Eva,

heute wirst du 1 Jahr!
Du kannst das noch gar nicht lesen,
zum Glück.
Dann kannst du auch nicht lesen,
dass das hier eine mickrige Karte ist.
Ich weiß nicht, was ich schreiben soll.
Ich denke oft an dich.
Hab einen schönen Geburtstag!

Rico

lebendig; ein großer viereckiger Schmetterling, der in meinen Fingern bebt.

Es steht nirgendwo, aber trotzdem bin ich mir sicher. Diese Karte ist von ihm.

Er hat einen Namen. »Rico«, flüstere ich, »Rico ...« Es kribbelt an meinen Lippen.

Ich suche weiter, hebe noch mehr Kartons hoch, aber ich finde keinen Umschlag oder weitere Karten. Dann renne ich mit der Karte in der Hand in mein Zimmer. Das Kapitel über die Entdeckungen ist noch nicht fertig.

Entdeckung Nr. 3: Heute

Ich habe eine Geburtstagskarte entdeckt. Von ihm.
  Daraus geht hervor:

- Er heißt Rico
- Er weiß, dass es mich gibt
- Er weiß, wann ich Geburtstag habe
- Er denkt an mich

Die Karte ist 11 Jahre alt, also weiß ich nicht, ob er noch immer an mich denkt. Ich habe nirgends Karten für meinen 2., 3., 4., 5., 6., 7., 8., 9., 10., 11. oder 12. Geburtstag gefunden.
  Es könnte sein, dass meine Mutter sie weggeworfen hat. Oder er hat sie nie geschrieben. Vielleicht wusste er ein Jahr später noch immer nicht, was er sagen sollte. Vielleicht dachte er: Es wird ein wenig öde, wenn ich wieder dasselbe schreibe. Dass ich an sie denke. Das brauche ich nicht noch einmal zu schreiben.

Liebe Eva,

gut geschrieben!
Aber vergiss nicht, dass es um eine Projektarbeit geht und nicht um ein Tagebuch.

Eine Projektarbeit bietet Informationen über ein allgemeines Thema. Also halte es auch informativ. Bei deinem nächsten Kapitel ziehe bitte ein informatives Buch und/oder Infos aus dem Internet hinzu. Jetzt wird es manchmal ein wenig zu privat.

Liebe Grüße
Frau Gerling

Privat

Ich zeige auf. »Frau Gerling? Was bedeutet eigentlich ›privat‹?«

Sie kommt zu meinem Tisch. »Dass es nur für dich ist«, sagt sie leise.

»Aber ich will nicht, dass es nur für mich ist. Jeder darf es lesen.«

»Sehr gut«, sagt die Lehrerin lächelnd. »Darf deine Mutter es auch lesen?«

Ich denke kurz nach. »Wenn es fertig ist«, sage ich.

Ehrlich gesagt habe ich keine Ahnung, ob ich mich jemals traue, es sie lesen zu lassen.

»Und Frau Gerling? Ich habe gesucht, wirklich, aber es gibt keine informativen Bücher über biologische Väter und im Internet finde ich vor allem Sachen über Rechtsanwälte und Scheidungen und so.«

»Warte mal kurz«, sagt sie. Wenig später kommt sie zurück und gibt mir ein altes, vergilbtes Buch mit einem Foto von Fliegen auf dem Umschlag. *Vererbung* steht darauf. Ich stöhne.

Widerwillig ackere ich es durch. Ich kann mir nicht vorstellen, dass in so einem öden Buch etwas Interessantes über biologische Väter steht. Und ganz bestimmt nicht über meinen.

Bis ich auf Seite dreiunddreißig eine Abbildung von einem Fuß mit sechs Zehen entdecke.

KAPITEL 4

Wie sieht ein Biologischer Vater aus?

Als ich mir auf dem Schulhof die Väter ansehe, die ihre Kinder abholen, sehe ich es sofort: Biologische Väter sehen ihren Kindern immer ähnlich. Okay, bei Vätern wächst meist mehr Haar im Gesicht und weniger auf dem Kopf, aber ansonsten sieht man oft dieselben Augen, Nasen, Ohren usw. Manchmal ähneln sogar ihre Stimmen denen ihrer Kinder. (Barts Vater hat zum Beispiel genauso eine Piepsstimme.)

Wie kommt das eigentlich?

Das hat mit den Samen des Vaters und den Eizellen der Mutter zu tun.

In jedem Samen befinden sich 23 winzige Fäden. So ein Faden ist eine Art Zug und in jedem Waggon sitzen Informationen: Augenfarbe, Kopfform, Form der Nase, welche Muskeln, ob man gut in Musik ist, wie die Stimme klingt usw. So ein Zug besteht aus Tausenden dieser Waggons. (In dem Buch werden sie »Gene« genannt. Mir gefällt »Waggons« besser.)

In der Eizelle der Mutter befinden sich auch 23 Züge.

Wenn der Samen zur Eizelle gelangt, vermischen sich immer zwei Fäden und bilden so zwei neue Fäden. Die neuen

ERKLÄRUNG GENE

Samenzelle
Gene/Waggons mit Eigenschaften des Vaters

etc. ←

Eizelle
Gene/Waggons mit Eigenschaften der Mutter

→ etc.

"Hallo!" "Hey"

Gene/Waggons vermischen sich ⇒ Eigenschaften Kind

→ etc.

BEISPIEL: HAUTFARBE, AUGEN, OHRLÄPPCHEN, NASENLOCH, KNIEFORM, HINTERN, AUGENBRAUEN, NAGELFORM, HAARE, EXTRA-ZEH, STIMME, TALENT

Fäden bestehen also aus Waggons von deinem Vater und deiner Mutter. Und diese neuen Fäden bestimmen, wie aus dem Baby, das du warst, der- oder diejenige wächst, die du jetzt bist. Darum ist es möglich, dass du manchmal die Ohren deines Vaters hast und die Nase deiner Mutter. Meine Nase habe ich nicht von meiner Mutter. Und meine Haarfarbe auch nicht. Oder meine Ohren. Also muss ich die wohl von meinem Vater haben.

Bei vielen Eigenschaften ist das alles ein wenig komplizierter und man kann auch einen Mix bekommen aus zum Beispiel den Ohren von Vater und Mutter, weil es nämlich einen Waggon für dein Ohrläppchen gibt, einen für die Größe, und einen für den oberen Rand als Schutz vor dem Regen, usw. Aber es gibt ein paar Sachen, die von einem einzigen Waggon bestimmt werden und bei denen weiß man dann sicher, dass man sie von einem der beiden Elternteile geerbt hat. Wenn du zum Beispiel deine Zunge einrollen kannst, muss dein Vater oder deine Mutter das auch können. Genau dasselbe gilt für zusätzliche Zehen. (Wenn du einen zusätzlichen Finger oder Zeh hast, nennt man das Hexadaktylie, es hat aber nichts mit Hexen zu tun.)

Ich habe elf Zehen. Aber meine Mutter hat ganz normal zehn Zehen. Also muss mein biologischer Vater auch elf Zehen haben.

Von wem sollte ich sie sonst haben?

WAS EVA LOKS NICHT VON IHRER BIOL. MUTTER GEERBT HAT.

unterschiedlich
← →
Haarfarbe
Art der Haare
Nase
Hautfarbe
Stimme

Kind   biol. Mutter

 HEXADAKTYLIE
+ 1 ZEH

ENTDECKUNG Nr. 4

Biol. Vater <u>muss</u> zusätzlichen Zeh haben!! →

Ein Geheimagent

Ich springe auf mein Bett, ziehe meine Socken aus und starre auf meinen krummen Extra-Zeh. Ich wette, dass der elfte Zeh meines biologischen Vaters auch ein Kribbelzeh ist.

Ich selbst weiß erst seit ein paar Jahren, warum mein Zeh manchmal kribbelt. Bestimmt hat er aber längst gelernt, ihn gut einzusetzen. Vielleicht bei seiner Arbeit. Es ist praktisch, wenn man spürt, dass Leute nicht die Wahrheit sagen. Zum Beispiel, wenn man Lehrer ist. Oder Richter. Oder Ermittler. Ich sehe es klar vor mir: Mein Vater, der beim Geheimdienst arbeitet. Und der in einem dunklen Raum einen Verdächtigen verhört. Der ihm mit einer grellen Lampe ins Gesicht leuchtet und Fragen stellt. Der unauffällig den Fuß dicht neben ihn stellt, den Fuß mit seinem eingebauten Lügendetektor.

Ich lasse mich nach hinten in die Kissen fallen und fange laut an zu lachen. Mein Vater und ich, wir haben beide einen Kribbelzeh. Vielleicht sind wir ja die Einzigen auf der Welt, wir beide.

Das muss ich Luuk erzählen. Ich greife nach meinem Handy und rufe bei ihm zu Hause an. Seine Mutter geht dran. Luuk ist beim Training. Ach ja, stimmt ja.

Sofort renne ich nach unten und springe auf mein Fahrrad.

Unterwegs denke ich über meine Entdeckung nach. In meinem Kopf wird es eine Art Film.

Ein Film über einen großen dunklen Mann im Anzug mit Sonnenbrille. Dank seines Zehs wird er der beste Agent seines Teams. Schon bald bittet ihn der amerikanische Geheimdienst um Hilfe, einen eiskalten Mafiachef zu überführen. Mein Vater ist der Einzige, der ihn entlarven kann. Danach will der Geheimdienst, dass er fest für sie arbeitet.

Aber er zweifelt. Er findet es sehr schwierig. »Ich habe eine Freundin in Holland ... Wir bekommen bald eine kleine Tochter«, erklärt er dem Chef des Geheimdienstes. Schließlich sagt er doch zu. Wegen des Geldes? »Vergiss sie ...«, sagt der Chef. »Sie machen sich nur verletzlich. Wenn die Mafia merkt, dass Sie eine Freundin und ein Kind haben, werden sie versuchen, sie zu entführen. Aus Rache.« Mein biologischer Vater nickt. Er hat es verstanden: Es gibt keinen Weg mehr zurück. Wenn er nicht will, dass dieser Mafiachef uns jemals findet, muss er uns zurückgelassen und den Kontakt abbrechen. Für immer.

David

Ich fahre auf das Gelände des Baseballvereins und lehne mein Fahrrad an den Zaun. Luuk und sein Team kommen gerade vom Feld. Sie tragen alle große Fanghandschuhe aus Leder.

Ich winke. »Luuk!« Mit seiner Riesenhand winkt er zurück und kommt zu mir, gemeinsam mit einem anderen Jungen.

»Evi! Wie schön! Warst du gerade in der Nähe?«

»Ja, nein, ich habe was entdeckt. Ich glaube, mein ...« Plötzlich sind die Wörter weg. Der andere Junge ... Er lacht mich an.

Ich war gerade dabei, etwas zu sagen.

Der Junge zieht die Augenbrauen hoch. Breite, weiche Augenbrauen wie Haribo-Bananen.

Was wollte ich noch mal sagen? Seine Haare sind ein wenig wild, halb lang. Er hat eine scharf geschnittene Nase und hellbraune Augen in der Farbe von Karamellbonbons. Mein Blick bleibt an ihnen hängen.

»Evi?«, fragt Luuk. »Alles okay?«

»Ja, klar.« Ich schlage die Augen nieder und fange an zu kichern. Einfach so.

Luuk stellt mich vor: »David, das ist also Eva. Du weißt schon, meine beste Freundin.«

»Ah, du kommst doch auch mit zum Männerwochenende, oder?«, fragt David.

»Eigentlich …«, stottere ich, »eigentlich …«

»Eigentlich sollte es nicht Männerwochenende heißen«, hilft Luuk mir weiter, »sondern Fast-nur-Männer-Wochenende.«

Ich nicke. David nickt. »Okay. Cool«, sagt er. Dann tritt ein seltsames Schweigen ein.

David lacht. Er hat einen winzigen Spalt zwischen den Schneidezähnen.

»Du hattest was entdeckt?«, fragt Luuk.

»Oh ja, ich, äh … Ich war mit meiner Projektarbeit beschäftigt, als ich las, dass, wenn man hat, was ich habe, du weißt schon …« Ich zeige auf meinen Fuß. »Verstehst du?«

Luuk kratzt sich mit der Riesenhand den Kopf. »Nicht so ganz …«

David sieht mich neugierig an, ein Lächeln um den Mund. Meine Wangen glühen wie heiße Kohlen.

»Lass nur.« Ich drehe mich um und gehe schnell zu meinem Fahrrad. »Ich erzähle es dir später.«

»Evi?« Luuk kommt ein Stück hinter mir her. »Was ist mit dir?«

»Gar nichts. Weiß nicht.« Während ich mein Fahrrad aufschließe, sehe ich, dass David seine Augen mit der Riesenhand gegen die Sonne schützt und mich beobachtet.

Mein Bauch blubbert und strudelt, als würden Hunderte Fische darin rumschwimmen.

Im eigenen Saft

Am nächsten Tag in der Schule spreche ich Luuk kaum. Er albert die ganze Zeit mit Justin herum, sie schmieden Pläne für das Männerwochenende. In meinem Bauch flattert es, wenn ich daran denke. Mama muss Samstag doch singen, auf einem kleinen Festival, aber sofort danach kommt sie zum Campingplatz, das hat sie versprochen – es könnte nur ein wenig später werden. Dann hocke ich dort also den ganzen Tag mit Fastnur-Männern. Einer von den Männern, bzw. Jungs, ist der Junge mit den Karamellaugen, David.

Nach der Schule gehe ich schnell nach Hause. Ich schaue durch das kleine Fenster von Mamas Studio, aber da ist sie nicht.
 Auf der Treppe schon rieche ich Lavendel, also sitzt sie bestimmt in der Badewanne. Die Badezimmertür steht einen Spalt offen, Dampfwolken ziehen in den Flur. Geräuschlos husche ich rein.
 Die Wanne ist voller Schaum. Eine riesige Schneelandschaft. Nur ein paar Stücke Mama ragen aus dem Schnee. Zwei Knie-Inseln und eine größere Insel mit Augen, einer Nase und einem Mund. Die Augen der Insel sind geschlossen.
 »Mama?«
 Sie hört mich nicht. Ihre Ohren sind unter Wasser.

An der Rückseite der Waschmaschine hängt ein Gummischlauch. Vorsichtig löse ich ihn. Das eine Ende hänge ich ins Wasser, das andere setze ich an meinen Mund.

»MAMA!«

Große Blasen sprudeln auf. Vor Schreck rutscht sie nach unten, das Wasser schwappt und wogt. Wild um sich spritzend taucht Mama wieder auf. Schaumwellen schlagen auf die Bodenfliesen. »EVA! Was soll das? Soll ich einen Herzinfarkt kriegen?«

»NÖ«, tröte ich durch den Gummischlauch, »ICH WOLLTE WOS FROGEN.«

Mama sieht mich da stehen mit der Schlange am Mund und lacht laut los. Sie wischt sich die Schaumflocken aus dem Gesicht. »Was denn, du Mini-Elefant?«, sagt sie grinsend. »Was wolltest du fragen?«

»BÜST DU SCHON MAL VÖRLIEBT GEWÖSEN?«, blubbere ich in die Wanne.

Sie zieht mir den Schlauch aus den Händen. »Was?«

»Bist du ...«

Den Rest kriege ich nicht über die Lippen. Ein Schaumklumpen geleitet an ihrem Hals hinab und versteckt sich in der Rinne zwischen ihren Brüsten. Mama starrt mich an. Meine Hände wissen plötzlich nicht mehr, wo sie hinsollen. Ich stemme sie in die Seiten.

»Puh«, macht Mama. »Bist du etwa verliebt?«

Ich verdrehe die Augen. »Mam, ich frage, ob *du* schon mal verliebt warst.«

Mama lehnt sich ein wenig zurück in den Schaum. »Tja, was ist verliebt?«

»Ich weiß es nicht.«

»Ich auch nicht.« Sie wackelt mit den Knien.

»Warst du denn noch nie verliebt?«

»Doch, natürlich.«

»In meinen biologischen Vater?«

Sie erstarrt. Sogar das Badewasser scheint zu gefrieren. Ich warte. Meine Seiten tun weh.

Es sind meine eigenen Hände, merke ich, die da so heftig kneifen.

»Und?«

Mamas Hand greift nach dem Wannenrand. Dann nickt sie. Dieses Nicken, dieses kleine Nicken durchspült mich wie eine warme Welle.

»Wirklich?«

»Ach, was weiß ich.«

»Was habt ihr denn so gemeinsam gemacht?«

»Nichts Besonderes. Was man ebenso macht. Ausgehen, reden, schwimmen. Aber wenn ich überhaupt verliebt war, ging das zum Glück schnell vorbei. Ich war jung und unbesonnen. Ich sah noch nicht, dass der Kerl eigentlich ein Feigling ist. So feige wie ein ...«

»... Wurm«, murmele ich. Es geht ganz von selbst.

»Genau.« Sie lächelt und klopft auf den Wannenrand. »Komm, setz dich mal kurz her.«

Ich bleibe stehen. »Das ist nass.«

Sie hält den Kopf schräg. »Bist du wirklich verliebt?«, fragt sie leise.

Ich zucke die Achseln. »Woher soll ich das denn wissen?« Ich drehe mich um und schlurfe aus dem Badezimmer. Mama lasse ich in ihrem eigenen Saft hocken.

FORTPFLANZUNG

Komodowarane haben zwei Pimmel, das ist also doppelt so praktisch für die Fortpflanzung. Beim Pinkeln ist es bestimmt eher lästig. Wenn sich ein Weibchen paaren möchte, kann das Männchen das an ihrer Kacke riechen. Wenn die gut riecht, fängt das Paarungsritual an. Sie reiben sich ein wenig die Nasen und das Männchen versucht, das Weibchen in den Nacken zu beißen und sie zu besteigen.

Aber bevor es das darf, muss es erst noch kämpfen. Meist gibt es nämlich auch noch andere Männchen, die sich mit dem Weibchen paaren wollen. Darum organisieren sie einen Ringkampf. Das ist spannender als bei Menschen, vor allem, weil es keinen Schiedsrichter gibt. Man darf beißen und sich superfeste umwerfen. Der Verlierer haut ab oder bleibt auf dem Rücken liegen (= ich ergebe mich). Der Gewinner darf sich mit dem Weibchen paaren.

Nach einer Weile legt das Weibchen Eier. Die muss sie manchmal acht Monate lang ausbrüten. Was echt superclever von dem Weibchen ist: Wenn sie allein ist und es nirgendwo ein

Männchen gibt, kann sie trotzdem Kinder bekommen. Also ohne sich zu paaren. Solche Kinder haben dann keinen Vater. Nicht, dass sie das schlimm fänden, gar nicht. Bei Komodowaranen sind die Väter nämlich ganz schön gefährlich, weil sie die Jungen manchmal auffressen. Zum Glück haben sich die Kleinen einen Trick ausgedacht: Sie flüchten auf Bäume oder wälzen sich in Kacke, damit den Vätern sofort der Appetit vergeht.

»Zwei Pimmel?«, flüstere ich. »Echt wahr?«

»Yep.« Luuk grinst übers ganze Gesicht und lehnt sich zufrieden an seinem Tisch zurück. »Dieses Mal stimmt wirklich alles.«

»Auch, dass die Mütter allein Kinder kriegen können?«

»Ja. Cool, was?«

Ich seufze. Wenn Menschenmütter das auch könnten, hätte meine Mutter das vielleicht lieber so gemacht.

»Was ich mich aber frage ...«, sagt Luuk, »wenn die Männchen zwei Pimmel haben, haben die Weibchen dann auch zwei ... äh ...« Er kratzt sich hinter den Ohren.

»Du meinst ...«, sage ich, »wie eine Art ... Steckdose?«

Luuk prustet los. Frau Gerling fragt, was denn da so lustig ist, und dann kann ich mich auch nicht mehr halten.

Die letzten zehn Minuten muss Luuk zum Abkühlen auf den Gang, aber das hilft nichts, weil es ein hoch ansteckender Lachanfall ist. Nach der Schule lachen wir noch immer ständig wieder los.

»Bis morgen, ja?«, sagt Luuk kichernd, als wir nach sechsundzwanzig Lachattacken endlich bei mir zu Hause ankommen. »Zehn Uhr auf dem Campingplatz. Dann kommt Justin auch. Und David.«

Sofort bleibt mir das Lachen im Hals stecken.

Fast-nur-Männer

Mama bringt mich mit dem Auto zum Campingplatz. Auf dem Rücksitz liegen mein Koffer und unsere funkelnagelneuen Schlafsäcke. Und das Zelt, das wir uns von Luuk geliehen haben.
Letzte Nacht habe ich sehr seltsam geträumt. Ich stand in einem Teich und Hunderte silberne Fische strömten aus meinem Zeh. Um mich herum standen ein paar behaarte Riesen und schütteten sich aus vor Lachen.
»Mama?«, frage ich. »Kommst du nach dem Auftritt sofort zu uns?«
»Wenn alles glattläuft, kann ich gegen zehn Uhr da sein. Wenn ich es schaffe, euch in diesem Dschungel zu finden jedenfalls.« Sie wirft mir einen Seitenblick zu.
»Sag mal, hast du dir die Wimpern getuscht?«
Ich wende den Kopf ab. »Nur ein ganz kleines bisschen.«
»Schätzchen ...«
»Was? Habe ich das nicht richtig gemacht?«
»Doch ... Nein, es sieht gut aus.« Sie sieht mich gläsern an. »Meine Eva-Maus ...«
»So heiße ich nicht.« Den Rest der Fahrt über hat Mama ein nerviges Lächeln um den Mund.

Wir stellen das Auto auf dem Parkplatz ab und laden unsere Sachen aus. Luuks Vater begrüßt uns mit offenen Armen. »Silla und Eva!« Weiter hinten sehe ich Justin mit seinem Vater aus einem Auto steigen. Justin war beim Friseur. Oder beim Gärtner; die Seiten sind kahl und oben auf dem Kopf ragen ein paar Haare in die Höhe wie eine Zahnbürste. Hinter ihnen steht David und spricht mit Luuk. Sobald er mich entdeckt, lacht er übers ganze Gesicht und sofort fühlt es sich an, als würde in meinem Bauch ein ganzes Aquarium mit springenden Fischen ausgeschüttet werden. Mein Mund fängt ganz von allein an zu lachen.

Genau in diesem Moment rast ein weißer Jeep auf den Parkplatz zu. Er bremst scharf, rutscht weg, kommt zum Stillstand, die Tür schwenkt auf und ein Mann springt heraus. Er hat einen Stoppelbart und ein winziges Ziegenbärtchen. Er trägt eine grüne Hose mit ungefähr hundert Taschen und Reißverschlüssen.

»Onkel Peter!« Luuk rennt auf ihn zu und springt ihm in die Arme.

Sein Onkel klopft ihm auf den Rücken. »Hallo Luuk! Zwölf Jahre! Ein echter Mann, sage ich da!«

Mama drehte sich abrupt zu mir um. »Kommt *er* auch mit?«

Ihr Blick schießt hin und her, und dann geht sie schon wieder zurück zum Auto.

»Mama? Gehst du jetzt schon?«

»Was? Ja, tut mir leid. Sie warten auf mich.« Sie gibt mir einen flüchtigen Kuss, wirft noch einen Blick auf den Mann mit dem weißen Jeep und steigt dann ein.

»Bis heute Abend«, murmele ich zu dem röhrenden Auto. Ich winke, bis sie nur noch ein winziger Punkt ist.

Zeltstangenschwerter und Heißluftballons

Die Väter werfen alle Schlafsäcke und Zelte auf einen Holzkarren. Sie lachen viel und machen Scherze. Immer, wenn sie miteinander reden, stemmen sie die Hände in die Hüften, fällt mir auf: die Ellbogen breit nach außen gekehrt, als würden sie große Ohren machen, mit denen sie einander besser verstehen können. Onkel Peter redet am lautesten und reißt die meisten Witze. Ich frage mich, warum Mama sofort abgehauen ist, als sie ihn sah.

Er zieht den Karren, und die ganze Gruppe setzt sich in Bewegung. Ich bilde das Schlusslicht. Mein Rollkoffer hinterlässt tiefe Spuren in dem Muschelpfad. Bestimmt gehört sich das nicht, zelten mit einem Rollkoffer.

Wir sind die Einzigen auf dem Campingplatz. Alle Zeltplätze sind noch leer. Die Väter suchen sich ein Feld am Waldrand aus. Während sie sich über einen riesigen Zeltsack beugen, rennen die Jungs zur anderen Seite des Feldes. Ich gehe ein Stück mit, bleibe dann aber stehen, meinen Zeltsack in den Armen.

Die Jungs machen sich sofort an die Arbeit. Sie schütten Zeltsäcke aus, rennen umeinander herum, machen breite Gesten, ziehen Striche in den Sand, schrauben Stangen zusammen, bauen damit große Kreuze auf dem Boden oder benutzen sie zum Schwertkampf. Es sieht aus wie ein einziges großes Spiel, dessen Spielregeln mir niemand erklärt hat.

Plötzlich bemerkt David mich. Er lässt sein Zeltstangenschwert sinken. »Soll ich dir helfen?«
»Nein, nicht nötig«, sage ich schnell.

Die Stangen zusammenschrauben geht noch. Trotzdem sieht mein Zelt nach einer Weile eher aus wie eine große Banane. Ich krieche hinein, wie ich es bei den anderen gesehen habe. Aber da drinnen herrscht ein Wirrwarr aus Schlaufen und Stangen und Klettband und ich kriege keine Luft mehr und stoße mir den Kopf – *boing!* Ich will mich wieder nach draußen wurschteln, bekomme den Kopf aber nur halb durch die Öffnung, weil meine Locken hängen bleiben. »Aua!«

Ich versuche, mich aufzurichten, aber wieder zerrt der Reißverschluss an meinen Haaren. »Luuk! Wie geht das?«

Triumphierend kommt Luuk zu mir. »Klappt es nicht?«

»Das siehst du doch? Was ist das für eine Missgeburt?«

»Ein Sturmzelt. Die sind extra gut bei starkem Wind.«

»Ach ja?«, ruft Justin. »Was für ein Wind? So einer?« Er hebt ein Bein hoch und lässt einen knatternden Furz. Ich traue meinen Ohren nicht. Luuk und er können sich kaum noch halten vor Lachen.

»Justin!«, ruft David und rennt auf ihn zu, um ihn zu schubsen. Luuk macht fröhlich mit und schon rennen die drei Jungs hintereinander her.

Und ich hänge immer noch fest. Ich fummle an dem Reißverschluss, aber es tut nur weh an meinen Haaren.

David ist als Erster zurück. »Mensch, sorry«, keucht er.

»Dieser Justin ist manchmal wirklich wie ein undichter Heißluftballon ...« Er kniet sich neben mich. »Hängst du fest?«

»Ich glaube schon.«

Vorsichtig beugt er sich über mich und zieht am Reißverschluss. Sein T-Shirt berührt fast meine Nase. Ich sehe einen Streifen Bauch darunter. Er riecht nach Deo und Sportschuhen.

Der Reißverschluss flutscht hoch, ich bin wieder frei.

»Danke.« Schnell husche ich raus.

Wir sehen uns mein eingestürztes, schiefes Zelt an.

»Es ähnelt eher einem abgestürzten Heißluftballon«, murmele ich.

»Oder einem aufblasbaren Kanu.«

»Oder einem Reifrock«, sage ich.

David zeigt auf das Zelt. »Darf ich mal ...?«

»Von mir aus gerne.«

Er fühlt an dem Luftballonzeltkanu. »Kein Wunder; da fehlt was ... eine Zeltstange!«

Ich taste den Zeltsack noch einmal ab, und tatsächlich. Da ist noch eine Stange! »Ups ...«

Eine Weile später steht mein Zelt schön rund und straff da. Ich setze mich zu den Jungs ins Gras vor den Zelten.

»Jetzt die Väter noch«, murmelt Justin und nickt zur anderen Seite des Feldes.

Die Väter sind noch immer mit Heringen und Zeltleinen zugange. Sie rufen einander komplizierte Sachen über Spannkraft und Schwerpunkte zu, aber das Zelt steht so schief wie ich weiß nicht was. Onkel Peter läuft vor allem Runden um das Zelt. In der Hand hält er einen Kompass und eine Taschenlampe, so groß wie eine Kanone. »Männer, der Eingang steht jetzt Richtung Ost-Südost, das bedeutet, dass uns die Sonne morgens voll ins Gesicht knallt. Ich sage: Drehen, den gesamten Zirkus.«

Luuks Vater steckt den Kopf unter der Zeltplane hervor.

»Und ich sage: Das Zelt steht prima so. Und gib mir mal den Hammer.«

Ich nehme mir vor, später im Kapitel »Biologische Väter in freier Natur« etwas darüber zu schreiben, dass Väter gern Wettkämpfe machen.

»Eva, wo ist dein Vater eigentlich?«, fragt David plötzlich.

Es ist, als würde ein Eiswürfel meinen nackten Rücken hinuntergleiten.

»Habe ich nicht«, sage ich schnell.

»Ja, wie war das noch mal …«, mischt Justin sich ein, »war der nicht tot?«

Ich sage nichts. Das ist wieder so eine blöde Frage, die mir blöd oft gestellt wird und mir blöd genug immer wieder den Hals zuschnürt.

»Justin…«, sagt Luuk und verdreht die Augen. »Die Geschichte kennst du doch wohl?«

»Äh … eigentlich nicht.«

Luuk seufzt. »Ihr Vater war äh … Feuerwehrmann. Und dann war da dieses riesige Feuer. Im Zoo …« Je mehr Luuk erzählt, desto heftiger fängt mein Zeh an zu kribbeln.«... Das Affenhaus stand in lichterlohen Flammen. Riesenpanik... Alle Affen flüchteten aufs Dach. Und ihr Vater war der Einzige, der sich dorthin traute, mit einer langen Leiter. Affen haben auch ein Recht auf Rettung. Aber all die Affen klammerten sich an ihn, er verlor das Gleichgewicht und fiel ...«

Justin steht mit offenem Mund da. »Wirklich?«

Ich nicke und versuche, meine Gesichtsmuskeln zu beherrschen.

»Und dann?«, fragt Justin.

»Ja, und dann ...«, sagt Luuk. »Das kann Evi wohl besser selbst erzählen ...«

»Dann ... Dann platsch«, sage ich einfach, obwohl ich keine Ahnung habe, wie es weitergeht. »Er ... er war ins Wasser gefallen. Von den Eisbären. Und die haben ihn dann ... aufgefressen.« Mein Zeh kribbelt, als würden Dutzende Ameisen ihn als Rennbahn benutzen.

Justin fallen die Augen fast aus dem Kopf. »Die Eisbären? Echt jetzt?«

David grinst. Luuk versucht, sich nichts anmerken zu lassen, aber ich sehe schon, wie das Lachen hinter seinen Wangen in ihm hochsteigt. Dann bricht sein Mund auf, als würde ein Damm einstürzen, und David und ich lachen laut mit. Justins Wangen werden rot. Er streicht mit der Hand über sein Zahnbürstenhaar. »Pah«, sagt er abfällig, »als wenn ich darauf reingefallen wäre.«

Er steht auf und geht weg.

»Das war doch nur Spaß!« Luuk geht ihm nach und legt ihm die Hand auf die Schulter. »Fußball?«

Plötzlich sitzen nur noch David und ich im Gras. Zu zweit. David springt auf und prüft noch einmal, ob meine Zeltstangen auch wirklich stabil sind.

»Er ist nicht tot, weißt du«, sage ich plötzlich. »Jedenfalls, ich glaube nicht. Ich weiß einfach nicht, wer er ist, oder wo er ist. Vielleicht wohnt er ganz in der Nähe, vielleicht aber auch weit weg von hier, keine Ahnung ... Ja, seinen Namen, den kenne ich jetzt, und meine Mutter hat mal gesagt, er käme aus Suriname, aber mehr weiß ich nicht.«

David sagt nichts. Vielleicht findet er mich jetzt komisch. Ein bedauernswertes Mädchen, mit dem etwas nicht stimmt. Ein Zelt mit einer Stange zu wenig.

Nasenstüber und Nackenbeißer

Als das Vaterzelt endlich steht, essen wir Torte und singen »Lang soll er leben« für Luuk. Es klingt ziemlich falsch, besonders wegen der schrillen Stimme von Onkel Peter.

Die Jungs und ich spielen eine Runde Fußball und danach trinken wir Cola. »Sollen wir zu diesem See gehen?«, schlage ich vor.

»Der mit der Meerjungfrau?«, fragt David. Er kennt die Geschichte also auch. »Ja, cool. Gute Idee.«

»Weißt du denn, wo das ist?«, fragt Luuk.

»Ja«, sagt David. »Ich bin da schon mal gewesen.«

Er geht vor und führt uns über kleine kurvige Pfade, durch den Wald und über Dünenebenen. Unterwegs erzählte er alles Mögliche. Wie er hier abends mal mit seinem Bruder rumstreunte und sie gerade noch sehen konnten, wie etwas Großes im See untertauchte.

»Das war bestimmt einfach ein großer Karpfen«, ruft Luuk, der nur halb zugehört hat.

»Ich sag dir, dass es kein Fisch war«, sagt David. »Frag nur meinen Bruder.«

Nach einer Weile kommen wir an einen steilen Hügel. David legt einen Finger auf die Lippen. »Vielleicht, vielleicht«, flüsterte er, »sehen wir sie ja!« Auf dem Bauch robbt er weiter nach oben. Ich schleiche dicht hinter ihm her. (Nicht, dass ich glaube, dass es so etwas wie Meerjungfrauen gibt. Aber trotzdem ...)

Oben auf dem Hügel bleibe ich reglos stehen. Im Wasser ist nichts zu sehen. Aber am Strand liegen ein großer Junge und ein Mädchen ineinander verschlungen. Ihre Münder kleben wie Saugnäpfe aneinander. Das Mädchen steckt eine Hand hinten in die Jeans von dem Jungen, bei seinem Hintern. Sie küssen und küssen und küssen, ich bekomme selbst schon fast keine Luft mehr, nur vom Zuschauen. Ich will den Kopf wegdrehen, aber es ist, als würde mein Nacken klemmen. Das Blut strömt in meine Wangen. David sieht mich hin und wieder an, ich spüre seinen neugierigen Blick. Ich schaue nicht zurück, natürlich nicht, mein Kopf würde explodieren.

Inzwischen ist Justin auch oben angekommen. Er macht große Augen, als er sieht, was da am Strand passiert. Der große Junge hat eine Hand unter die Bluse des Mädchens geschoben. Justin bedeutet Luuk wild gestikulierend, er solle auch kommen. Der aber bleibt unten an der Düne stehen und verzieht den Mund. »Jaja«, sagt er. »Bestimmt die Meerjungfrau ...«

»Nein«, zischt Justin, »... was viel Besseres!«

Ich rüttle mich selbst wach und schleiche wieder ein paar Meter nach unten, zu Luuk.

»Ein Junge und ein Mädchen«, erkläre ich.

Er starrt mich verständnislos an.

»Du weißt schon ...«

»Nein«, sagt Luuk. »Was denn? Was machen die?«

Ich muss an die Komodowarane denken. Nasenstüber und Nackenbeißer. »Ein äh ... Paarungsritual.«

»Oh, das ...« Luuk verdreht die Augen. »Wie interessant.«

»Und ob!«, zischt Justin zu ihm hinab. »Interessant! Und spannend!«

»Ob sie im See gewesen sind, dass sie so ... äh ...?«, flüstert David.

»Das ist doch viel zu kalt«, sage ich. »Und sie haben doch ganz normal ihre Sachen an.«

»Noch haben sie die an, ja«, kichert Justin. David kann sich auch nicht mehr halten. Vor Lachen ganz schlapp lassen sich die beiden in den Sand fallen und rollen den Hügel hinab. Luuk springt schnell zur Seite, um nicht umgekegelt zu werden. »Passt doch auf!«

Unten angekommen rappelt sich David mit knallrotem Kopf auf und klopft sich feste den Sand von der Hose. Den ganzen Weg zurück zum Camping traut er sich nicht, mich anzusehen. Ich ihn auch nicht, übrigens.

Augen zu

Ich wusste nicht, dass Väter so viel essen können. Sie schöpfen sich riesige Nudelberge auf, die fast über den Tellerrand kippen.

Nach dem Essen gehe ich mit in den Wald, um Holz für das Lagerfeuer zu sammeln. Zwischen den Bäumen ist es schon so dunkel geworden, dass ich aus Versehen mit einem Vater zusammenstoße. Ich schreie auf, viel zu laut.

»Sorry, sorry«, brummt der Vater und hebt die Zweige auf, die ich fallen gelassen habe.

Bestimmt kommt Mama jetzt bald.

Ab und zu schaue ich auf mein Handy, aber sie hat noch nicht geschrieben.

Wir schleppen das Holz zu dem Feuerkorb, vor dem großen Zelt. Luuk darf das Feuer anzünden. Zögernd lecken die Flammen an den Pfropfen aus Zeitungspapier. Die Jungs suchen Stöcke und holen Taschenmesser hervor, um Spitzen daran zu schnitzen. Überall fliegen Holzschnipsel herum. Ich sitze still da und schaue zu. Ich habe kein Messer.

Nach einer Weile steht David auf und setzt sich neben mich. Er reicht mir einen Stock mit Spitze und ein Marshmallow. Sofort stopfe ich mir das Marshmallow in den Mund.

»Nee, nicht so.« Er grinst. »Für deinen Stock.«

»Oh …« Ich kicherte wie ein kleines Mädchen, ein wenig absichtlich.

Luuk schaut mich seltsam an, während seine Hand weiterschnitzt.

In meiner Hosentasche vibriert mein Handy. Eine Nachricht von Mama: *Wie ist es bei euch? Hier regnet es. Auftritt dauert länger. Wird später, sorry. Warte nur nicht auf mich.*

»Und?«, fragt Luuk.

»Sie kommt später«, sage ich.

»Aber sie kommt schon noch?«

»Was denkst du denn? Natürlich kommt sie.«

David nimmt zwei Marshmallows aus der Tüte und gibt mir wieder einen. Wir spießen sie mit unseren Stöcken auf und halten sie über das Feuer.

Er starrt in die Flammen. »Deine Mutter ist berühmt, oder?«

»Ich glaub schon«, antworte ich, wie immer. Und ich warte, bis er fragt, ob wir auch ein Schwimmbad haben und ob oft andere berühmte Leute zu Besuch kommen.

Aber David sagt: »Das ist vielleicht nicht so schön, wie es klingt, oder doch?«

»Woher weißt du das?«

»Das dachte ich mir.« Langsam dreht er den Stock über dem Feuer. »Bestimmt gibt es sehr viele Leute, die was von ihr wollen.«

Ich nicke. »Manchmal schon, ja.«

»Pass auf, du hältst ihn zu niedrig ...« David umschließt meine Hand mit seiner und hebt meinen Stock etwas an. Seine Hand fühlt sich kühl an. Als ich zur Seite spähe, sehe ich kleine Flammen in Davids Augen.

»Was ist?«, fragt er.

»Nichts.« Ich richte den Blick wieder auf das Lagerfeuer.

»Oh! Unsere Marshmallows …«

Sie sind aneinandergeschmolzen. Vorsichtig ziehen wir unsere Stöcke aus dem Feuer, meiner löst sich aus dem rosabraunen Matsch.

David hält mir den süßen Matschklumpen vor den Mund. »Augen zu.«

Sein Gesicht leuchtet in der Glut des Feuers auf, seine dunklen Augen, sein Lächeln. Es ist, als würde ich selbst auch schmelzen.

»Los … Augen zu«, flüstert er noch einmal.

Ich schließe die Augen. Ein Bissen.

»Aua!« Meine Lippen brennen, der Matschklumpen ist glühend heiß.

Luuk springt auf. »David! Was machst du!« Vor Schreck lässt David seinen Stock in den Sand fallen.

»Du musst erst pusten, du Trottel«, brummt Luuk zu seinem Freund. Dann legt er mir die Hand auf die Schultern. »Geht's, Evi?«

Ich nicke und reibe mir über meine wunden Lippen. Alle Väter und Jungen am Feuer starren mich an.

In diesem Moment vibriert mein Handy. Es ist Mama. »Ja?«

»Sweetheart, hör mal zu …«

Vaterhumor

Mit dem Handy am Ohr gehe ich ein wenig weg von der Gruppe. Mama erzählt, dass alles Mögliche schiefgegangen ist. Probleme mit der Technik, dem Licht. Sie ist jetzt erst fertig und schafft es nicht, noch zum Campingplatz zu kommen. »Wirklich total schade«, sagt sie, »aber das verstehst du, oder«?
Ich sage nichts. Ich lausche Mamas Stimme, während ich auf all die Männer und Jungs ein Stück weiter entfernt starre, in der orangefarbenen Glut des Feuers.
»Das verstehst du doch, Eva?«, sagt Mamas Stimme. »Oder?«
»Nein«, sage ich leise. »Dann kommst du doch einfach ein wenig später? Es ist doch egal, ob du gleich in deinem eigenen Bett schläfst oder dich zu mir ins Zelt legst ... Von dort aus ist es genauso weit mit dem Auto.«
Trotzdem geht es nicht. Es gibt noch viel mehr Gründe, sie fühlt sich nicht wohl bei diesen Männern, sie erklärt es mir später noch mal.
»Hat es mit diesem Peter zu tun?«, frage ich.
Am anderen Ende bleibt es kurz still.
»Benimmt er sich dir gegenüber schlecht?«, fragt sie dann.
»Nein ... Er ist bloß ein wenig komisch.«
»Habe ich es mir nicht gedacht!«
»Was ist denn mit ihm?«
Mama seufzt. »Das ist eine lange Geschichte. Ich will dich

nicht da reinziehen, aber ich habe mal … Streit mit ihm gehabt, früher, und jetzt will ich ihn nie wiedersehen. Mehr will ich dazu nicht sagen.«

»Was war das für ein Streit?

»Schatz, das ist egal.«

»Ist es nicht. Darum bin ich jetzt heute Nacht allein.«

»… Es tut mir leid, mein Schatz. Wirklich. Ich wusste doch nicht, dass er mitkommen würde.«

Und damit ist alles gesagt. Sie kommt nicht. Aber morgen kann sie mich abholen, wann immer ich möchte, ich brauche sie nur anzurufen.

Sie wünscht mir eine Gute Nacht und wir legen auf.

Ein kalter Wind bläst mir ins Genick. Ich schaue zu der Gruppe am Feuer. Einer der Väter ist aufgesprungen und flattert mit kurzen Armen, wie ein Huhn. Alle lachen.

Ich kann zum Feuer zurückgehen oder mich ins Zelt legen.

Aber dann sehe ich, wie Luuk aufsteht und mich zu sich winkt. Ich gehe zurück und lasse mich neben ihn plumpsen.

Er sieht es mir sofort an. »Sie kommt nicht, was?«

Ich schüttele den Kopf. Er legt mir einen Arm um die Schultern.

»Ach«, seufze ich, »es wäre auch nichts für sie gewesen.«

»Nein«, gibt Luuk zu. Er reibt mir über die Schultern. Eigentlich ist Luuk eine Art Bruder.

David starrt uns von der anderen Seite des Feuers an.

»Wart ihr noch am See?«, fragt sein Vater.

»Ja. Nur kurz«, brummt David.
»Und? Die Meerjungfrau gesehen?«
»Nein.« David schnaubt. »Nix Besonderes gesehen.« Er wirft Justin einen schnellen Blick zu, aber der ist schon fast eingeschlafen.
»Hast du sie denn schon mal gesehen?«, fragt Luuk Davids Vater.
Der grinst, und schaut rasch zu den anderen Vätern. »Es war sehr dunkel ... Aber ich glaube schon. Wir haben auf jeden Fall so eine Flosse gesehen.« Mit beiden Händen malt er eine Flosse in die Luft, die mindestens von einem Delfin gewesen sein musste.
David starrt seinen Vater an. »War das mit Mama?«
»Äh ...«, sagt sein Vater, und wieder schaut er zu den anderen Vätern. Plötzlich fangen sie alle laut an zu lachen. Ich verstehe nicht, was daran so witzig sein soll. Vielleicht ist das Vaterhumor.

Ob mein Vater auch solche Abende mit Bier und Feuer und Vaterhumor hat? Ich kann es mir nicht so recht vorstellen. Wenn er wirklich bei der Polizei oder beim Geheimdienst arbeitet, trinkt er vielleicht nicht mal Bier, weil er immer auf der Hut sein muss.
Onkel Peter wirft einen großen Ast ins Feuer. »Ich hab da an diesem See mal jemandem einen wahnsinnig guten Streich gespielt ...«, fängt er an, aber bevor er weitererzählen kann, fasst Luuks Vater ihn am Arm. »Peter!«

»Was denn?« Peter zieht seinen Arm los. »Warum denn nicht?«

Luuks Vater beugt sich zu ihm und flüstert ihm etwas ins Ohr.

Peter runzelt die Stirn und plötzlich starrt er über das Feuer hinweg. Zu mir.

Darf ich es nicht hören, weil ich ein Mädchen bin? Ist das wieder Vaterhumor, den ich nicht verstehe?

Nicht viel später fragt Luuks Vater, ob wir nicht so langsam mal ins Bett gehen wollen. Luuk rüttelt Justin wach und zu viert gehen wir zu unseren Zelten. Wir putzen uns die Zähne an einem Außenhahn. In der Zwischenzeit versuche ich zu hören, was die Väter erzählen. Vor allem dieser Peter.

Die Jungen sagen Gute Nacht und kriechen sofort in ihre Zelte. Außer David. Der bleibt neben seinem Zelt stehen.

»Eva ...?«, flüstert er. »Komm mal ...«

Sofort sind meine Beine aus Pudding, ich kann keinen Schritt machen.

»Hast du Lust auf einen Mondspaziergang?«, fragt er und er schaut nach oben, zu dem Mond, der halb hinter einer Wolke versteckt ist.

Am Feuer lachen die Väter über einen Scherz.

»Schon«, flüstere ich, »... ich bin nur ein wenig ... zu müde.«

»Okay.«

»Gute Nacht«, murmele ich und verschwinde in mein Zelt.

Der Streich

In meinem Zelt ist es stockfinster. Ich spüre, wie mein Herz wild in meiner Brust klopft, wie ein flatternder Spatz in einem Käfig. Wenn ich irgendwas nicht bin, dann müde.

Einer der Jungs schnarcht schon. Luuk, wenn ich mich nicht täusche. Weiter weg höre ich das Lachen und Brummen der Männer am Feuer.

Mit weit offenen Augen starre ich ans Zeltdach. All diese Schlaufen und Klettbänder hat David festgemacht. Für mich. Und jetzt liegt er ein paar Meter von mir entfernt in einem Schlafsack. Wenn ich lausche, kann ich ihn atmen hören. *Ein wenig zu müde?* Warum habe ich das gesagt?

Lange Zeit liege ich wach da. Ich drehe mich auf die Seite, auf den Bauch, wieder auf die Seite und horche auf das Knistern des Feuers, die brummenden Väterstimmen und Luuks Schnarchen. Ich glaube, David schläft noch immer nicht.

Ich setze mich auf.

Ich kann jetzt aus meinem Zelt kommen und flüstern, ich hätte doch Lust auf einen Mondspaziergang. Das kann ich machen.

Schnell krieche ich aus meinem Schlafsack und ziehe mir meine Hose wieder an. »David?«, will ich flüstern, aber in diesem Moment rollt wieder so eine Väter-Lachsalve über mein Zelt. Sie reden immer lauter.

»Schlafen sie schon?« Das ist Peters Stimme.

»Ja klar«, antwortet Justins Vater.

Während ich mir meine Socken anziehe, höre ich Davids Vater fragen, was es denn damit auf sich hat, mit »*diesem Streich am See*«.

Mein Atem stockt. Ich spitze die Ohren.

»Ach, das«, sagt Peter lachend. Luuks Vater brummt etwas, was ich nicht verstehen kann.

»Ich hab mal einem Jungen den Kopf gewaschen, da an diesem See«, erzählt Peter. »Das muss so zehn oder zwölf Jahre her sein. Das war so ein Snob, der war nicht von hier, er kam aus der Stadt. Und dieser Typ, der hatte sich das hübscheste Mädchen aus dem ganzen Dorf angelacht ...«

»Peter ...«, brummt Luuks Vater.

Aber Peter fährt unbeirrbar fort: »Ich bin begeisterter Angler, wisst ihr ja, als ich also mal einen Karpfen von mindestens einem Meter Länge gefangen hatte, kam mir die Idee. Ich sehe diesen Typen in der Kneipe, mit dem Mädchen, und erzähle ihm die Geschichte von der Meerjungfrau, ewiger Liebe und so weiter. Und was meint ihr? Er findet es großartig. Er beißt an. Nachts nimmt er sein Mädchen mit an den See. Zusammen mit ein paar Kumpeln folge ich ihnen, mit diesem einen Meter langen Karpfen, der inzwischen ganz schön anfängt zu stinken ... Vom Gebüsch aus sehen wir sie am Ufer, sie ziehen sich bis auf die Unterwäsche aus, gehen ins Wasser ... Und in diesem Moment renne ich aus dem Gebüsch und werfe mit einem großen Bogen den Fisch auf sie und rufe: »Da hast du deine Meerjungfrau!«

Peter hickst und knurrt und schüttet sich aus vor Lachen.
Ich höre niemanden mitlachen.

»Der Fisch klatscht wirklich – patsch! – gegen diesen Jungen«, fährt Peter fort, »meine Kumpel und ich, wir kriegen uns nicht mehr ein … Aber er ist fuchsteufelswild und rennt mir nach … Ich flüchte in die Dünen … Und gerade als ich denke: Hier findet er mich niemals, taucht er vor mir auf. Ein junger Kerl, nichts anderes als eine Unterhose am Leib. Rasend war er. Puh, das war nicht ohne. Offensichtlich konnte er keinen Spaß vertragen … Aber gut … Danach hat er sich im Dorf nie wieder blicken lassen.«

Mein Hals ist wie zugeschnürt.

Mein Vater. Er spricht von meinem Vater.

Und das Mädchen, von dem er erzählt, das hübscheste Mädchen aus dem ganzen Dorf, das muss einfach meine Mutter sein.

Von innen koche ich, mein Herz hämmert gegen meine Rippen, aus meinen Nasenlöchern steigt fast Dampf. Wild ziehe ich mir meine Hose und meine Socken wieder aus und verkrieche mich tief in meinen Schlafsack – sorry, David, kein Mondspaziergang.

Mein Vater und meine Mutter waren zusammen im See. Es hätte eine superromantische Nacht werden können. Aber ein toter Karpfen hat alles verdorben. Peter hat sich keinen Scherz erlaubt, Peter hat meinen Vater so wütend gemacht, dass er fortgegangen ist. Ist es darum zwischen meinem Vater und meiner Mutter schiefgelaufen?

Die ganze Nacht mache ich kein Auge mehr zu.

Hol mich bitte ab

»Hol mich bitte ab, Mama.«

»… jetzt?« An ihrer Stimme kann ich hören, dass ich sie geweckt habe.

»Ich durfte doch jederzeit anrufen?«

»Aber Sweetheart, es ist viertel nach sieben …«

»Ja und? Ich bin wach. Und ich muss mit dir reden.«

»Reden?« Plötzlich klingt sie nicht mehr so schläfrig.

»Worüber?«

»Über Meerjungfrauen«, sage ich und dann drücke ich sie weg.

Ich ziehe mich an und gehe zum Toilettengebäude. Die Zelte und das Gras sind mit Tau bedeckt. Außer ein paar Amseln und Meisen schlafen alle noch.

Ich dusche und fange an, mein Zelt aufzuräumen und abzubrechen. Die Jungs schlafen einfach weiter. Auch aus dem großen Zelt ertönen Schnarchgeräusche.

Im Vorzelt finde ich in einer Kiste Brot und Belag. Ich mache mir ein Brot mit Nutella und setze mich damit auf einen Baumstrunk. Ich verschlucke mich fast, als ich Peter aus dem Zelt kommen sehe. Er reckt sich genüsslich. Auf seinem Oberarm prangt ein Tattoo von einem Grizzlybären. Er reibt sich die unrasierten Wangen und entdeckt mich. »Morgen.«

Ich sage nichts, ich habe den Mund voll.

Er schlendert zu mir. »Du bist also Sillas Tochter ...«

Das ist keine Frage, also gebe ich auch keine Antwort.

»Wenn man es weiß, sieht man es auch. Obwohl es bestimmt nicht viele Leute gibt, die sofort sagen würden: Hey, die Kleine ist von Silla. Weil du ... ja ...«

»Weil ich nicht weiß bin?« Es klingt heftiger, als ich dachte.

»Genau. Und Silla ist genauso weiß wie ich ... Ich kenne deine Mutter, weißt du.«

»Jeder kennt meine Mutter.«

»Ja, aber ich kenne sie noch von früher. Aus der Zeit, bevor sie berühmt wurde.«

Er beugt sich ein wenig zu mir und grinst. »Das willst du vielleicht überhaupt nicht hören, aber wir hatten noch kurz was miteinander, Silla und ich.«

»Das kann nicht sein«, rutscht mir heraus.

Peter muss lachen. »Und wieso kann das nicht sein?«

»Weil du ihr einen supergemeinen miesen dreckigen Streich gespielt hast!«

Er starrt mich erstaunt an.

»Ich habe alles gehört gestern, über deinen dämlichen Scherz mit dem Karpfen. Wie du diesen Jungen verjagt hast. Ich verstehe nur allzu gut, dass sie dich nie mehr sehen will!«

Peters Mund verzieht sich zu einem sauren Lächeln. »Immer mit der Ruhe«, murmelt er, »das war einfach nur Spaß und sie ...«

»Spaß?« Ich springe auf, mein Teller fällt mir vom Schoß. »Du hast alles verdorben mit diesem Fisch! Alles! Wegen dir ...

Wegen dir ...« Mir springen die Tränen in die Augen. »Du hast ihn verjagt!« Wütend und zitternd stampfe ich davon.

Ein paar Väter stecken erstaunt die Köpfe aus dem Zelt. Mir ist alles egal. Ich nehme meinen Rollkoffer und stampfe damit zum Pfad, in Richtung des Parkgeländes.

Peter und Mama ein Paar ... Das hätte er wohl gern! Er lügt wie gedruckt, da bin ich mir sicher, eigentlich müsste mein Zeh wahnsinnig kribbeln, aber der hält sich ruhig; bestimmt, weil mein Blut fast kocht.

»Eva!« Luuk kommt in Boxershorts und T-Shirt aus seinem Zelt gerannt. »Was ist los? Warum schreist du so rum?«

Ich bleibe stehen. Er sieht meinen Koffer. »Was ... gehst du jetzt schon nach Hause? Aber ... wir machen doch noch alles Mögliche! Wir gehen noch in den Wald, wir suchen noch Speiballen von Eulen mit Peter ...«

Ich ziehe die Nase hoch. »Dieser Peter ist selbst ein Speiball.«

»Quatsch. Jetzt sei nicht so, Evi. Peter ist okay. Er reißt manchmal doofe Witze, das ist alles ...«

»Doofe Witze! Ja, das kann man so sagen!« Ich will weitergehen, aber Luuk geht nicht zur Seite.

»Er wollte dich bestimmt nicht ... Peter ist wirklich nett!«

»Lass mich vorbei, Luuk.«

»Eva ... bleib doch noch.«

Aber ich schiebe ihn zur Seite und ohne mich umzusehen gehe ich weiter zum Parkgelände. Mein Rollkoffer schürft laut über den Muschelpfad. Ich fühle einen Stich im Bauch, dass ich Luuk hier so zurücklasse, aber ich schaffe es nicht, mich umzudrehen.

Auf einer Bank warte ich auf Mama.
Ich sitze erst gerade eben, als David angerannt kommt. Unter dem Arm trägt er meinen Schlafsack, den ich in all dem Trubel vergessen habe.
Er legt ihn neben mich auf die Bank.
»Danke.« Schnell reibe ich mir die Augen trocken. Meine Hände werden ganz schwarz, ich habe völlig vergessen, dass ich mir heute Morgen wieder die Wimpern getuscht habe. Ich traue mich nicht mehr, ihn anzusehen: Bestimmt sehe ich mit diesen schwarzen Ringen um die Augen aus wie ein Pandabär.
Er schiebt sich die Hände in die Hosentaschen. »Gefällt es dir nicht?«
»Doch ... Aber ...« Ich trete ein wenig im Kies herum.
»Ist es dieser Onkel von Luuk?«, fragt David. »Warum hast du ihn so angeschrien?«
Ich schüttele nur den Kopf, ich kann es nicht erzählen. Ich begreife selbst erst halb, was geschehen ist.

Luuks Vater verabschiedet sich auch noch von mir. So einfach lässt er mich nicht gehen. Er setzt sich neben mich auf die Bank.
»Hast du Bauchweh?«, fragt er plötzlich.
Ich schüttele den Kopf.
»Heimweh?«, fragt er. »Ist es das?«

»Nein, kein Heimweh.«

Ich will schon zu Mama, aber nicht, weil ich *sie* vermisse. Es ist etwas anderes. Die Wahrheit, die vermisse ich.

Ich hasse Meerjungfrauen

Wir schnallen uns an. »Ich hatte gehofft, ausschlafen zu können«, sagt Mama lächelnd, während wir vom Gelände fahren. Sie schwatzt weiter, als wäre es ein ganz normaler Sonntag. Sie erzählt von dem Auftritt, dass viele Zuschauer da waren, dass alles trotz der Probleme ganz gut lief, bla bla, ich höre kaum zu.

Mitten in ihrer Geschichte sage ich: »Du bist wohl im See gewesen, um die Meerjungfrau zu sehen.«

»Was?«

Sie sieht mich an, als würde ich fließend Japanisch sprechen.

»Du brauchst mich nicht anzulügen. Ich weiß es.«

»Sweetheart, ich lüge dich doch nicht an?«

Da. Mein Kribbelzeh funktioniert wieder. Dutzende Nadelstiche.

»Mama, ich habe die Geschichte gehört, von Peter. Also hör schon auf. Warum willst du mir nichts darüber erzählen? Was ist da passiert?«

Wieder schaut sie zur Seite. Sie holt tief Luft, aber aus ihrem Mund kommt nur ein trockener Laut. Gestern Abend hat sie vor einer riesigen Menschenmenge gesungen; und bei mir bekommt sie keinen Ton mehr aus der Kehle raus. Sie fährt immer langsamer, und langsamer ... bis wir still stehen. Einfach so, mitten auf der Straße.

»Mama?« Sie starrt in die Ferne. Laut hupend überholt uns ein Auto. Der Fahrer schlägt sich gegen die Stirn.

»Du Vollpfosten, stell dich nicht so an!«, schnauzt Mama. Ihre Stimme funktioniert wieder. Sie fährt ein Stück weiter, biegt in einen Landweg, der eine Sackgasse ist, und hält vor einem hohen Gatter an. Dann umklammert sie das Steuer mit beiden Händen, obwohl es jetzt nichts zu steuern gibt.

»Ich will die ganze Geschichte hören«, sage ich.

»Das habe ich schon befürchtet«, sagt sie leise.

»Über die Meerjungfrau, das Schwimmen … alles.«

Sie beißt die Zähne zusammen.

»Ich hasse Meerjungfrauen.«

Ich verschränke die Arme vor der Brust. »Erzähl.«

»Was genau hat Peter gesagt? Wie kommt dieser Kerl überhaupt dazu?«

»Er dachte, wir würden alle schon schlafen. Und da habe ich es gehört, von dem Karpfen. Und von dir und meinem … biologischen Vater.«

Zum ersten Mal klingt das Wort »biologisch« unpraktisch. Zu plump, zu groß. Ich sage es für Mama.

»Was genau ist passiert? Ihr wart verliebt und dann hat er gefragt: Kommst du mit zum See?«

»So ungefähr«, murmelt Mama.

»Und dann?«

»Wir sind in den See gegangen, wir waren … was weiß ich … ein wenig ausgelassen.«

»Dachtest du wirklich, du würdest eine Meerjungfrau sehen?«

»Nein, das nicht. Aber er war so begeistert. Ich habe mitgemacht, warum auch nicht? Es war einfach spannend. Viele Freunde aus dem Dorf hatten das auch mal gemacht ... Und dann war da plötzlich dieser große, verfaulte Fisch. Das hatte ich echt nicht erwartet. Und dann die Jungs, die uns auslachten, während wir da halb nackt standen ...«

»Bist du nicht wütend geworden?«

»Und ob, na klar. Aber er explodierte fast. Rannte ihnen sofort nach. Ich habe ihn noch zurückgerufen, aber glaub bloß nicht, dass er auf mich hörte. Ich habe mich schnell wieder angezogen. Zitternd habe ich da auf ihn gewartet.

Als er zurückkam und ich diesen wilden Blick in seinen Augen sah, dachte ich: Das ist zu viel. Es lief schon eine Weile nicht mehr so gut zwischen uns.«

»Und da hast du Schluss gemacht.«

»Ja. Wenn du es so nennen willst ...«

»Aber du warst doch auch wütend auf Peter? Du hattest doch kapiert, was er wollte? Peter wollte ihn wegjagen und hatte sich darum diesen Streich ausgedacht, und du, was hast du gemacht? Du hast ihn im Stich gelassen! Genau, was Peter wollte ...«

»Er hatte Peter ein blaues Auge geschlagen!«

»Unsinn!«, rufe ich. »Das stimmt nicht! Davon hat er nichts erzählt! Das ... das hat er nur zu dir gesagt, damit du Mitleid mit ihm hast. Er erzählt einfach irgendwas! Er hat auch gesagt, dass er was mit dir hatte ...«

Mama muss lachen. »Hat er das gesagt?« Sie schüttelt den

Kopf. »Nein, er hat nichts davon erzählt, weil er sich bestimmt schämte, dass er so in die Mangel genommen wurde. Aber ich habe das Blut gesehen. Seine Augenbraue musste genäht werden.«

»Oh.«

Ich starre auf den Acker hinter dem Gatter, wo ein paar Gänse stehen und Körner picken. Ich weiß nicht, was ich sagen soll. Mein Vater, der jemanden geschlagen hat …

»Aber Eva, glaub mir, auch ohne diese Sache mit dem Fisch wären wir nicht zusammengeblieben. Wir hatten oft Streit. Zu oft.«

»Warum hast du mir das nie erzählt?«, frage ich. Sie legt mir eine Hand aufs Knie.

»Das ist doch keine schöne Geschichte, oder? Ich wollte dich nicht damit belasten. Besser, du hast keinen Vater, als diesen Hitzkopf, diesen Idioten …« Ich fummele an dem Knopf des Handschuhfachs.

»Und ich?«

»Du?«

»Wo war ich in dieser Geschichte?«

»Äh … in meinem Bauch.« Sie legt ihre Hand darauf. »Du warst schon in meinem Bauch. Aber das wusste ich noch nicht. Ich entdeckte es ein paar Wochen später.«

Ich nicke. »Und danach hast du ihn nicht mehr gesehen?«

»Ein paar Mal noch.«

»Hast du ihm erzählt, dass ich in deinem Bauch war?«

»Süße, möchtest du das wirklich alles wissen?«

»Ich glaub schon. Ja …«

»Ich habe es ihm gesagt. Und er war … verwirrt.«

Sie will noch mehr sagen, aber sie presst die Lippen zusammen.

»Hat er sich nicht gefreut, Vater zu werden?«

Sie schweigt.

»Hat er sich nicht auf mich gefreut?« Meine Stimme klingt immer dicker.

»Ich weiß es nicht«, sagt Mama mit feuchten Augen. »Ich weiß es nicht. Er wollte weg …«

»Aber du hattest ihm doch erzählt, dass ich in deinem Bauch war? Das ist doch eine Art Geschenk? Das ist doch …« Weiter komme ich nicht. Meine Tränen ergreifen die Macht. Meine Augen laufen voll und alles wird verschwommen, als würde ein Regenschauer auf uns prasseln.

»Du hast recht«, schluchzt Mama. »Du hast ja so recht. Du bist das allergrößte und schönste Geschenk, das es gibt. Wer das nicht sieht … Der ist so blind wie ein Wurm.«

Mama klickt meinen Sicherheitsgurt auf, nimmt mich in die Arme und drückt mich fest an sich. Ich weine gegen ihre Brust. Ich weine und schluchze und ich will überhaupt nicht mehr weinen, aber es wird einfach nicht weniger.

»Darum«, schluchzt Mama. »Darum will ich das alles nicht. Darum sage ich nichts, verstehst du? Verstehst du das?«

Ich gebe keine Antwort. Ich will nichts verstehen. Und ich will nicht nur ein Geschenk für meine Mutter sein, sondern auch für meinen Vater.

Kleben

Den restlichen Sonntag will ich am liebsten in Mama hineinkriechen oder wenigstens ganz nah bei ihr sein. Wie so ein kleiner Affe, der sich am Mutteraffen festklammert. Wir schauen uns auf dem Sofa unter einer Decke Filme an, lesen Comics und holen Eis in der Imbissstube. Beim Eisessen ist nah aneinanderkriechen nicht so praktisch: Mein Kokoseis klebt an Mamas Jacke, Mamas Jacke klebt an meinen Wangen und meine Wangen kleben an Mama, aber das ist uns alles egal.

»Mama?«, frage ich, während ich versuche, die Eisreste mit einer Serviette wegzuwischen. »Wo wohnt er denn jetzt?«

»Dieser Wurm?« Sie drückt mich etwas fester an sich. »Keine Ahnung. Wo wohnen Würmer?« Sie wischt mir einen Tropfen Eis von der Nase. »Schreibst du deine Projektarbeit nicht darüber? Graben die nicht Gänge in Äpfel und so?«

Plötzlich steckt mein Eis mitten in ihrem Lächeln. Sie weicht zurück. »Hey, was soll das? Was machst du?« Sogar in ihren Nasenlöchern ist ein wenig Eis. Es war aus Versehen. Ein wenig.

Ich reiche ihr eine Serviette und sie wischt sich das Gesicht ab. »Schlag ihn dir doch aus dem Kopf«, sagt sie.

Wäre das nur so einfach. Kopf aufmachen, rausschlagen, Kopf wieder zu.

Abends versuche ich, an dem Kapitel über »Biologische Väter in freier Natur« zu arbeiten, aber plötzlich habe ich eine viel bessere Idee.

KAPITEL 5

Was nützt einem ein biologischer Vater?

Die meisten Väter kümmern sich um ihre Kinder und beschützen sie. Aber das muss nicht immer so sein. Sieh dir nur mal das Tierreich an.

Sehr viele Vatertiere lassen ihre Jungen im Stich. Die werden dann von der Mutter versorgt, oder sie müssen zusehen, wie sie sich allein durchschlagen.

Manche Vatertiere sind für die Jungen sogar lebensgefährlich, wie etwa bei:

- Komodowaranen (siehe Luuks Projektarbeit.)
- Löwen. Wenn eine Löwin einen neuen Partner hat, dann beißt dieser Stiefvater sofort all ihre Welpen tot.

Menschenkinder haben meist mehr Glück. Mütter und Väter kümmern sich fast immer gut um sie, und auch lange. Von allen Tieren haben Menschen die längste Brutsorge von allen Lebewesen, oft über 20 Jahre!

Ab und zu jedoch sind auch Menschenväter gefährlich. Manchmal können sie angreifen, wenn sie sehr wütend werden.

Manche Väter wollen eigentlich nicht mal Vater werden. Dann möchten sie zwar Sex, aber kein Kind. Wenn so ein Kind dann trotzdem geboren wird, spricht man oft von einem »Unfall«. Das ist total lächerlich, weil es überhaupt nicht stimmt. Wenn es einem gelingt, trotz allem geboren zu werden, ist das natürlich ein Glücksfall.

kinderblinder Vater

Oft freuen sich Eltern schließlich doch über ihr Glück. Aber nicht alle. Es gibt auch Väter, die sofort abhauen, die dich nicht mehr sehen wollen, das sind die schlimmsten. Ein Vater, der so tut, als würde es dich nicht geben, der nie anruft und in deinem ganzen Leben nicht mehr als eine einzige Karte geschickt hat und sich ansonsten nie um dich kümmert, so einen Vater nenne ich kinderblind. Und ein kinderblinder Vater, der nützt einem wirklich überhaupt nichts.

Ein kleines Gespräch

Bestimmt ist Luuk noch immer sauer auf mich. Ich warte nicht auf ihn, sondern gehe schon etwas früher zur Schule.

Ich bin schon auf dem Schulhof, als er auf seinem Skateboard angefahren kommt. »Evi!« Er springt ab und kommt sofort zu mir. »Warum bist du gestern einfach so weggegangen?«

»Ich bin nicht *einfach so* weggegangen!«, sage ich scharf.

»Ach nein? Was war denn so wichtig, dass du Hals über Kopf von meiner Geburtstagsfeier abgehauen bist?«

»Das verstehst du nicht.«

»Richtig!« Er verschränkt die Arme über der Brust. Seine blaugrauen Augen stechen mich.

»Und?«, sagt Luuk. »Warum erzählst du's mir nicht?«

Weil ich wütend bin, will ich sagen, weil ich es nicht aushalte, wenn er mich so anschaut, weil ich mich eigentlich sehr mies fühle, weil ich sein Fest ein wenig verdorben habe. Aber »Tut mir leid« sind zu große und zu dicke Wörter – ich will schon, aber es passt nicht, ich bekomme es nicht heraus.

Und dann erlöst mich die Klingel. Ich renne über den Schulhof und flüchte ins Schulgebäude.

Den Rest des Tages gehe ich Luuk aus dem Weg. Beim Sport dürfen Vita und ich Teams für das Brennballspiel wählen. Ich wähle nicht Luuk, sondern ein paar andere Jungen.

Man braucht nicht immer seine Freunde in das eigene Team zu wählen.

Kurz vor Schulschluss fragt Frau Gerling, ob ich bitte noch einen Moment bleibe. »Muss ich nachsitzen?«, frage ich sofort. Nein, sagt sie lächelnd, sie möchte nur ein kleines Gespräch, nichts Besonderes. Sofort fängt mein Zeh an zu kribbeln. Und mein Nacken.

Wir setzen uns an meinen Tisch. Frau Gerling auf einen zu kleinen Stuhl, die Beine übereinandergeschlagen. Ich schaue nicht zu ihr, sie ist zu nah. Ich schaue auf das leere Aquarium auf der Fensterbank.

»Wie geht's dir, Eva?«

In Lehrerinnensprache bedeutet ein kleines Gespräch nie ein kleines Gespräch, sondern etwas ganz anderes.

»Geht so«, sage ich. »Warum?«

»Nur so. Ich möchte von allen ab und zu mal hören, wie es so läuft. Ob du dich noch wohlfühlst in deiner Haut.«

Ich schaue auf meine Arme. »Stimmt was nicht mit meiner Haut?«

Sofort wird die Lehrerin rot. »Eva, du hast eine wunderschöne Haut. Ich wollte nur fragen: Wie geht es dir? Fühlst du dich wohl in der Klasse ... Und zu Hause, wie läuft es da?«

Ich sage nichts.

»Hast du deine Projektarbeit schon deine Mutter lesen lassen?«

»Die ist noch nicht fertig.«

»Trotzdem finde ich, du solltest sie jetzt schon lesen lassen.«

Ich fummele an einem Nagelhäutchen herum. »Muss ich darum hier sitzen? Wegen meiner Projektarbeit?«

»Nein ... Na ja ...« Frau Gerlings ewiges Lächeln stürzt fast ab. Fast. »Heute Morgen habe ich dein neues Kapitel gelesen, und ich muss schon sagen, dass ich einen Schrecken bekommen habe.«

»Wieso denn das?« Es klingt frecher, als ich es meine.

Frau Gerling blinzelt erstaunt. »Ich fand dieses Kapitel sehr viel ... trauriger als die vorigen.«

»Aha«, sage ich. »Und das darf nicht sein?«

Roos traut sich ab und zu, so mit unserer Lehrerin zu sprechen, und Wesley, aber ich wusste überhaupt nicht, dass ich das auch kann.

»Das darf schon sein, aber ...« Noch immer dieses Lächeln. Ich frage mich, ob sie es selbst nie leid wird. »Ich wollte nur wissen ... Ist etwas passiert? Hast du mit deiner Mutter über dieses Kapitel gesprochen, und über deinen Vater?«

»Ich _habe_ keinen Vater! Ist das so schwer zu kapieren?!«

»Eva!« Futsch ist das Lächeln. Es geht also doch. »Was soll denn das?«

»Tut mir leid.« Ich verstecke meine Hände in meinen Ärmeln und mache mich klein. Warum habe ich das gemacht?

Frau Gerling steht auf. »Du kannst gehen. Wir reden noch mal darüber, wenn du normal antworten kannst.«

Sie fängt an, Hefte einzusammeln. »Ich mache mir Sorgen, Eva. Diese Projektarbeit ... Sie verlangt dir ein wenig viel ab.

Vielleicht müsste ich mal ...« Sie verschluckt den Rest und geht aus dem Klassenzimmer. Ich will wissen, was sie denn müsste, aber ich traue mich nicht mehr, sie danach zu fragen. Das kleine Gespräch ist zu Ende.

Echt oder falsch?

Der Schulhof ist schon leer. Nur Luuk ist noch da; er übt Tricks auf seinem Skateboard. Ich ziehe den Reißverschluss meiner Jacke zu und gehe in seine Richtung.
   Luuk hört auf zu springen. Ratternd rollt sein Skateboard weg. »Musstest du nachsitzen?«, fragt er.
   Ich bleibe stehen und schüttele den Kopf.
   »Was denn dann?«
   Ich zucke die Achseln.
   »Sei nicht so blöd. Kannst du nicht mehr sprechen oder was?« Luuk starrt mich mit großen Augen an. Er erinnert mich an einen gestrandeten Seehund. »Redest du nicht mehr mit mir?«, fragt er noch einmal.
   »Doch ...« Ich schlucke ein paar Mal.
   »Das macht so echt keinen Spaß«, bringt Luuk hervor. »Nun sag schon was. Irgendwas!«
   »Du ... Du siehst aus wie ein Seehund.«
   Er wischt sich die Nase ab. »Puh, endlich.«
   »Es tut mir leid, Luuk«, murmele ich. »Mir macht es so auch keinen Spaß.«
   »Ich hasse solche eisigen Streitereien«, sagt er.
   »Ich auch.«
   »Ich bekomme Bauchweh davon.«
   »Ich auch.«

»Und Durchfall.«

»Oh.« Ich kratze mir den Kopf. »Es tut mir wirklich leid … Sorry, dass ich Sonntag so plötzlich von deinem Geburtstagsfest weggegangen bin.«

Luuk nickt und nimmt sein Skateboard. »Aber warum warst du so wütend?«

Und dann erzähle ich. Ich erzähle, was ich in dieser Nacht im Zelt gehört habe, über Peters Scherz mit dem Fisch. Ich erzähle, wie wütend ich war, dass Mama mir so wenig gesagt hatte. Luuk hört zu. Er verteidigt seinen Onkel nicht, er schüttelt nur den Kopf. »Mann oh Mann … Also wegen diesem Fisch ist dein Vater weggegangen?«

»Na ja. Nicht nur darum. Dieser Rico war einfach ein blöder Kerl, wenn ich Mama richtig verstehe. Es lief schon länger nicht gut.«

»Okay.« Luuk öffnet den Mund, aber er weiß nicht, was er sagen soll. Er reicht mir sein Skateboard. »Willst du mal?«

»Na gut.«

Danach laufen und rollen wir zusammen nach Hause, abwechselnd auf dem Skateboard. Es ist wieder, wie es immer war. Unterwegs springen wir über Kanaldeckel, oder wir fahren in weitem Bogen darum herum. Wir reden über alles Mögliche. Nur nicht über David. (Das ist auch eine Art Kanaldeckel.)

»Aber was wollte Frau Gerling eigentlich von dir?«, fragt Luuk, als wir fast bei ihm zu Hause sind.

»Ein kleines Gespräch. Aber es dauerte nicht lange, weil … weil ich frech war.«

»Du??« Luuk grinst. »Ruft sie jetzt deine Mutter an?«
Ich bekomme einen Schrecken. »Was? Das will ich nicht hoffen.«

Bei Luuk zu Hause spielen wir eine Runde *Swordsnight* auf seinem Computer, wir spielen Fußball auf dem Bolzplatz und klettern in die große Linde. Als wir müde sind, gehen wir rein, lassen uns aufs Sofa fallen und machen den Fernseher an. Luuk zappt durch ein paar Sender, bis plötzlich die blonde Moderatorin wieder auftaucht. »Stopp mal«, sage ich. Es ist dieselbe Frau, die sich mit dem Zimmermann aus Emmen auf die Suche nach seiner Familie gemacht hat. Die Erkennungsmelodie ertönt: *Liebe Menschen verloren ge-wä-hä-nd?*

Es ist nie zu spä-hät ...

Machen Sie sich bereit ...

Für Verlorene Zeit ...

Strahlend lacht die blonde Frau in die Kamera. »Letzte Woche hat Hendrik uns um Hilfe gebeten. Er war auf der Suche nach Floris, seinem unehelichen Sohn.«

Es geht um einen alten Mann in einem riesigen Landhaus. Vor dreißig Jahren hat seine Haushälterin ein Kind von ihm bekommen. Das war »ziemlich kompliziert«, erklärt der alte Herr, und die Haushälterin hat damals das Landhaus verlassen, samt Baby Floris. Er hat sie noch ein einziges Mal gesehen und danach sind sie spurlos verschwunden. Er weiß nur, dass dieser Floris jetzt dreißig sein muss und ein Muttermal in Form eines kleinen Vogels hinter dem Ohr hat.

»Mein lieber Floris«, sagt der Mann und blickt genau in die

Kamera, »ich weiß, dass es reichlich spät ist, aber dein Vater möchte nichts lieber, als dich kennenzulernen.«

Mir entwischt ein tiefer Seufzer.

»Heulst du etwa?«, fragt Luuk.

»Natürlich nicht«, beeilte ich mich zu sagen.

»Ich bin gespannt, ob Hendriks Aufruf etwas gebracht hat«, sagt die Moderatorin, während sie durch einen wundervollen Garten mit Springbrunnen und Teichen spaziert. Auf der Terrasse nimmt sie auf einer Marmorbank neben Hendrik Platz, der gedankenverloren eine dicke Katze streichelt. »Und?«, fragt die Moderatorin. »Hat Floris reagiert?«

»Und ob!«, ruft Hendrik, aber er sieht überhaupt nicht froh aus. »Mindestens dreiundzwanzig Florisse haben reagiert! Lauter Betrüger!« Miauend springt die Katze von seinem Schoß.

»Dreiundzwanzig?«, wiederholt die Moderatorin.

»Sie hießen alle Floris und waren alle dreißig Jahre alt, das schon. Aber allesamt hatten sie falsche Muttermale! Oft hatten sie sich einfach ein Vögelchen aufgemalt! Mit Filzstift!«

Luuk grinst. »Ja, diese Florisse wollten alle nur allzu gern einen stinkend reichen Vater mit einem Schloss.«

Die Moderatorin ist verblüfft. »Und kein einziger dieser dreiundzwanzig war der echte Floris?«

Luuk hebt beide Arme in die Höhe. »Ist er nun echt oder falsch?«

»Jetzt sei mal still«, zische ich.

Der alte Herr macht wilde Gebärden. »Es ist eine Katastrophe! Wohin ich auch gehe, werde ich angesprochen. Ich habe sogar zusätzliche Sicherheitskräfte anstellen müssen, weil Florisse versucht haben, über den Zaun zu klettern!«

»Tja«, sagt Luuk. »Dann sollte man eben nicht bei so einer Sendung mitmachen.«

»Aber er will seinen Sohn finden«, entgegne ich. »Er ist verzweifelt. Was soll er denn sonst machen?«

»Er kann doch einen Privatdetektiv anheuern oder so jemanden? Der kann wahrscheinlich auch viel besser suchen als diese Trulla.« Er greift nach der Fernbedienung und schaltet den Fernseher aus.

»Hey!« Ich versuche, ihm die Fernbedienung abzunehmen. Aber Luuk hält sie lachend in die Höhe, sodass ich nicht drankomme.

»Gib auf!« Ich nehme ein Kissen und schlage ihn damit.

Und dann rennen und springen wir um das Sofa herum und veranstalten eine wilde Kissenschlacht. Ich pruste und bekomme Schluckauf und Bauchschmerzen vor Lachen.

Als ich später nach Hause gehe, habe ich noch immer den Hicks. Über den Dächern geht ein bleicher Mond auf und ich muss an David denken, mit seinen Karamellaugen und seinem Grinsen mit dem Spalt zwischen den Zähnen. Ich muss so heftig kichern, dass eine Taube erschreckt aufflattert.

Erwischt

Wie eine Eiskönigin thront Mama am Tisch. Sie hat die Hände um einen Becher Tee gefaltet. Dampf kringelt sich nach oben, ansonsten bewegt sich nichts. Ich ziehe mir meine Jacke aus.

Sie nickt kurz zu einem Stuhl. »Setz dich.«

Jetzt erst sehe ich es. Vor ihr auf dem Tisch liegt meine gelbe Mappe. Die Mappe mit den Kapiteln für meine Projektarbeit.

»Du hast in meinem Schreibtisch herumgeschnüffelt!«, rutscht es mir heraus.

»Setz sich erst mal hin.«

»Das ist *mein* Schreibtisch. Und du sollst das noch nicht lesen!«

»Und warum soll ich das nicht lesen? Es geht auch um mich.«

»Du sollst es erst lesen, wenn es fertig ist.«

»Eva ...« Ihre Stimme klingt scharf wie ein Messer. »Wie um alles in der Welt kommst du dazu, unser Privatleben auf die Straße zu werfen?«

»Ich werfe nichts auf die Straße.«

»Frau Gerling liest es doch auch schon?«

Frau Gerling. Also doch. Frau Gerling hat sie angerufen.

»Ich traue mich kaum, ihr noch unter die Augen zu kommen«, fährt Mama fort. »Und wer wird das sonst noch alles lesen? Die Klasse? Die ganze Schule? Du kannst Gift drauf nehmen, dass sie das interessant finden, die Tochter einer bekannten Sängerin, die auspackt über das Liebesleben ihrer Mutter ... Hast du da mal drüber nachgedacht?«

Ich schmeiße meine Jacke in die Ecke. »Echt nicht die ganze Schule! So interessant finden sie dich nun auch wieder nicht.«

»Aber du verstehst schon, dass das nicht geht! Ein zerrissenes Foto von mir ... Das Gespräch im Zoo ... Eine Geburtstagskarte ... Woher hattest du die überhaupt? Hast du in meinen Sachen rumgeschnüffelt?«

Meine Wangen fangen an zu glühen. »Die Karte war für mich. Die hättest du mir schon vor Jahren geben müssen.«

Mama schnieft. »Und zu mir sagst du, du würdest eine Projektarbeit über Würmer schreiben ...« Sie schüttelt den Kopf. Dann sagt sie ganz ruhig: »Du hörst damit auf. Du nimmst ein anderes Thema.«

»Was?!«

»Ich werde Frau Gerling bitten, dir extra Zeit zu geben, weil du wieder neu anfangen musst.«

»Nein«, sage ich entschlossen.

»Wie, *Nein*?«

»Das ist mein Thema. Und Frau Gerling war damit einverstanden. Sie hat es erlaubt ...«

Meine Mutter lehnt sich zurück, schiebt sich die Finger wie große Kämme in die Haare und denkt nach. »Aber Süße ...«, fängt sie an, obwohl sie überhaupt nicht süß klingt, »woher kommt das so plötzlich? Warum willst du das so gerne?«

Ich balle die Fäuste und hole tief Luft. »Wir sollten ein Thema nehmen, über das wir mehr wissen wollen. Also ...«

Mama klopft mit der Hand auf die Mappe. »Aber warum hast du mir nichts darüber erzählt?«

»Du erzählst mir doch auch nichts?«, sage ich schnippisch.

Ich gehe zum Tisch, um mir meine Mappe zu nehmen, aber Mama legt die Hände darauf.

»Das ist *meine* Projektarbeit«, zische ich.

Aber Mama gibt es mir nicht zurück. Sie kaut auf irgendwas Unsichtbarem. »Okay. Aber das Kapitel mit diesen Entdeckungen und dem Foto, das wird gestrichen. Und ab jetzt gibst du mir jedes Kapitel erst zum Lesen.«

»Pfff…« Ich verziehe das Gesicht. »Also gut«, murmele ich.

Endlich hebt sie die Hände und ich kann die Mappe vom Tisch nehmen. Ich drücke sie an mich.

Mama seufzt. »Hätte ich … hätte ich die ganze Geschichte erzählen sollen? Ist das hier eine Art … Rache oder so was?«

»Nein. Wirklich nicht«, antworte ich ehrlich. »Ich hab einfach angefangen. Erst ist mir kein Thema eingefallen, dann hab ich das hier gefunden. Ich wollte es unbedingt.«

Mama schüttelt ungläubig den Kopf.

»Aber je mehr ich darüber herausfinden wollte«, sage ich, »desto mehr merkte ich auch, wie wenig ich wusste. Ich weiß jetzt nur, wie viele Zehen er hat, und seinen Namen. Sonst nichts.« Ich lasse mich auf einen Stuhl fallen.

»Rico …«, sage ich. Sie zuckt ein wenig zusammen und kneift die Augen zu, als würde sie in einen grellen Scheinwerfer starren. »Warum ist er so ganz verschwunden?«, fahre ich fort. »Hat er denn *gar* nichts mehr von sich hören lassen?«

»Fast nichts, nein.« Sie schlägt die Arme fest um ihren Bauch, als wolle sie sich selbst festhalten. »Anfangs dachte ich: Was für ein Schlappschwanz. Später fand ich es eigentlich gut so. Ich hatte überhaupt keine Lust mehr darauf, dass er sich einmischen würde, ich kam ausgezeichnet allein klar.«

»Du sagst: *fast* nichts von sich hören lassen. Also doch etwas.«

»Na ja, nur diese Karte. Und ein paar SMS-Nachrichten, die ich gelöscht habe. Und eine Kassette. Mehr nicht.«

»Eine Kassette? Meinst du so eine Geldkiste?«

»Nein, ein Kassettenband. So ein altmodisches Plastikteil für Tonaufnahmen. Keine Ahnung, warum er das geschickt hat. Diese Dinger werden schon seit Jahren nicht mehr benutzt. Auch nicht, als du klein warst.«

»Ja, ich weiß, was das ist, Opa hat einen ganzen Karton voll. Aber was war denn drauf auf dieser Kassette?«

»Seine Stimme. Er hat was erzählt, ich weiß nicht mehr, was. Ganz kurz. Und er sang ein Lied. Ein Schlaflied oder so.«

»Und wo ist diese Kassette jetzt?«

Mama fegt unsichtbare Krümel vom Tisch. »Was weiß ich. Vor vielen Jahren habe ich all meine Kassetten weggeworfen. Keiner hat diese Teile noch.«

»Du meinst, du hast sie in den Abfalleimer geworfen?«

»Ja, glaub schon. Das weiß ich nicht mehr.«

Aber in meinem Zeh spüre ich ein leichtes Kribbeln. Ich denke, dass sie es ganz genau weiß. Sie hat die Kassette nicht weggeworfen.

Dreiundzwanzig Florisse

In dieser Nacht träume ich von der Kassette.

Eine hohe Mauer, darüber scheint der Mond. In der Erde schiebt sich ein Kanaldeckel auf und ein Mann mit Sonnenbrille klettert heraus. Es ist mein Vater, das weiß ich. Ganz leise schleicht er sich an der Mauer entlang, bis er an eine geschlossene Pforte gelangt. Er schaut sich um und gibt einen Code ein, aber die Pforte öffnet sich nicht. Stattdessen kommen plötzlich lauter Männer mit roten Haaren über die Mauer geklettert. Es sind die dreiundzwanzig Florisse und sie sind hinter meinem Vater her. Schnell versucht er noch einmal, die Pforte zu öffnen, er gibt allerlei Codes ein, aber sie bleibt geschlossen. Inzwischen sind die Florisse fast alle über die Mauer geklettert.

Und dann reißt mein Vater wie Superman sein Oberhemd auf. In der Haut auf seiner Brust befindet sich eine Klappe. Sie springt auf und er holt eine Kassette hervor. Inzwischen landen schon ein paar Florisse auf dem Boden und kommen mit ausgestreckten Armen auf ihn zu. Schnell schiebt mein Vater die Kassette in den Briefkastenschlitz der Pforte und will wegrennen, aber die Florisse greifen sich ihn und stürzen sich allesamt auf ihn …

Dann schrecke ich auf. Ich schlage die Bettdecke zurück und muss ein paar Mal tief Luft holen.

Ich kann nicht gleich wieder einschlafen. Ich grüble über diese Kassette.

Wenn mein Vater sich nicht über mich gefreut hat, warum hat er mir dann eine Kassette mit einem Lied geschickt? Das macht man doch nicht, wenn man überhaupt nichts mit seinem Kind zu tun haben will? Ist er vielleicht doch nicht so kinderblind, wie ich dachte?

Suchen

Ich renne ihm schon mal entgegen, ich kann nicht warten.
»Luuk! Hilfst du mir beim Suchen?« Auf dem Weg zur Schule erzähle ich ihm von der Kassette.
»Mit einem Schlaflied?«, fragt Luuk. »Mein Vater singt mir nie Schlaflieder vor.«
»Meiner wohl«, sage ich, während ich in hohem Bogen über einen Kanaldeckel springe. »... Meiner wohl.«
»Aber wenn du diese Kassette finden willst«, fragt Luuk, »musst du dann nicht ziemlich viel in den Sachen deiner Mutter rumschnüffeln?«
»Ja genau, und heute Nachmittag probt sie mit der Band. Dann können wir also schön den Schuppen und das Studio durchsuchen.«
»Du darfst doch überhaupt nicht ihr Studio?«
»Aber Mama darf auch keine Sachen zurückbehalten, die für mich bestimmt sind. Und sie hat auch in meinem Schreibtisch rumgeschnüffelt. Also.«

Wir sind den ganzen Nachmittag beschäftigt. Luuk durchforstet den Schuppen, aber das bringt ihm nur zwei Beulen (mein altes Schaukelpferd und eine Tüte mit Murmeln sind aus einem Regal gefallen). Ich durchsuche Mamas Schlafzimmer und das Studio. Ich suche in ihren Kartons und Mappen und Kisten, ich ziehe alle Schubladen auf, ich schaue sogar in ihr Klavier. Aber sosehr wir auch suchen, nirgends eine Kassette.

Mittwoch in der Kunststunde fällt mir plötzlich was ein.
»Vielleicht hebt sie diese Kassette ja gar nicht bei uns zu Hause auf.«
»Wie meinst du das?«, fragt Luuk. »Dass sie sie im Garten verbuddelt hat oder so?«
»Nein. Vielleicht liegt sie bei Opa. Bei ihm habe ich mir mal Kassetten angehört.«
»Gute Idee …«, sagt Luuk. »Frag ihn. Dann können wir dort suchen.«

Nach Schulschluss hat Luuk Klassendienst. Ich gehe schon mal schnell nach Hause und renne in mein Zimmer, wo mein Handy noch liegt. Opa geht sofort ran.
»Eva! Wie schön! Wie geht's meinem Sonnenschein?«
»Ja, gut. Sag mal, Opa … du hast doch Kassetten?«
»Im Gästezimmer steht ein Karton, ja. Und auf dem Dachboden.«
»Sind da auch Kassetten von Mama dabei?«
»Ich glaube schon, ja. Als ihr umgezogen seid, vor zehn Jahren, hat sie ein paar Kartons hier abgestellt. Musik, für die sie selbst keinen Platz hatte. CDs und Kassetten.«
»Ist auf den Kassetten nur Musik drauf?«
»Ach, das weiß ich nicht.«

»Bist du heute Nachmittag zu Hause, Opa? Darf ich vorbeikommen? Mit Luuk?«

»Du darfst jederzeit vorbeikommen. Und Luuk natürlich auch.«

Ich schreibe Mama, dass ich zu Opa fahre, und hole mein Fahrrad aus dem Schuppen.

Inzwischen wird Luuk wohl zu Hause sein. Ich will gerade aufsteigen, um ihn abzuholen, als ich eine Stimme höre. »Eva!«

Es ist David. Auf seinem Fahrrad. Sofort bekomme ich wieder dieses Puddinggefühl im Bauch.

Er hält neben mir auf dem Gehweg an. »Hier also wohnst du ...« Zwischen dem Laub an den Bäumen wirft die Sonne Flecken auf sein T-Shirt und seine nackten Arme. »Ich wusste, dass du bei Luuk in der Nähe wohnst«, sagt er. »Aber ich wusste nicht genau wo.«

»Oh. Tja ... Hier also.«

»Cool«, sagt David. Er wackelt mit seinem Lenker. »Kommst du mit schwimmen?«, fragt er plötzlich.

Ich bekomme einen Schrecken. »In diesem See??«

»Möchtest du das?«, fragt er erstaunt.

»Nein, nein.« (Im See? Wie komme ich nur darauf?!)

»Ich dachte schon«, grinst er. »Noch viel zu kalt. Nein, ich meine im Schwimmbad.«

Ich krieg den Mund nicht mehr zu. David fragt, ob ich mit ins Schwimmbad komme. Jetzt. Heute Nachmittag.

»... oder hattest du schon was vor?«

»Ich ... Ich wollte eigentlich zu meinem Opa«, antworte ich.

»Und ich wollte eigentlich Fußball spielen«, sagt er, »aber das geht ja immer noch.«

Ich denke an die Kassette. »Nein, ich muss wirklich zu meinem Opa.«

»Okay.« David nickt. »Ist er cool?«

»Ja«, sage ich. »Er ist cool.« Ich denke an Opa mit seiner Nickelbrille und seinem selbst gebackenen Matschkuchen. Vielleicht ist cool doch nicht das richtige Wort.

»Soll ich mitkommen?«, fragt David. Er lacht übers ganze Gesicht, sodass ich den Spalt zwischen seinen Zähnen sehe.

Ich kichere und streiche mir eine Locke aus dem Gesicht.

»Okay«, höre ich mich selbst sagen. Ich erkläre es Luuk einfach später.

Davids Augen funkeln. »Ist es weit?«

»Ja, ziemlich.«

»Cool«, sagt David.

Unterwegs sagen wir nicht viel. Ich schlage vor, durch den Birkenweg zu fahren, und nicht durch die Kastanienallee.

Aber am Ende des Birkenwegs, auf dem Bolzplatz, sehen wir ihn trotzdem. Er steht vor dem Tor mit einem Ball in den Händen: Luuk.

Erst starrt er uns nur an, als wären wir eine schwierige Rechenaufgabe. Dann kriecht ein vorsichtiges Lächeln über sein Gesicht. Er hebt eine Hand. »Evi! Machst du auch mit? Ein Spiel zu dritt?«

Wir drosseln das Tempo. »Ein anderes Mal, Luuk«, ruft David. »Heute Nachmittag kann ich eigentlich doch nicht.«
Luuks Gesicht verfinstert sich. »Wieso nicht?«
»Das siehst du doch?«, ruft David. »Ich fahre eine Runde mit Eva.« Er stellt sich auf die Pedalen und tritt dann wieder weiter.
Luuk schaut, als würden David und ich einen Scherz machen. Jetzt muss ich fragen, ob er mitkommt. Die Suche nach der Kassette habe ich mit ihm gemeinsam angefangen. Ich muss bremsen. Jetzt.
Aber ich sage nichts. Ich steige nicht ab. Mein Fahrrad rollt einfach weiter.
Ich reiße den Blick von Luuk los. Meine Beine setzen sich wieder in Bewegung. Noch ein einziges Mal schaue ich mich um und hebe die Hand, um ihm nachzuwinken. Aber das fühlt sich erst so richtig blöd an. Ich könnte mich vor den Kopf schlagen.
Luuk lässt den Ball aus den Händen fallen und tritt ihn so feste er nur kann gegen einen Pfahl. *Boing!* Das Dröhnen jagt mir einen Schauer über den Rücken.

Der Dünenweg ist für David eine Crossbahn. Von mir aus könnten wir ruhig ein wenig langsamer fahren.
»Wo wohnst du eigentlich?«, frage ich, nur um überhaupt etwas zu sagen.
David erzählt, dass er an zwei Orten wohnt, seine Eltern leben getrennt.

Ich nicke. »Meine auch.«

»Du hast deinen Vater noch nie gesehen, oder?«

»Nein.«

»Hat er auch nie Kontakt gesucht?«

»Er hat mal eine Kassette geschickt.«

Und ich erzähle ihm von der Kassette, und dass Mama sie vielleicht bei Opa aufhebt.

»Darum also gehen wir zu deinem Opa?«, sagt David. »Cool.«

Matschkuchen und Kuschelrock

An den Ferienhäusern vorbei fahren wir zu Opas Haus. Ich kann das Meer schon riechen.
Ich drücke auf die Klingel und Opa macht auf. Er runzelt die Stirn, als er David sieht. »Das ist ein ganz anderer Luuk.«
In solchen Momenten würde ich am liebsten unter einen Stein kriechen.
»Das ist David«, sage ich.
Opa streckt eine mit grünen und lila Farbtupfern übersäte Hand aus. »Hallo, David.«
»Guten Tag«, sagt David höflich.
Erst gibt's Tee und Kuchen. David starrt auf Opas gelben Matschkuchen auf seinem Teller, als wäre er ein Nest Nacktschnecken. »Yammie«, sagt er. Aber er legt seine Gabel wieder hin, erst geht er zur Toilette.
»So«, sagt Opa, als wir allein sind. »David, also.«
»Ja.« Schnell fange ich von was anderem an. »Die Kassetten ... wo lagen die nochmal?«
»Im Gästezimmer, und auf dem Dachboden. Suchst du was Bestimmtes?« Opas blaue Augen schauen mich hinter seiner Nickelbrille scharf an.
»Die Kassette, die mein Vater mir geschickt hat.«
Er hebt die Augenbrauen.
»Hat er eine Kassette geschickt? Und die liegt hier bei mir?«

»Zu Hause ist sie nicht«, erkläre ich. »Da habe ich schon gesucht.«

»Und was sagt Silla?«

»Nicht viel. Noch immer nicht. Ich brauche nur ein Wort über ihn zu sagen und sofort macht sie zu.«

Opa nickt. »Sie hat Angst.«

»Angst?«

»Sie hat eine Sterbensangst, dich zu verlieren.«

»So ein Quatsch!«, sage ich. »Ich verschwinde doch nicht?«

Opa hebt beide Hände hoch, er weiß es auch nicht.

David kommt zurück von der Toilette. Er wirft einen schnellen Blick auf seinen Teller mit Matschkuchen und reibt sich die Hände. »Wollen wir diese Kassette mal suchen?«

Opa geht vor uns die Treppe rauf. Oben im Gang bleibe ich vor dem alten Bild des Dünengebiets stehen, von dem Opa erzählt hat. Meine Nase berührt fast das Glas.

»Was siehst du?«, fragt David hinter mir.

»Die Meerjungfrau«, flüstere ich und zeige es ihm. Ein winziger Fischschwanz ragt aus den Wellen empor. David beugt sich auch zu dem Bild, sein Kopf ist ganz nah an meinem, seine Haare kitzeln mein Ohr. Schnell gehe ich hinter Opa her ins Gästezimmer.

»Schau mal in die Schränke«, sagt Opa. »Da liegen noch Sachen von deiner Mutter. Auf dem Dachboden stehen auch noch ein paar Kartons mit Kassetten und CDs. Sie hatte so viel Musik. Ich hole mal die Bodentreppe.«

Im Schrank liegen ein paar Stapel Kleidung, ein paar Spiele und Bücher. Unten Schuhkartons und Plastikkisten. Ich hocke mich hin und öffne einen Karton.

»Aha!« Dutzende Kassetten in Plastikboxen. David nimmt eine heraus und liest die Aufschrift.

»*Kuschelrock?* Was ist *Kuschelrock?*«

»Keine Ahnung.«

Eilig suche ich weiter. Meine Finger gleiten entlang der Etiketten auf den Kassetten.

David fummelt an dem großen Kassettenrekorder herum, bis eine kleine Klappe mit einem lauten Klick aufspringt. »Wow! Wie eine Sprengfalle!« Er muss kurz ausprobieren, wie man die Kassette einlegt und drückt dann auf Play. Zuerst kommt nur Rauschen aus den Lautsprechern, dann bläst ein Saxophon eine ruhige, romantische Melodie. Grinsend hebt David eine Augenbraue. Mit dem Kopf und den Armen bewegt er sich im Takt.

Meine Augen verirren sich: Wenn ich zusehe, wie er tanzt, werde ich vor Nervosität seekrank, aber wenn ich den Blick abwende, kehrt er ganz von selbst wieder zurück.

Schnell konzentriere ich mich wieder auf die Kassetten. »Sollen wir weitersuchen?«

Aber David nimmt meine Hand und zieht mich hoch. »Tanzen?«

»Hier?«

»Warum nicht?«

»Darum!«

»Komm, los!«

»Aber ...«

Er legt seine andere Hand schon auf meine Schulter und versucht, mit mir zu tanzen. Aber ich bin plötzlich so steif wie ein Brett und holpere mit wie ein Karren auf viereckigen Rädern. Mein Magen ist ein Knoten. Ich will nicht, ich will einfach nicht, und ich mache den Mund auf, um das zu sagen, aber auch meine Zunge ist wie gelähmt.

In diesem Moment kommt Opa herein. »Die Bodentreppe ist ausgezogen und ...«

Sofort befreie ich mich aus Davids Armen und beuge mich wieder über den Schuhkarton mit den Kassetten. Mein Kopf explodiert fast.

David schaltet die Musik aus. »Äh ... diese Kassette ist es wohl nicht.« Auf seinen Wangen glühen rote Kissen.

Opas Augen schießen hin und her hinter seinen Brillengläsern. »Hm ... du bist wirklich ein ganz anderer Luuk.« Er bleibt kurz stehen, dreht sich dann um und geht nach unten.

David prustet los.

»Ich habe doch Nein gesagt«, murmele ich und mache weiter mit dem Schuhkarton. Die Kassetten. Deshalb bin ich hier.

Im Zimmer ist es dämmrig, eine Wolke hat sich vor die Sonne geschoben. Plötzlich habe ich Lust, allein zu sein.

David starrt mich an. Ich tue, als würde ich es nicht merken.

Meine Finger blättern durch die Kassetten. Eine nach der anderen ... Lauter Musik.

»Eva ...?«

Ich gebe keine Antwort. Ich lege den Deckel auf den Schuhkarton und nehme den nächsten.

»Weißt du ...«, sagt David, »ich mag dich wirklich.«

Wieder erstarre ich. »Okay ...« Mehr bekomme ich nicht raus. Ich will nicht, dass er solche Sachen sagt. Nicht jetzt. Es ist, als wäre im Zimmer zu wenig Luft. Und in meinem Kopf zu viel Blut.

Ohne aufzuschauen durchsuche ich den Karton, aber ich finde nichts. Und das war der allerletzte. Jetzt steht da nur noch ein kleiner grüner Koffer.

»Wirklich sehr ...«, sagt David. »Verstehst du?«

»Okay«, piepse ich. Ich klinge wie ein Vögelchen, das gerade ertrinkt.

Ich öffne den Koffer. Er ist mit Geburtsanzeigen gefüllt, ich finde ein Knisterbuch und ... eine weiße Kassette. Auf dem Etikett steht mit schwarzem Filzstift: *Für Eva.*

Stopp

Ich starre auf die Kassette in meinen Händen. Meine Finger zittern.

»Ist sie das?«, fragt David.

»Schscht ...« Ich klicke die Kuschelrock-Kassette aus dem Apparat und schiebe meine Kassette hinein.

»Aber was ich dich also fragen wollte ...«, sagt David. Er macht eine Pause. »Lass nur. Kommt später.« Er setzt sich auf das Gästebett.

Ich drücke auf *Play*. David beugt sich zu den Lautsprechern.

Rauschen. Wir hören nur Rauschen. Es scheint minutenlang zu dauern, ich drehe am Volumenknopf.

Das Rauschen nimmt zu ... Dann ein Summen, Geraschel, und plötzlich der ohrenbetäubende Schrei eines Vogels. Ich bekomme einen Schrecken. David kichert nervös. Schnell drehe ich die Lautstärke runter.

Eine Stimme. Eine tiefe Stimme. »*Liebe Eva ...*«

Mein Hals wird eng.

»*Ob du das jemals hören wirst, weiß ich nicht. Ich weiß es nicht ...* «

David lacht los und ahmt seinen Akzent nach: »Ich *huaweiß* es nicht. Ich *huaweiß* es nicht ...«

PATSCH!

Es ist einfach so passiert. David schreckt zurück und fasst

sich an die Wange. Ich schaue auf meine Hand und ziehe sie eilig zurück.

Die Stimme spricht in aller Ruhe weiter. Die merkt nichts.

»... *der Fluss, in dem alles verschwindet. Trotzdem werde* ...« Ich drücke auf *Stopp*.

Im Zimmer herrscht Totenstille.

»Warum ...«, fängt David an.

»Hau ab«, sage ich. Meine Stimme zittert.

»Das war doch nur ein Scherz! Ich konnte doch nicht wissen, dass du ...«

»Raus.« Meine Fäuste zittern. Alles zittert. »Du lachst ihn aus. Und du darfst nicht hier ... Das ... Mein Vater und ich. Weg. Raus hier.«

David springt vom Bett auf. »Mann!«

Stampfend geht er weg, durch die Tür, auf den Flur.

Ich höre seine schnellen Tritte auf der Treppe ... Ich höre die Haustür ...

Ich schiebe die Vorhänge weiter auf und sehe, wie David sein Fahrrad aus dem Garten schiebt und sein Bein über den Sattel schwingt.

Ich lehne mich gegen das Fenster. »Tut mir leid«, sage ich, obwohl ich weiß, dass er mich nicht hören kann. Ganz kurz schaut er sich um, reibt sich noch einmal die Wange und fährt weg.

Ein tiefer Seufzer entwischt mir.

Hinter der Häuserreihe gegenüber sehe ich das Meer. Ganz hinten in der Ferne fährt ein einsames Schiff.

Ich starre auf meine Hand. Die Hand, die David geschlagen hat. Meine Finger scheinen noch zu glühen.

Ich habe es mal wieder vermasselt.

Opa kommt die Treppe rauf und taucht im Türrahmen auf. »Was war das denn? Lässt er dich jetzt allein?«

»Es ist meine Schuld. Ich habe ihn ... weggejagt.«

»Aha«, sagt Opa. »Dafür wirst du dann wohl einen Grund gehabt haben.« Er hält den Kopf schief. »Das war auch nicht so recht ein Junge für dich, oder?«

Ich zucke die Achseln. »Vielleicht nicht, nein.«

Opa schaut ins Zimmer. »Aber du hast die Kassette gefunden?«

Ich nicke.

»Und?«

»Ich muss sie mir noch anhören.«

»Möchtest du, dass ich dabei bin?«

Erst nicke ich. Aber dann schüttele ich den Kopf. »Doch lieber nicht. Ich will sie mir alleine anhören ... glaube ich.«

Opa versteht es. Er legt mir eine Hand auf die Schulter und reibt sie kurz. »Ich bin unten. Ich warte auf dich. Mit Matschkuchen.«

Als Opa zur Tür rausgegangen ist, drehe ich mich wieder zu dem großen schwarzen Kassettenrekorder. Ich spule die Kassette zurück zum Anfang, hole tief Luft und drücke auf *Play*.

Die Kassette

Geräusche ... Summen ... Geraschel, der Vogel ... Und dann wieder seine Stimme:
Liebe Eva,
ob du das jemals hören wirst, weiß ich nicht. Ich weiß es nicht ... Ich schicke Silla Nachrichten, aber sie schweigt nur. Sie ist wie der Fluss, in dem alles verschwindet ... Trotzdem werde ich dir ein paar Dinge sagen. Ich habe versucht, dir einen Brief zu schreiben, aber das wurde nichts. Auf dem Papier werden meine Worte immer krumm. Viel lieber mache ich es so, hier. Ein wenig mit dir reden ...
Er wartet einen Moment. Im Hintergrund ertönt Geraschel und in der Ferne kreischt wieder dieser Vogel.
Er zieht die Nase hoch und fährt dann fort:
Wo soll ich anfangen? ... Beim Anfang? Äh ... es war ein falscher Start. Jetzt kann ich es mir nicht mehr vorstellen, aber ich wusste nicht, dass du mein Kind warst. Ach! Wie habe ich daran zweifeln können? Seit Silla dein Foto geschickt hat, ist es klar ... Ich sitze jetzt auf meinem Bett mit diesem Foto in den Händen. Du lachst mich an ... Eigentlich lachst du natürlich deine Mutter an, die das Foto gemacht hat, aber ich mag es, zu glauben, dass du mich anlachst ... Du siehst mir ähnlich, weißt du das? Deine Augen, deine Wangen, deine Haut, dein Kinn ... Wer hätte das gedacht ...? Ich habe eine Tochter in den Niederlanden ...
Eva, ich werde dir nicht viel bringen. Ich sage es lieber offen. Ich

kann in diesem unfreundlichen Holland mit seinen kahlen Wiesen nicht leben. Ich habe es versucht, wirklich versucht, aber mein Herz wurde kalt. Ich wurde eine Katze in einem Käfig. Wie sagt man das? Na ja, es war nichts für mich ... Nein, jedes Haar, jeder Finger, jeder Zeh an meinem Körper schrie nach dem Wald, dem Fluss ... Nach meinem Land, Suriname! Und jetzt, da ich wieder zu Hause bin, bin ich so glücklich wie ein Delfin im Meer ... Es ist nur ... Er zögert einen Moment. ... Es ist nur: Seit ich dein Foto gesehen habe, klafft hier ein Loch, in meinem Herzen. Das bist du ... Aber ich werde lernen, damit zu leben. Manchmal wird es bluten ... Manchmal wird es stechen ... Aber langsam werde ich mich daran gewöhnen ... Er seufzt. ... Ich weiß, dass du bei Silla in guten Händen bist. Sie hat die wärmsten Arme und die schönste Stimme der ganzen Welt. Damit wird sie sehr weit kommen, ganz bestimmt!

Ein ausgelassenes, rollendes Lachen ertönt.

Aber was rede ich hier ... Das ist für dich jetzt noch überhaupt nicht wichtig ... Du bist erst ein paar Monate alt! Du verstehst mich nicht. Ich werde ein Lied für dich singen. Musik versteht jeder ...

Und leise fängt er an zu singen. Ich bin inzwischen fast in den viereckigen Stereoturm gekrochen, ich will kein Wort verpassen, fast vergesse ich zu atmen.

Seine Stimme ist rau und brüchig, als wären Risse darin, und gleichzeitig klingt sie wunderschön und flüssig. Aber ich verstehe kein Wort. Er singt in einer anderen Sprache. *Sapatèh ... doolimbó ...* singt er, *sapatèh ... doolimbó ...* Ich lausche und lausche, habe Angst, ein Wort zu verpassen, Angst, dass es gleich schon vorbei sein wird ...

Nach dem Lied ertönt ein Klicken, und danach nichts mehr.
Ich spule weiter, lausche, aber der Rest der Kassette ist leer.
Ich lasse mich aufs Bett fallen.
Das hier ist kein gefährlicher Vater. Das ist kein Wurm oder Feigling. Das ist ein Vater, der sich über mich freut.
Also doch.
Plötzlich spüre ich, wie müde ich bin, aber müde wie nach einem Wettkampf. Einem Wettkampf, den ich gewonnen habe. Ich könnte jubeln.
Ich spähe aus dem Fenster, zum Meer hinter den Häusern.
Einen Moment lang war mein Vater ganz nah, hier, in diesem Zimmer. Jetzt ist er wieder meilenweit weg. In Suriname. Wenn er dort noch immer wohnt, aber das glaube ich schon, wenn er da so glücklich ist.
Ein einziger Satz taucht immer wieder in meinem Kopf auf: *Ich wusste nicht, dass du mein Kind warst.* Was heißt denn das? Ich versuche, scharf nachzudenken ... Silla und Rico waren verliebt. Sie gingen aus, sie sind schwimmen gegangen, haben miteinander geschlafen. Er nahm sie mit zu dem See in den Dünen, um die Meerjungfrau zu sehen. Es kam keine Meerjungfrau, bloß ein verfaulter Fisch, den Peter auf sie geworfen hatte. Rico wurde wütend und alles lief aus dem Ruder. Zwischen Mama und Rico gab es schon länger Probleme und das war der Tropfen, der das Fass zum Überlaufen brachte. Er beschloss, wegzugehen. Später entdeckte Mama, dass sie schwanger war, und erzählte es Rico. Aber Rico glaubte also, ich sei nicht von ihm ... Von wem hätte ich dann sein sollen?

Eine saure Welle schwappt durch meinen Magen. Plötzlich ist mir schlecht.

Plötzlich erinnere ich mich wieder daran, was Peter gesagt hat, an diesem Morgen am Männerwochenende: *Wir hatten noch kurz was miteinander, Silla und ich.* Ich dachte, er würde einfach angeben. Mein Zeh kribbelte nicht, weil ich zu wütend war. Das jedenfalls dachte ich. Und als ich es Mama erzählte, musste sie ein wenig darüber lachen, aber sie hat es auch nicht geleugnet, oder? War es doch keine Lüge? Haben Mama und Peter auch …? Dachte Rico deshalb, ich sei nicht von ihm, sondern von …

Mein Magen dreht sich um. Das Bett, auf dem ich sitze, scheint hin und her zu schaukeln wie ein Boot.

Wenn sie wirklich etwas mit Peter gehabt hat, und Rico wusste das, wann war das? Bevor sie sich in Rico verliebte, oder danach? Oder gleichzeitig?

Es sind blöde Gedanken, die wie kreischende Möwen in meinem Kopf schettern, am liebsten will ich sie alle daraus verbannen.

Aber plötzlich löst sich ein Gedanke langsam aus dem Schwarm und lässt sich in meinem Kopf nieder: Wenn Rico zunächst dachte, Mama sei schwanger von Peter, dann war es logisch, dass er nicht gerade begeistert war, als sie es ihm erzählte. Darum hat er sich nicht gefreut! Nicht, weil er kein Vater werden wollte! Ein Mann, der für seine Tochter solche Lieder singt, der freut sich doch total, Vater zu sein, oder etwa nicht?

Meine Hände greifen in die Decke, auf der ich sitze. »Mama ...«, murmele ich. Wenn es wahr ist, was Rico sagt, hat sie mir fast das Wichtigste verschwiegen. Und ich dachte die ganze Zeit, mein Vater würde mich nicht wollen! Ich dachte die ganze Zeit, er sei eine Art Buhmann, eine Art Monsterwurm!

Ich springe auf, öffne das Fenster und lasse den Meereswind hereinwehen. Die Wellen rauschen. Ich schaue in die Ferne, so weit ich nur kann, bis hinter das einsame Schiff, wo der Himmel und das Meer zu einer einzigen Farbe verschmelzen. Dahinter, weit, weit hinter dem Horizont, fast über die halbe Welt, da irgendwo wohnt mein Vater. Da will ich hin.

Ich bekomme selbst einen Schrecken, so klar weiß ich es plötzlich.

Ich will ihn sehen.

Ich will ihn sehen

Ich renne die Treppe hinunter. »Opa?«
Auf dem Tisch steht eine dampfende Kanne Tee. Opa kommt aus dem Wintergarten, den Pinsel noch in der Hand. »Und?«, fragt er.
Ich schlucke. »Ich will ihn sehen. Ich will zu ihm.«
Opa runzelt die Stirn und kratzt sich mit dem Pinselende in seinen weißen Haaren. »Tja ... tja...«
»Aber bitte nicht Mama sagen.«
Tiefe Falten in seiner Stirn »Eva ... Ich weiß nicht, ob ich dir das versprechen kann ...«
»Was?«
Er legt den Pinsel auf die Spüle. »Warum willst du ihn sehen?«
»Er ist kein Wurm, und auch kein Feigling. Auch, wenn Mama das sagt! ... Und er hat erklärt, dass er nicht in Holland leben kann, dann wird er unglücklich. Darum ist er weggegangen. Also kann er nicht herkommen, aber *ich* kann doch zu *ihm*.«
»Und wo wohnt er?«
»Irgendwo in Suriname.«
Opa setzt sich hin. »*Irgendwo* in Suriname ...«
»Kommst du mit?«, frage ich.
Opa legt sich eine Hand aufs Herz und holt tief Luft.

»Immer mit der Ruhe. Du musst erst mal sehr gut hierüber nachdenken. Willst du das wirklich? Und ha...«

»Ja.«

»... hast du darüber nachgedacht, was du von ihm willst?«

»Von ihm will? Ich will ... ich will ihn einfach sehen.«

»Und hast du schon mal daran gedacht, dass das gar nicht auf Gegenseitigkeit beruhen könnte?«

»Opa ...«

»Es kann auch eine Enttäuschung werden. Du weißt nicht, was er für ein Mann ist.«

»Opa ...«

»Es ist doch zumindest seltsam, dass er nie etwas von sich hat hören lassen, außer dieser Kassette, und wenn ich du ...«

»OPA!« Ich wedle mit den Händen. »All die Fragen, das kommt später. Aber mein Vater ist kein Ekelpaket, das habe ich gerade selbst gehört. Ja, ich will das wirklich. Und ja, ich habe darüber nachgedacht. Und ja, ich bin mir wirklich sicher. Noch nie war ich mir so sicher.«

Opa schiebt sich die Brille höher auf die Nase und hört zu.

»Weißt du, Opa ... immer, wenn man jemand fragt: Wer ist dein Vater, wo ist er, muss ich sagen: Ich weiß es nicht. Immer habe ich ... ein wenig Angst. Angst vor diesem Mann, Angst, meiner Mutter Fragen zu stellen, ihr wehzutun ... Ich will das nicht mehr. Ich will, dass das vorbei ist.« Ein warmes Gefühl durchströmt meinen Kribbelzeh, ein neues Kribbeln. »Ich ... Ich will wissen, wer er ist.«

Opa nickt langsam.

»Aber ...«, fahre ich fort, »dann muss ich fliegen ... Und Mama ...« Ich beiße mir auf die Lippe. »Würdest du mitkommen?«

Opa nimmt seine Brille ab und reibt sich die Nase. Sein Gesicht sieht nackt aus. »Eva ... Suriname ist groß. Weißt du, wo genau er wohnt?«

»Nein. Das muss Mama sagen.«

»Warum sollte sie es wissen? Sie hat schon seit zwölf Jahren keinen Kontakt mehr mit ihm.«

»Ja, schon ... Aber bestimmt gibt es jemanden, der weiß, wo er wohnt. Oder?«

Opa trommelt mit den Fingern auf den Tisch. »Wer denn?«

»Was weiß ich. Irgendwer eben.«

Opa sagt nichts und sieht mich mit schräg gelegtem Kopf an. Ich verdrehe die Augen. »Ist ja schon gut. Aber *angenommen,* wir finden heraus, wo er wohnt, kommst du dann mit?«

Opa setzt sich die Brille wieder auf »Du überstürzt das alles ein wenig ... Das werden wir dann sehen.« Er sieht sich die Farbe an seinen Fingern an. »Ich weiß nicht, ob ich dafür der Richtige bin, Eva. Ich bin nur ein einziges Mal in meinem Leben geflogen, und das hat mir eigentlich gereicht. Tut mir leid.«

Ich lasse mich auf einen Stuhl fallen.

Opa schiebt mir einen Teller mit einer Scheibe Matschkuchen hin. »Falls du herausfindest, wo er wohnt«, fährt er fort, »sollte es wirklich so weit kommen, warum fragst du Silla dann nicht?«

Ich steche mit der Gabel in den Kuchen. »Das macht sie niemals. Das kann ich echt vergessen.«

Als ich mich auf den Rückweg mache, geht ein strammer Wind. Zum Glück habe ich ihn im Rücken, ich fliege nur so über den Dünenweg. Meine Füße treten wie wild. Meine Gedanken überschlagen sich.

Vielleicht weiß Mama, wo Rico wohnt, aber ob sie es mir auch verrät? Mama hilft mir nicht gut weiter, sie verschweigt immer alles Mögliche. Sie hätte mir doch sagen können, dass Rico am Anfang einen Schrecken bekommen hat, weil er dachte, sie sei von einem anderen Mann schwanger?

Nein, wenn es um Rico geht, bringt mich meine Mutter nicht weiter. Wie finde ich dann heraus, wo er jetzt wohnt? Vielleicht hat Luuk ja eine Idee, ich muss ihm von der Kassette erzählen, ihm überhaupt alles erzählen ... Gemeinsam mit Luuk denke ich mir einen Plan aus. Zu Luuk, ich muss zu Luuk.

Ich fahre sofort zu seinem Haus und drücke auf die Klingel. Seine Mutter macht auf, einen Kochlöffel in der Hand. »Eva! Hallo, wie geht's? Komm nur rein! Bleibst du zum Essen?« Sie geht wieder nach hinten, in die Küche.

»Äh ... da muss ich erst meine Mutter fragen. Aber gerne!«, sage ich, während ich mir die Füße abtrete.

Luuk taucht im Flur auf. Sein Blick ist dunkel. Er steckt die Hände in die Hosentaschen. »Was willst du?«

»Ich habe die Kassette gefunden!«, erzähle ich. »Und ...«

»Wo ist David?«

»Äh ... nach Hause gegangen. Aber jetzt hör mal zu, er wohnt also in Suriname. Du darfst ihn auch hören, also die Kassette, meine ich ...«

»Geht ihr miteinander?«

»Was?«

»Geht ihr miteinander?«

»Nein. Ganz bestimmt nicht.«

Mit dem Fuß tritt er gegen meinen Zeh. »Du lügst wieder. Wetten?«

»Nein!«

»Ach nein?«, sagt Luuk mit erhobener Stimme. »Wir hatten uns doch verabredet, um bei deinem Opa zu suchen? Warum gehst du dann plötzlich mit David dahin?«

»Wir hatten noch überhaupt nichts *verabredet*«, wehre ich mich. »Wir hatten bloß darüber gesprochen.«

»Pff. Die ganze Suche nach der Kassette haben wir zusammen angefangen! David kennt deinen Opa nicht einmal!«

»Ja und? Ich muss doch nicht *alles* mit dir zusammen machen?«

»Essen ist fertig!«, ruft seine Mutter.

Luuk lässt die Arme hängen. Er geht einen Schritt zur Seite, um mich ins Haus zu lassen, aber sein Gesicht sieht noch immer finster aus. Da gehe ich echt nicht rein.

»Du hast völlig recht«, sagt Luuk ganz ruhig. »Wir müssen nicht alles zusammen machen.«

Dann dreht er sich um und geht weg. Die Tür lässt er absichtlich offen. Als wäre ich willkommen.

Ich bleibe auf der Türschwelle stehen. Aus dem Wohnzimmer ertönt das Klappern von Besteck und das Lachen von Luuks Schwestern. Ich ziehe die Tür zu. Genug Luuk für heute.

Gut. Alles mal kurz der Reihe nach:
- Luuk hilft mir nicht weiter.
- David hilft mir nicht weiter. Der kapiert überhaupt nichts.
- Opa hilft mir nicht weiter. Oder jedenfalls nicht viel. Er macht jetzt schon einen Rückzieher.
- Mama hilft mir nicht weiter. Sie verschweigt Sachen oder erzählt nur die halbe Wahrheit, und sogar die stimmt nicht. Also muss ich mir selbst was einfallen lassen.

Egal

»Da bist du ja!«

Mama hat auf mich gewartet. Sie holt eine dampfende Schale aus dem Ofen und stellt sie auf den Tisch. »Spinattaschen«, sagt sie. Ich lasse mich auf meinen Stuhl gegenüber von ihr plumpsen.

»Heute hatte ich ein Interview und eine Reportage«, erzählt sie. »Schon für das Flash Festival. Den ganzen Nachmittag drei Kameras, die um uns herumsummten. Wie die Brummfliegen. Ich bin immer froh, wenn sie wieder die Biege machen ...« Sie nimmt zwei große Löffel zum Aufschöpfen. »Und du warst also bei Opa«, plappert sie weiter. »Bestimmt mit Luuk. War's schön?«

Ich sage nichts.

»... Eva?«

Jetzt müsste ich ihr sagen, dass ich die Kassette gefunden habe.

Jetzt müsste ich sie fragen, warum sie mir diese Kassette nie selbst gegeben hat. Und warum sie mich hat glauben lassen, dass mein Vater mich nicht wollte.

Jetzt müsste ich ihr sagen, dass ich es leid bin und dass ich meinen Vater sehen will.

Aber ich presse die Lippen zusammen.

Ich habe keine Lust mehr auf Streit. Lass es einfach. Ein

großes, dickes Lass es einfach. Natürlich kann ich wütend werden, aber was bringt mir das?

Mit der Gabel klopfe ich auf die schwarze Ecke der Teigtasche auf meinem Teller.

»Ja, tut mir leid«, sagt Mama. »Die waren etwas zu lange im Ofen … Ich habe übrigens für dich zwei ohne Feta gemacht, aber ich weiß jetzt so schnell nicht mehr, welche.«

»Es ist egal, Mam«, sage ich. »Es ist egal.«

Und obwohl Mama mir ganz normal gegenübersitzt, scheint sie einen Kilometer von mir entfernt zu sein.

Nach dem Essen nehme ich den Laptop und will nach oben gehen.

»Was willst du damit?«, fragt Mama.

»… mal kurz was nachschlagen«, murmele ich.

»Für deine Projektarbeit?«

»Äh … Ja.« Das ist nicht einmal gelogen.

Während ich die Treppe raufgehe, warnt sie mich: »Wenn du ein Kapitel fertig hast, lässt du es mich bitte erst lesen, ja?« Ich tue, als würde ich sie nicht hören.

Ich setze mich mit dem Laptop auf dem Schoß auf mein Bett.

Als Suchbegriffe gebe ich ein: »Rico Suriname.« Und dann: »Rico elf Zehen.« Danach: »Wer in Suriname hat elf Zehen?«

Ich komme nicht weiter als bis zu Fotos von Füßen mit zwölf oder sogar vierzehn Zehen, und Websites, auf denen man surinamische Brötchen bestellen kann.

Ohne Nachnamen komme ich nicht weiter.

Es klopft an meiner Tür. Schnell klappe ich den Laptop zu.

Mama steckt den Kopf um die Ecke. »Kommst du zurecht?«

»Geht so.«

»Kann ich dir helfen?«

»Nö«, murmele ich. »Oder eigentlich doch ...« Ich mache den Mund auf, aber meine Frage bleibt irgendwo hinten in meinem Hals stecken.

Mama lächelt. »Ja? Frag nur.«

Ich presse die Frage heraus. »Wie ist sein Nachname?«

»Von wem?«

Ich verdrehe die Augen.

Sie verschränkt die Arme vor der Brust. »Musst du das für deine Projektarbeit wissen?«

»Ja.« Ich versuche, es möglichst normal klingen zu lassen. »Und wo er wohnt.«

Mama lacht nur ein wenig.

Ich mache einfach weiter: »In Suriname, was? Aber wo in Suriname?«

Sie zieht die Augenbrauen hoch. »Dieses Kapitel möchte ich gleich wirklich gern lesen.«

»Jahaaa. Wenn es fertig ist«, seufze ich. »Nun komm schon, Mam ...«

»Mir machst du nicht weis, dass du diesen Namen brauchst, um weitermachen zu können«, sagt sie. Dann dreht sie sich um und macht die Tür hinter sich zu.

Sie hat recht. Ich brauche den Namen nicht. Und sie brauche ich auch nicht.

KAPITEL 6

<u>Wo leben biologische Väter?</u>

Biologische Väter leben entweder bei ihren Kindern, oder nicht.

Tierväter
Bei vielen Tieren ist es normal, dass der Vater nicht bei den Kindern lebt. Dann geht er zum Beispiel sofort nach der Paarung weg, weil er doch nicht mehr so viel tun kann. Und bei manchen Tieren ist es so, dass das Weibchen sich mit mehreren Männchen paart, und dann kann der Vater nie sicher wissen, ob es wirklich seine eigenen Kinder sind.

Trotzdem gibt es auch Tiere, bei denen die Väter <u>nicht weggehen</u>. Bei vielen Vögeln zum Beispiel ist das so, wie <u>Amseln</u> und <u>Spatzen</u>. Da bringen die Väter den Jungen Futter, bis sie selbst fliegen können.
    Und <u>Wolfs</u>väter sind auch sehr lieb, denn die suchen gemeinsam mit der Wolfsmutter eine Höhle und bleiben ihr Leben lang bei ihr. Wenn sie Welpen bekommt, holt Vater Wolf ihnen Futter und wenn sie größer werden, spielt und tobt er mit ihnen.

Menschenväter

Die meisten Menschenväter wohnen bei ihren Kindern. Aber es gibt ziemlich viele Kinder in den Niederlanden (jedes fünfte), deren Väter woanders wohnen. Oft ist das in der Nähe, und manchmal ist das weit weg.

Mein biologischer Vater wohnt sehr weit weg.

Als ich mit dieser Projektarbeit anfing, wusste ich noch überhaupt nicht, wo mein Vater wohnt. Inzwischen weiß ich auf jeden Fall, in welchem Land er wohnt: Suriname.

Wo genau in Suriname, das weiß ich nicht. Und Suriname ist mehr als viermal so groß wie die Niederlande. Der größte Teil ist auch noch Urwald. Und da kann man natürlich nicht gut suchen.

Aber die meisten Surinamer leben in der Hauptstadt, Paramaribo. Die Chance ist groß, dass mein Vater dort irgendwo wohnt.

Wenn du wissen willst, wo dein biologischer Vater wohnt, kannst du im Internet suchen oder du kannst deine Mutter fragen. Wenn Internet nichts bringt und deine Mutter es auch nicht weiß, kannst du es auch über eine Fernsehsendung versuchen.

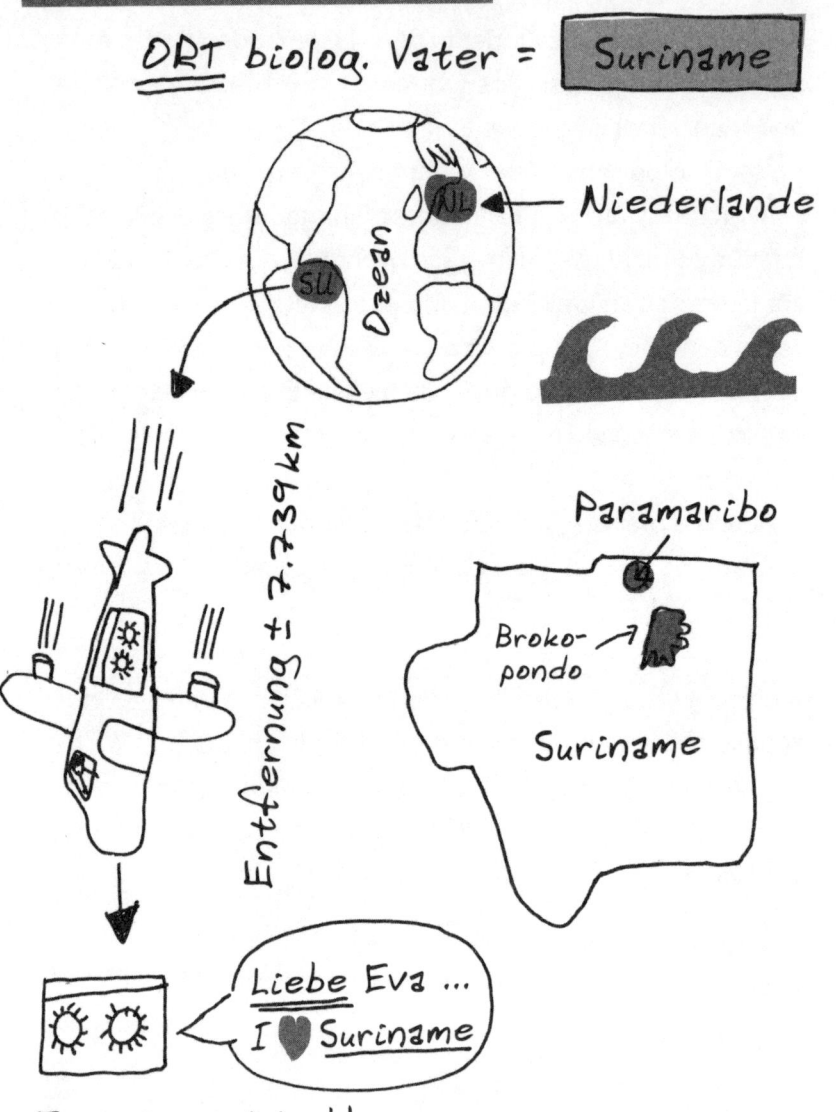

Nur die schönsten Geschichten

Die Website ist ganz leicht zu finden. Es ist auch eine Telefonnummer angegeben, bis 20 Uhr abends kann man dort anrufen. Ich lausche, ob Mama nicht zufällig im Flur ist, und tippe dann die Nummer in mein Handy.

Ein Mann mit verstopfter Nase geht ran. »*Verlorene Zeit*, was kann ich für Sie tun.« Im Hintergrund erklingt Stimmengewirr.

»Äh ... hier ist Eva.«

»Hallo, Ewa«, sagt er – so erkältet ist er. »Weshalb rufst du an?«

»Ich ... Ich ...« Weiter komme ich nicht. Wo soll ich anfangen?

»Fällt es dir schwer, es zu erklären?«, fragt der Mann.

»Nein, das nicht.«

»Wie alt bist du denn?«

»Zwölf.«

»Weißt du was, Ewa? Denk noch mal ein wenig darüber nach, und dann rufst du mich wieder an, wenn du's weißt. Es gibt viele Leute, die bei *Verlorene Zeit* mitmachen möchten, und wenn ich so lange auf deine Geschichte warten muss, ist es ein wenig schade um meine Zeit. Einverstanden?«

»Nein, ich weiß es. Ich will meinen Vater suchen. Ich habe ihn noch nie gesehen.«

»Oh.« Er niest. »Dann erzähl bitte mal ein wenig mehr.«

Ich erzähle, dass meine Mutter sehr wenig herauslässt und ich eigentlich nur seinen Namen kenne, dass er wahrscheinlich in Suriname wohnt, und wie viele Zehen er hat.

»Hältst du mich jetzt zum Narren?«

»Nein, wirklich nicht. Er hat elf Zehen. Genau wie ich.«

»Aha.«

Er stellt mir noch eine Menge Fragen. Warum ich meinen Vater so gern sehen möchte, ob ich selbst schon gesucht habe, ob ich vielleicht Verwandte von ihm kenne … Danach erklärt er, dass alle, die bei *Verlorene Zeit* mitmachen möchten, einen Castingfilm schicken müssen. »Einfach einen kurzen Film von höchstens zwei Minuten, in dem du erzählst, wen du suchst und warum.« Wenn der Film gut ist, kommt ein Kamerateam vorbei und macht ein *Screening* – das ist wieder ein Test, erklärt er. Dann wird man zu Hause besucht und es wird geredet und es werden Aufnahmen gemacht um zu schauen, ob sie wirklich filmen möchten.

»Hä? Aber dann habt ihr mich doch schon gefilmt?«

Der Mann seufzt. »Wie ich bereits sagte, das ist ein Test. Wir müssen sehen, wie du vor der Kamera bist. Nicht jede Suchanfrage eignet sich. Im Fernsehen ist nur Platz für die schönsten und außergewöhnlichsten Geschichten«, erklärt er.

Ich finde meine Geschichte nicht schön. Lieber wäre ich in einer anderen Geschichte. Aber außergewöhnlich ist sie vielleicht schon.

»Mein Vater und ich haben elf Zehen, das hat fast niemand«, probiere ich.

»Ja, das hast du schon gesagt.«

»Und wahrscheinlich arbeitet er bei der Polizei. Vielleicht auch beim Geheimdienst.«

»Woher weißt du das?«

Ich sage eine Weile nichts.

»Das glaube ich«, sage ich dann.

»Ja, ja. Weißt du, was du jetzt tust? Bitte einen Freund oder eine Freundin, dir zu helfen, mach einen Castingfilm und schicke uns den. Tschüss, Ewa.«

Mit dem Handy noch am Ohr starre ich nach draußen. Bitte einen Freund, dir zu helfen … Auf gar keinen Fall frage ich Luuk. Ich filme einfach selbst.

Sofort mache ich mich an die Arbeit. Ich nehme ein wenig Wimperntusche von Mama, baue auf meinem Bett eine gemütliche Ecke mit Kissen. Ich halte das Handy vor mir, schalte die Kamera ein. Ich zeige meine Projektarbeit, erzähle von meinen Entdeckungen und über die Kassette, und dass ich meinen Vater sehr, sehr gerne sehen will. Es kommt alles recht flüssig aus meinem Mund, mein Handy hört geduldig zu, es seufzt nicht und stellt keine Fragen, die mich nervös machen. Ich habe gerade eben auf Stopp gedrückt, als Mama plötzlich in mein Zimmer kommt. »Was machst du denn da?«

»Nichts.« Ich verstecke mein Handy und starre sie mit glühenden Wangen an.

»Spielst du schon wieder mit meinem Kosmetikzeug?«

»Ja.«

»Eva, Eva«, sagt sie ein wenig tadelnd, aber ich sehe, dass sie lächeln muss. »Putzt du dir jetzt aber langsam die Zähne und machst dich fertig?«

Als sie wieder nach unten geht, schaue ich mir meinen Film an. Er ist gar nicht so schlecht geworden.

Das müsste Luuk sehen. Er hat recht: Wir müssen nicht alles zusammen machen. Ich kann es sehr gut allein.

Fake-News

Luuk behandelt mich wie Luft. Morgens sehe ich ihn zielstrebig an unserem Haus vorbeigehen, ohne auf mich zu warten, so wild ich auch winke. Auch in der Schule bin ich unsichtbar für ihn. Er sieht mich nicht an, sagt nichts zu mir, und als ich etwas zu ihm sage, ist er plötzlich taub. Unsere vorigen eisigen Streitereien sind nichts dagegen, die waren kühle Brisen. Das hier ist Mittwinternacht am Nordpol.

Auf dem Schulhof langweile ich mich. Darum spiele ich ab und zu ein ödes Game auf meinem Handy.

Freitag in der Pause sehe ich, dass *Verlorene Zeit* versucht hat, mich anzurufen. Ich rufe zurück. Wieder bekomme ich den Mann mit der verstopften Nase an die Strippe. Ob ich heute Nachmittag um 16 Uhr zu Hause bin. »Um wier Uhr ist das Team zuwällig in der Nähe«, sagt er. »Normalerweise machen sie kaum Screenings, aber du hast Glück; sie haben da gerade eine Lücke.« Ich verstehe nicht so ganz, was für ein Team und was für eine Lücke, aber ich sage, dass es in Ordnung ist. Mama ist nicht vor sechs Uhr zu Hause, das passt wirklich gut.

Als ich auflege, sehe ich Luuk ein Stück weiter entfernt stehen. Er gibt sich sehr viel Mühe, nicht zu mir rüberzuschauen.

Ich gehe auf ihn zu. »Das war *Verlorene Zeit*.«

Endlich sieht er mich an.

»Sie kommen heute Nachmittag«, erzähle ich triumphierend.

»Im Ernst?«, fragt er. »Hast du sie echt angerufen? Diese Sendung mit dieser blonden Trulla?«

»Sei nicht so blöd!«, schnauze ich.

Luuk starrt mich nur an.

»Vielleicht können sie mir helfen«, sage ich. »Heute Nachmittag ist das Screening.«

»Oh.«

»Weißt du nicht, was das ist?«

»Natürlich weiß ich das.« Er schiebt sich die Hände in die Hosentaschen. »Und dann kommt David bestimmt mit?«

»Nein, Mann! Wie kommst du denn darauf?«

»Du machst doch alles zusammen mit David? Heimlich ... Obwohl du eine Verabredung hattest.«

»Aber ...«

»Ich bin echt nicht blind, weißt du.«

Ich stemme die Hände in die Hüften. »Ich gehe nicht mit David!«

»Mit wem?«, fragt Vita. Plötzlich ist sie neben uns aufgetaucht.

»Sie hat einen Freund«, erzählt Luuk großkotzig. »Aber sie will nicht sagen, wer es ist.«

»*Oh, là, là!*«, ruft Vita und rennt sofort zu Roos, um die Neuigkeit weiterzutratschen.

Ich kneife die Augen zu schmalen Schlitzen zusammen und hole tief Luft. Ich könnte Luuk glatt umbringen.

Nach ein paar Minuten sind die Fake-News schon durch die ganze Klasse gegangen. *Eva ist verliebt! Eva ist verliebt!*
Den Rest des Tages sehe ich Luuk nicht mehr an.

Nach der Schule beeile ich mich, nach Hause zu kommen. Blitzschnell räume ich das Wohnzimmer auf. Noch eine Stunde, dann kommen sie. Ich sammle herumfliegende Kleidungsstücke ein, renne mit dem Staubsauger durchs Zimmer, pflückte Blumen im Garten und stelle sie in eine Vase.

Die Fernsehleute müssen unbedingt fertig sein, bevor Mama nach Hause kommt. Wenn sie merkt, dass ich mich an eine Fernsehsendung gewendet habe, dreht sie durch, glaube ich. Erstens: Sie findet es Unsinn, dass ich meinen Vater suchen möchte. Zweitens: Sie findet diese Fernsehsendung grässlich. Und drittens: Obwohl sie es gewöhnt ist, Interviews zu geben, mag sie das überhaupt nicht. Es ist noch keinem einzigen Kameramann gelungen, bei uns zu Hause zu filmen. Unser Haus ist Sperrgebiet.

Ich inspiziere das Zimmer. Bestimmt filmen sie beim Sofa. Ich rücke die Blumenvase näher heran. Das große Foto von mir und Mama und ihrer goldenen Platte lege ich in eine Schublade. Wenn sie sehen, dass meine Mutter Silla Loks ist, weiß ich schon, wie es weitergeht. *Wie ist es, die Tochter einer berühmten Sängerin zu sein? Bestimmt kennst du all ihre Lieder? Kannst du auch so gut singen?* und so weiter. Jetzt geht es einmal nicht um sie, jetzt geht es um mich.

Ich darf nicht vergessen, dass es nur ein Test ist, eine Art Bewerbung. Ich kann mich vor der Kamera sehr nett und fröhlich geben. Oder nein, vielleicht sollte ich meine Geschichte extra traurig erzählen ... Was ist besser?

Ich schiebe gerade einen Stapel Zeitschriften unters Sofa, als es klingelt. Ich renne zur Tür, werfe noch einen schnellen Blick in den Spiegel, setze mein liebstes Lächeln auf, hole tief Luft und öffne die Haustür.

Screening

Vor mir stehen ein großer Mann, eine kleine Frau mit rotem Gesicht und eine blonde Frau. Ich erschrecke ein wenig, denn die blonde Frau kenne ich vom Fernsehen, das ist die Moderatorin. Sie streckt mir ihre Hand entgegen und entblößt eine Reihe perlweißer Zähne. »Du bist bestimmt Eefje.«
»Eva, ja.« Ich schüttele ihre Hand.
»Violène«, stellt sie sich vor.
Der Mann gibt mir auch die Hand. Stef heißt er. Mit einer großen Kamera und einem Stativ geht er sofort an mir vorbei ins Haus.
Die kleine Frau mit dem roten Gesicht telefoniert noch. Sie klemmt ihr Handy kurz zwischen Kopf und Schulter und begrüßt mich mit einem kräftigen Händedruck.
»Tosca. Regisseurin. Und du bist Eva.« Sie lächelt und telefoniert weiter.
Der Mann stellt das Stativ mitten im Wohnzimmer auf. »Schöne Wohnung«, sagte er und kaut auf seinem Kaugummi. »Was macht deine Mutter?«
»Meine Mutter?« Ich denke kurz nach. »Die arbeitet ... mit Musik.«
Der Mann nickt und belässt es dabei.
Ohne zu fragen zieht er die Vorhänge zu und schiebt einen Sessel zur Seite.

Tosca ist fertig mit Telefonieren. Sie schaut sich um. »Wo ist deine Mutter?«

»Bei der Arbeit.«

Sie zieht die Augenbrauen hoch. »Das ist jetzt weniger praktisch ...«

»Aber sie braucht doch nicht gefilmt zu werden?«

»Sie gehört doch auch zu deiner Geschichte?«

»Ich weiß nicht, ob sie vor die Kamera will«, sage ich vorsichtig.

Tosca verdreht die Augen. »Aha, *so eine* Mutter ...«

»Lass uns einfach mit Eva anfangen«, schlägt der Kameramann vor. »Dann sehen wir danach, ob wir ihre Mutter auch noch brauchen.«

»Gut, gut«, sagt Tosca und nickt. »Aber offiziell brauchen wir ihre Zustimmung, um Eva filmen zu dürfen.«

»Sie ist damit einverstanden«, beeile ich mich zu sagen. »Das hat sie gesagt.« Mein Zeh sticht so heftig, dass ich fast aufspringen muss.

»Gut«, sagt Tosca. »Dann geht's los.«

Ich frage, ob ich Kaffee machen soll, aber nein, am liebsten wollen sie sofort anfangen, weil sie gleich auch noch zu einer alten Dame müssen.

»Sie sucht ihre Zwillingsschwester«, erzählt Violène. »Sie sind beide in verschiedenen Pflegefamilien aufgewachsen. Siebenundsiebzig ist sie schon, und sie hat ihre Schwester noch nie gesehen. Unglaublich, oder?«

Ich nicke. Ich bin nicht auf der Suche nach einer siebenundsiebzigjährigen Zwillingsschwester, sondern einfach nach einem Vater. Das haben sie bestimmt schon öfter gehabt.

Bevor wir anfangen, erklärt Tosca mir noch einmal, dass das ein Screening ist, aber dass sie das lieber nicht sagt, weil mich das nervös machen könnte, und dass sie es doch kurz sagt, damit ich nicht so enttäuscht bin, wenn ich nicht ausgewählt werde.

Ich soll mich aufs Sofa setzen. Erst auf die eine Seite, dann auf die andere und dann doch wieder lieber auf die eine Seite. »Ja. Schön. Sehr schön«, sagt Tosca. Ihr Gesicht ist noch röter geworden.

Violène setzt sich neben mich. Sie legt mir eine Hand aufs Knie. »Nervös?«

»Geht so.«

»Mach dir keine Sorgen«, flüstert sie. Sie zupft ein wenig an ihrer Frisur herum und plötzlich ist es, als würde es mich für sie nicht mehr geben. Mit einem Puppenlächeln schaut sie direkt in die Kamera.

»… läuft!«, ruft der Kameramann. Alle warten still ab.

»Wir sind hier bei der zwölfjährigen Eva«, erzählt Violène plötzlich einer unsichtbaren Person. »Und Eva ist auf der Suche.«

Ich nicke.

Und dann sagt niemand mehr was. Sekundenlang.

Habe ich etwas verpasst? Das war doch keine Frage?

Tosca wedelt mit ihren kurzen Armen. »Du willst doch was erzählen?«

»Macht nichts«, sagt Violène. »Wir machen es einfach noch einmal.«

Sie konzentriert sich und fängt dann neu an: »Wir sind hier bei der zwölfjährigen Eva. Und Eva ist auf der Suche, oder?«

»Das stimmt.« Ich hole Luft, um weiterzuerzählen, aber Violène kommt mir zuvor: »Eva möchte unbedingt ihren echten Vater kennenlernen. Woher kam dieser Wunsch? Wann fing das an?«

»Äh ... ja, also ...« Ich spüre, wir mir das Blut ins Gesicht schießt. »... ich hatte eigentlich nie so darüber nachgedacht. Aber wir sollten eine Projektarbeit vorbereiten. Für die Schule. Und da ...« Stotternd erzähle ich meine Geschichte. Über meine Entdeckungen. Und dass mein Vater auch einen Extra-Zeh haben muss. Über meine Mutter, die endlich ein wenig mehr erzählt hat. Violène sagt immer »Hmm« und »So was« und »Ach, ja?« *Sie* hört mir zu. Aber aus den Augenwinkeln sehe ich, dass Tosca wieder mit ihrem Handy beschäftigt ist und mich nicht einmal anschaut. Ich stottere immer mehr. »... ich habe ihn also mein ganzes Leben lang noch nicht gesehen. Zwölf Jahre lang. Das sind zwar keine siebenundsiebzig Jahre, aber trotzdem ... Für mich ist das sehr lang. Besonders lang.«

»Cut!«, ruft Tosca, und der Kameramann hört auf zu filmen.

Alle schauen zu ihr. Sie schüttelt den Kopf.

»Wirklich nicht?«, fragt Violène ganz leise.

Aber Tosca hört nicht auf, den Kopf zu schütteln. Der Mann fängt an, seine Kamera abzubauen.

Violène legt ihre Hand auf meinen Arm. »Das tut mir leid,

Eva ... Bei *Verlorene Zeit* bekommen wir so viele Anfragen, und wir haben keine Zeit, überall Zeit zu investieren ... Wie schön und besonders ich deine Geschichte auch finde! Ich fürchte, wir können dir nicht helfen.« Mit ihren großen schlumpfblauen Augen sieht sie mich lange an und reibt über meinen Arm.

»Aber ... Ich habe noch nicht mal von der Kassette erzählt ...«, versuche ich noch. »Ich habe eine Kassette, auf der mein Vater drauf ist. Er ... er singt ein Lied!«

Tosca lächelt. »Ein Lied. Wie rührend. Aber trotzdem ... Wir bekommen jeden Tag neue Anfragen. Und ganz selten kommt eine, bei der wir sofort wissen: Das machen wir. Alle anderen Anfragen, wie auch deine, kommen in den Ordner ›Zweifelsfälle‹. Wenn dann während des Gesprächs nichts Besonderes passiert, wenn die Geschichte mich nicht packt ... Dann müssen wir weiter. Leider.« Sie schüttelt meine Hand, nimmt ihr Handy und geht schon zur Haustür. Auch der Kameramann verabschiedet sich und fängt an, seine Sachen nach draußen zu bringen.

»Aber ...« Ich beiße mir auf die Lippe.

Violène lächelt halb und hebt die Schultern. »Ich finde es wirklich sehr schade für dich. Ich hab dem Team vorher noch gesagt: Macht so einem Mädchen keine falschen Hoffnungen ... Aber sie wollen jedem eine Chance geben.«

Ich balle die Fäuste. Mir bleibt nichts anderes übrig.

Ich gehe zum Schrank und nehme das Foto aus der Schublade, das Foto von mir und Mama und ihrer goldenen Platte. Ich zeige es Violène.

»Silla Loks. Schön ...«, sagt sie. »Bist du ein Fan von ihr?«
»Nein. Eine Tochter.«
Violènes Schlumpfaugen werden so groß wie Flummis. »Tosca?«, ruft sie Richtung Flur, ohne den Blick von dem Foto abzuwenden. »Tosca? Stef? Seht euch das mal an ...«

Hinterhalt

Ich gehöre wohl doch nicht in die Mappe »Zweifelsfälle«. Die Fernsehleute sind in heller Aufregung, sie scheinen das gesamte Haus zu übernehmen. Der Kameramann bringt eine zusätzliche Kamera zum Vorschein und fängt an, alles Mögliche zu filmen. Den Garten. Den Kronleuchter. Das Foto von mir und Mama und der goldenen Platte. Meine Projektarbeit. Ein altes Bild von mir an der Toilettentür. Er öffnet sogar einfach die Tür zu Mamas Studio. »Äh ... da lieber nicht ...«, sage ich schnell.

Die Regisseurin stiefelt durchs Haus und telefoniert und telefoniert, ihr Gesicht noch röter, als es schon war. »Wir warten hier auf sie«, sagt sie. »Um sechs Uhr kommt sie nach Hause, oder, Eva? Das ist in 73 Minuten.«

»*Gegen* sechs Uhr«, sage ich.

»Silla Loks!«, sagt Violène immer wieder. »Und das erzählst du uns jetzt erst!«

»Ja ...«, murmele ich. In meinem Bauch nagt etwas.

»Und sie hat dir noch nie was über deinen Vater erzählt?«

»Na ja ... Schon *ein kleines bisschen*.«

»Ich rufe die alte Dame an, dass wir später kommen«, sagt Tosca. »Morgen. Nein, nächste Woche.« Sie lässt sich in einen Sessel neben mich fallen und greift nach meiner Hand. »Wir helfen dir, Eva. Das wird eine großartige Sendung. Sorry für den chaotischen Anfang. Das ist die Schuld unserer Redaktion, die hätten natürlich sofort gründlich prüfen müssen, wen wir da vor uns haben ... Eva Loks!«

Ich soll mich wieder aufs Sofa setzen, sie will das Interview gern nochmal machen, aus einer anderen Perspektive.

Dieses Mal stellt Violène viele Fragen über meine Mutter. Was sie mir erzählt hat, was sie mir nicht erzählt hat oder nicht erzählen will. Ich rede ununterbrochen. Dieses Mal geht es viel leichter. Nach dem Interview fragt sie, ob ich meine Schuhe kurz ausziehen würde, sie möchten meinen elften Zeh filmen.

»Muss das sein?« Ich zeige ihn anderen nicht gerne. Ich trage auch nie Flipflops oder Sandalen. Leute reagieren so seltsam.

»Na ja«, erklärt Tosca, »dein Extra-Zeh spielt in dieser Geschichte eine wichtige Rolle. Er ist einer unserer wenigen Anhaltspunkte bei der Suche nach deinem Vater. Um mit der Geschichte mitfiebern zu können, müssen die Zuschauer ein Bild bekommen.«

»Aber ich habe doch schon gesagt, dass ich elf Zehen habe? Reicht das denn nicht?«

Tosca lacht. »Nein, nein, fürs Fernsehen leider nicht. ›Ein Bild sagt mehr als tausend Worte‹, sagen wir immer.«

»Hmm.« Langsam ziehe ich meinen Schuh aus. Und meinen Socken.

Da ist mein Fuß. Nackt und kalt. Stef schwenkt die Kamera und zoomt näher. Ich wende den Kopf ab. Wenn sie mich nur zu meinem Vater bringen, denke ich.

»Wunderbar ...«, murmelt Stef hinter seiner Kamera. »Könnte das nicht der Eröffnungsshot werden?«

»Nein«, sagt Tosca. »Silla Loks muss in den Eröffnungshot, sie bestimmt das Gesicht dieser Folge.«

Schnell ziehe ich meinen Socken und meinen Schuh wieder an. »Wann fliegen wir nach Suriname?«

Tosca ist überhaupt nicht erstaunt über meine Frage. »Schnell, hoffe ich. Aber erst einmal brauchen wir mehr Anhaltspunkte. Wir brauchen wenigstens einen Nachnamen.«

»Aber den weiß ich ja gerade nicht.«

»Aber Silla kennt den ganz bestimmt«, sagt Violène. Sie setzt sich wieder neben mich aufs Sofa. »Du hast doch auch noch was von einer Kassette gesagt?«

»Hast du die hier?«, fragt Tosca.

Ich renne nach oben, um die Kassette zu holen und zeige sie ihr.

»Okay«, sagt Tosca. »Kannst du die uns vorspielen?«

Ich schüttele den Kopf »Ich habe keinen Kassettenrekorder.«

Stef zeigt zu Mamas Studio. »Aber da, in diesem Musikzimmer, habe ich eine große Anlage gesehen. Da ist auch ein Kassettenrekorder dabei.«

Toscas Augen funkeln. »Perfekt! Eva hört sich Papas Kassette an, in einem Dekor von Gitarren und goldenen Platten ...«

»Aber ...«, versuche ich, »ihr Studio ...« Den Rest schlucke ich runter. Für ein Kamerateam gelten vielleicht andere Regeln. Trotzdem fühle ich mich nicht wohl dabei.

Tosca klatscht in die Hände. »Warte ... Wir filmen das alles direkt. Pur und echt.« Sie zeigt auf mich. »Du kommst aus dieser netten Küche angelaufen, die Kassette in der Hand ... Du gehst ins Studio, legst die Kassette ein und setzt dich hin und hörst zu ... da, auf diesen Klavierhocker. Und Stef? Während sie zuhört, filmst du sie im Close-Up.«

Ich schlucke. Das hier wird eine Art Einbruch. Ein Einbruch bei mir zu Hause.

Mindestens vier Mal muss ich von der Küche zum Studio gehen. Plötzlich weiß ich nicht mehr, wie man »normal« geht, über jeden Schritt denke ich nach. Tosca sagt ständig, ich solle »natürlicher« sein. (Als wäre ich ein Saft oder so was ...) Und ich gehe auch ständig falsch rein ins Studio. »Nicht so schleichen, Eva, lauf gerade! Du bist doch kein Dieb ...« Inzwischen drängt die Zeit; in einer halben Stunde kommt Mama schon. Ich darf nicht dran denken, dass sie uns hier in ihrem Studio erwischt ...

Beim fünften Mal klappt es endlich. Ich schalte die Kassette ein und setze mich auf den Klavierhocker.

Durch die Lautsprecher ertönt Rauschen ... und dann das ohrenbetäubende Kreischen. Fast falle ich buchstäblich vom Hocker, obwohl ich doch wusste, dass der Vogel kommen würde. Bestimmt sieht das durch die Kamera total doof aus.

Aber sobald ich Ricos Stimme höre, ist es, als wäre ich woanders. Immer, wenn ich ihn lachen höre, muss ich auch lachen. Und als er anfängt zu singen, vergesse ich alles um mich herum, tauche ein in eine andere Zeit. Ich sehe ihn vor mir; mit Sonnenbrille, mein Foto in der Hand. Er singt und bewegt sich langsam zur Musik. *Sapatèh doolimbó ...*

Nach dem Lied bleibe ich mit dem Rauschen zurück.

Ich bin wieder in Mamas Studio. Mein Hals fühlt sich an wie Schmirgelpapier. Und obwohl drei Leute direkt vor meiner Nase stehen in diesem kleinen, vollen Studio, bin ich trotzdem allein.

»Cut!«, schreit Tosca plötzlich. Aufgeregt klatscht sie in die Hände. »Wunderbar, wunderbar!«

»Sehr gut gemacht, Eva«, sagt Violène strahlend.

»Suriname, also«, nickt Tosca. »Schade, dass er keinen weiteren Ortsnamen nennt, aber es ist ein Anfang. Und sowieso ein paar Sekunden schönes Material. Deine Augen, dein Lachen ... Hast du alles gut draufgekriegt, Stef?«

Stef hebt den Daumen.

Tosca flattert mit ihren kurzen Armen. »Und jetzt alle an den Start, es ist zehn vor sechs ...«

Wir legen uns auf die Lauer.

Stef baut eine kleine Kamera vor dem Fenster neben der Haustür auf. Selbst versteckt er sich in der Garderobe, zwischen den Jacken, die Kamera schussbereit. Violène und ich stellen uns ans Ende des Flurs, damit wir Mama überraschen können. Tosca wird im Wohnzimmer sein.

»Wenn sie dich und Violène sieht«, erklärt sie, »wird ihr sofort klar sein, dass *Verlorene Zeit* dich ausgewählt hat. Und dann wird sie dir bestimmt in die Arme fallen ... Ungefähr hier.« Sie zeigt auf eine Stelle in der Mitte des Flurs. »Okay?«

Ich nicke, aber ich habe Bauchweh, als hätte ich literweise

Waschmittel getrunken, und am liebsten würde ich wegrennen oder diese Leute aus dem Haus jagen. Aber dann werde ich meinen Vater niemals finden.

Wir warten.

Die Uhr tickt. Es ist vier vor sechs.

Ich muss zur Toilette. Ausgerechnet jetzt. Es ist, als würden wir Verstecken spielen. Wäre es doch nur einfach ein Versteckspiel. Dann würde ich mich frei schlagen und fertig.

»Gespannt, was sie sagen wird?«, flüstert Violène.

Ich nicke. Der Schweiß läuft mir über den Rücken.

»Warum konnte sie eigentlich nicht schon um vier Uhr?«, fragt Violène.

»Sie ... musste proben«, flüstere ich zurück.

»Aber sie wusste doch, dass wir kommen würden?«

Ich presse die Lippen zusammen.

»Nicht?« Violène macht große Augen. »Aber was genau hast du ihr denn erzählt?«

Ich schlucke. »Nicht so viel.«

»Aber ...« Sie legt mir eine Hand auf die Schulter, sodass ich sie anschauen muss. »Eva? Weiß sie, dass du deinen Vater suchen willst?«

Ich öffne den Mund, um zu antworten, aber in diesem Moment zischt Stef zwischen den Jacken. »Schscht! Da kommt sie ...«

Blitzaugen

Der Schlüssel rasselt im Schloss. Die Tür öffnet sich.

Mama kommt rein, bückt sich und zieht sich die Schuhe aus. Sie will sie gerade in die Ecke schieben, hält jedoch inne, als ihr Blick auf das Stativ neben ihr fällt. Ganz langsam richtet sie sich auf und entdeckt die kleine Kamera. Und endlich schaut sie in den Flur und sieht mich. Und Violène. Und Stef mit seiner großen Kamera, zwischen den Jacken.

Ihr Mund bleibt ein wenig offen stehen. Sie bewegt keinen einzigen Muskel. Allmählich schiebt sich ihr Blick von der einen Kamera zur anderen und von Violène zu mir. Dort bohrt er sich fest. Ich halte die Luft an und presse ein Lächeln auf meine Wangen. Oder etwas, was dem ähnelt.

Ich warte ab. Jetzt wird sie die Kameras umwerfen, denke ich. Jetzt brüllt sie los und jagt das ganze Team aus unserem Haus. Und mich wird sie nie wieder anschauen.

Aber es passiert etwas ganz anderes. Um ihren Mund taucht ein Lächeln auf. Ein breites Lächeln.

Violène legt mir einen Arm um die Schultern. Sie zittert ein wenig. »Hallo, Silla«, sagt sie. Sie spricht ein wenig zu laut. »Wir sind von *Verlorene Zeit* ... Aber das hast du dir bestimmt schon gedacht.«

Mama sagt nichts. Sie hält ihr eisiges Lächeln fest und starrt mich ununterbrochen an. Aus ihren Augen schießen Blitze.

»Wir haben eine gute Nachricht«, fährt Violène fort. »Wir wollen euch sehr gerne bei der Suche nach Evas Vater helfen.«
Ein paar Sekunden lang bleibt es still. Alle schauen zu Mama.
»Ja, aber ...«, sagt sie schließlich, »aber das ist großartig. Eva, das sind fantastische Neuigkeiten!«
Ihre Augen sagen etwas anderes.
Violène gibt mir einen sanften Schubs. »Umarmung«, flüstert sie fast geräuschlos.
Zögernd mache ich ein paar Schritte. Mama breitet die Arme schon aus. Alles hieran ist falsch.
»Schatz, wie schön!«, sagt Mama lachend.
Ich umarme sie. Und Mama schlägt zwei Arme um mich, die sich anfühlen, als seien sie aus Holz. Mein Zeh kribbelt und sticht so schlimm, dass mir die Tränen in die Augen schießen.
»Wie *kannst* du mir das antun?«, flüstert sie mir ins Ohr.
»Sie sind nicht wegen *dir* hier«, zische ich zurück. »Sie sind wegen *mir* hier.«
Ich spüre ihren Atem an meinem Ohr. »Ist das so?«

Nach der Umarmung wird die Kamera endlich ausgeschaltet. Tosca taucht aus dem Wohnzimmer auf und jede Menge Hände werden geschüttelt, alle stellen sich vor und es folgen noch mehr Erklärungen, wer sie sind und wie alles funktioniert. Ich stehe daneben und tue mein Bestes, Mama nicht anzusehen.
Das Kamerateam möchte anschließend ein Interview mit Mama auf dem Sofa machen, sie haben »noch ein paar kleine Fragen«. Ich setze mich nicht allzu nah daneben.

Mama wirkt ganz entspannt: Beine übereinandergeschlagen, Arm auf der Sofalehne, Lachen um den Mund. Trotzdem ist es, als könnte sie jeden Moment explodieren, wie ein Luftballon, der zu feste aufgeblasen wurde.

»Kamera läuft!«, ruft Stef, und er zählt ab. Violène setzt sich gerade hin, rückt ihren Rock zurecht.

»Silla«, sagt sie, »woran erinnerst du dich noch, wie war Rico?«

Mama blinzelt einen Moment. Sie kann nichts hervorbringen. Vielleicht platzt sie jetzt schon.

»Puh!«, macht sie. »Das ist eine schwierige Frage. Das ist alles so lange her … Er war ein sympathischer junger Mann. Sehr charmant, und clever. Voller Überraschungen …«

Mir fällt die Kinnlade fast herunter. Das klingt aber ganz anders als »Wurm« oder »Feigling.«

»Wie hieß er mit Nachnamen? Rico …«

»Vrede«, sagt Mama ohne zu zögern »Rico Vrede.« So einfach geht das also, wenn sie eine Kamera vor sich hat.

Violène fragt auch noch nach seinem Alter – zweiundvierzig, sagt Mama – und ob sie weiß, wo genau er herkommt oder wo seine Familie wohnt, aber Mama zuckt die Achseln. »Irgendwo in Suriname, mehr weiß ich nicht.«

Mein Zeh rührt sich nicht, also gehe ich davon aus, dass sie es wirklich nicht weiß.

»Könntest du uns etwas über den Abschied erzählen?«, fährt Violène fort. »Wie war es, als du ihn zum letzten Mal gesehen hast?«

Mama setzt sich ein wenig aufrechter hin. »Das war in einem Strandcafé. Ich habe ihm gesagt, dass ich schwanger bin. Das fand er sehr schwierig. Er ... Er erzählte mir, er habe beschlossen, nach Suriname zurückzukehren.«

Violène macht ein ernsthaftes Gesicht. »Und wie war das für dich?«

Mama schluckt. »Ich fühlte mich ziemlich im Stich gelassen.«

Ich starre zu Mama auf dem Sofa neben mir. So habe ich es sie noch nie erzählen hören. Ich dachte immer, sie wäre froh gewesen, ihn los zu sein.

Verrückterweise ist es, als würde es sie erleichtern, es zu erzählen. Als würde ein wenig Luft aus dem Ballon gelassen.

Sie erzählt noch, dass sie sich in dem Strandcafé verabschiedet haben und sie ihn danach nie wieder gesehen hat. Ich sehe es vor mir. Rico, der über den Strand weggeht. Mama, die ihm nachschaut, sie reibt sich über den Bauch. Ihren Bauch, mit einem Anfang darin. Einem Anfang von mir.

Achterbahn

Nach dem Interview möchte das Kamerateam noch Aufnahmen von Mama in ihrem Studio machen. »Und vielleicht machen Sie dort dann einfach, was Sie immer machen«, schlägt Tosca vor. »Klavierspielen, Gitarre spielen, vielleicht ein wenig singen ...«
Mama lächelt übertrieben freundlich. »Nein.«
»Nein?« Tosca blinzelt erstaunt.
»In meinem Studio wird nicht gefilmt. Das ist privat.«
Toscas Kopf nimmt die Farbe von Radieschen an. »Oh.«
Stef und Violène tauschen einen Blick aus. »Eigentlich haben wir ...«, fängt Stef zögernd an, aber Tosca unterbricht ihn. »Einverstanden«, sagt sie. »Nicht im Studio. Trotzdem brauchen wir noch ein paar Aufnahmen von Ihnen bei der Arbeit. Dann eben irgendwo anders.«

Mama will etwas sagen, aber Tosca redet sofort weiter: »Das wäre gut für Ihr Image, es macht das Bild erst richtig komplett ...« Mit zwei Fingern zeichnet sie einen viereckigen Schirm in die Luft, sie sieht es schon vor sich: »*Silla Loks* ...«, sagt sie mit warmer Fernsehstimme, »*nicht nur eine erfolgreiche Sängerin ... sondern auch eine verständnisvolle Mutter ...*«

Mama holt tief Luft. »Hmm. Vielleicht. Ja ja ...«

»Die Leute werden Sie noch mehr bewundern. Denken Sie mal darüber nach.« Dann schüttelt Tosca ihr die Hand »Vielen

Dank für heute. Wir gehen jetzt. Unsere Redaktion wird mit den Hinweisen recherchieren und wir hoffen, nach dem Wochenende mehr zu wissen und weitermachen zu können.«

Ich springe auf. »Und wann kommt ihr wieder?«

»So schnell wie möglich«, antwortet Tosca, während sie mit Mama und den anderen zur Tür geht. »Und wer weiß, vielleicht haben wir dann noch ein wenig Zeit für ein paar Gesangsshots, Silla. Nur wenn Sie möchten, natürlich ...«

Mama schließt die Tür hinter ihnen.

Plötzlich ist es ganz still im Haus.

Langsam dreht sich Mama um. Ich weiche ein paar Schritte zurück.

Wie zwei Cowboys stehen wir einander im Flur gegenüber. Wer zuerst wegschaut, hat verloren.

»Eva Loks ...«, sagt sie leise. »Ist dir überhaupt klar, was du uns da auf den Hals geladen hast?«

Ich verliere.

»Ist dir überhaupt klar, was du da losgetreten hast?«

Ich starre auf ihre Füße. In ihrem rechten Strumpf ist ein Loch.

»Ist dir überhaupt klar, was das für eine Achterbahn ist, und dass du jetzt nicht mehr zurückkannst? Nie mehr?«

Ich hebe den Kopf und schaue ihr ins Gesicht. »Ich mag Achterbahnen.«

Was dann folgt, ist ein heftiger Streit. Oder nein, nicht heftig, sondern schleichend, knisternd. Ein Streit mit bebendem Schweigen. Schweigen, in dem sich etwas Unsichtbares verschiebt. Etwas Großes.

Sie schimpft auf die Fernsehsendung, sie spricht von ihrer Karriere, sagt, dass die Klatschblätter sich hieran ergötzen werden und dass es nun vorbei ist mit unserer Ruhe. Sie fragt, was mir denn so fehlt, dass ich unbedingt nach meinem Vater suchen will, sie fragt, was sie nicht richtig macht. Und ich will sagen, dass es damit gar nichts zu tun hat und dass ich niemals, niemals eine andere Mutter haben wollte, aber die Sätze bleiben mir im Hals stecken. Was ich aber sage ist, dass sie aufhören soll zu lügen, dass sie jetzt endlich die Wahrheit sagen muss, ja, das ist, was mir fehlt: eine ehrliche Mutter. Sie sieht mich an, als hätte ich ihr eine Ohrfeige verpasst. Weinend läuft sie die Treppe rauf, zu ihrem Zimmer, und zieht die Tür hinter sich zu.

Ich wische mir die Nase ab und gehe nach draußen, in den Garten. Die Sonne scheint. Morgen, denke ich. Morgen geht alles einfach wieder weiter. Und *Verlorene Zeit* macht sich auf die Suche.

Pause

Auf dem Schulhof quatschen und johlen alle durcheinander. Die Sonne scheint, Kinder rennen hintereinander her, spielen eine Runde Fußball oder stehen einfach in kleinen Gruppen zusammen und quatschen. Ab und zu starren sie mich an und lachen. Vielleicht noch wegen dieses Gerüchts über meine »geheime Liebe«. Mir ist es egal.

Auf der Bank unter der großen Eiche esse ich einen Apfel. Von Zeit zu Zeit kommen ein paar Kinder vorbei. Aber ich habe keine Lust zum Spielen. Ich denke an das Kamerateam. Wenn sie eine Spur finden, fliegen wir nach Suriname. Ich weiß fast nichts über Suriname. Gibt es dort auch solche Schulhöfe? Wird dort auch Fangen gespielt?

Plötzlich fällt mir auf, dass fast alle Kinder auf dem Schulhof weiß sind. Außer mir zähle ich nur fünf Kinder, die eine andere Hautfarbe haben. Natürlich weiß ich, dass alle bei uns auf der Schule weiß sind, aber jetzt *sehe* ich es erst. Überall weiße Gesichter, weiße Arme, weiße Beine. In Suriname wäre ich nicht mehr eine der wenigen.

Zwischen allen weißen Gesichtern entdecke ich Luuks. Er lehnt neben dem Zaun dicht neben Vita und schaut zusammen mit ihr auf ihr Handy. Sie lachen. Ich spüre einen Stich im Bauch.

Ein paar Sekunden später kommen sie in meine Richtung.

»Wie läuft's mit der neuen Liebe?«, fragt Vita kichernd.

»Keine Ahnung«, brumme ich.

»Habt ihr euch schon mit Zunge geküsst?« Sie streckt die Zunge raus und dreht sie im Kreis.

Ich springe auf. »Du bist widerlich!«

Mit einem kleinen Schrei macht sie sich wieder davon.

Luuk bleibt stehen. Wütend starre ich ihn an. Das hier ist seine Schuld. Und er weiß es.

Er schlägt die Arme um sich, als wäre ihm kalt. »Samstag beim Baseball hat David erzählt, du hättest ihn geschlagen.« Er sieht mich prüfend an. »Hast du ihm echt eine geknallt?«

Ich senke den Blick.

»Absichtlich?«

»Er hat meinen Vater ausgelacht«, sage ich scharf. »Als wir uns die Kassette anhörten, hat er meinen Vater lächerlich gemacht.«

Luuk starrt mich immer noch an.

»Was ist denn bloß los mit dir?«, fragt er leise.

»Nichts. Überhaupt nichts!« Ich spucke die Wörter fast aus. »Oh, und Luuk ... du brauchst mich morgens nicht mehr abzuholen.«

»Das habe ich doch sowieso schon nicht mehr gemacht. Die letzten drei Tage schon nicht mehr.«

»Nein, zum Glück nicht.«

»Tja, dann geh doch einfach schön allein zur Schule!« Mit einem Ruck dreht er sich um.

Vita kommt wieder, winkt mit ihrem Handy, und zieht Luuk

am Ärmel mit. »Lucky, das hier musst du dir ansehen, das ist so witzig.«

»Er heißt einfach Luuk, weißt du!«, rufe ich ihr nach.

»Oh, wie leid mir das tut«, sagt Vita mit einer aufgesetzten blöden Stimme.

Ich beiße mir auf die Lippe. Ich wollte das nicht sagen, dass er mich nicht mehr abholen soll. Wenn Luuk sich nicht so blöd benehmen würde, hätte ich ihm erzählen können, dass *Verlorene Zeit* eine Folge über mich machen wird. Und das jetzt im Moment lauter Fernsehleute nach meinem Vater suchen.

Jetzt muss er das eben selbst rausfinden.

Eine Spur

Als ich am Mittwoch aus der Schule komme, hat Mama sich in ihrem Studio eingeschlossen. Sie spielt Klavier. Ich schreibe einen Zettel und halte ihn gegen das dicke Glas: »HAT DAS KAMERATEAM NOCH ANGERUFEN? KOMMEN SIE HEUTE NACHMITTAG?« Sie nickt und spielt weiter. Schnell kritzel ich auf die Rückseite: »KOMMEN SIE VORBEI? HEUTE??« Wieder nickt sie und spielt weiter, als wäre das völlig normal. »UND? WISSEN SIE SCHON MEHR?« Sie zuckt die Schultern und schlägt ein paar Mal einen lauten Akkord an.

Aber als die Fernsehleute endlich da sind, erfahre ich noch immer nichts. »Wir können erst erzählen, was unsere Suche ergeben hat, wenn die Kamera läuft«, erklärt Tosca. Also muss ich noch endlos lange Minuten warten, bis Violène ihr Make-up in Ordnung gebracht hat, die Kamera endlich bereitsteht, Mama sich neben mich gesetzt und Tosca »Action!« gerufen hat.

»Das Problem ist«, erzählt Violène, »es gibt wahnsinnig viele Leute mit diesem Nachnamen in Suriname. ›Vrede‹ ist so was wie ›Jansen‹ oder ›Meier‹, fürchte ich.«

Ich bekomme einen Schrecken. Womöglich haben sie gar keine Spur. Gleich blasen sie es einfach ab.

Mama greift nach meiner Hand. Ihre Finger sind kalt.

Violène fährt fort: »Das Einwohnermeldeamt konnte uns

nicht weiterhelfen. Dafür haben wir zu wenige Angaben. Trotzdem haben wir in den Sozialen Medien Aufrufe gepostet, die haben bisher aber noch nichts gebracht. Wir haben Krankenhäuser angerufen und gefragt, ob sie mal jemanden mit elf Zehen und diesem Nachnamen behandelt haben, aber nein. Danach hat unsere Redaktion alle Leute mit dem Nachnamen ›Vrede‹ in Paramaribo angerufen. Die ganze Liste. Immer fragten sie, ob es in der Familie einen Rico gab. Nach drei Stunden erwischten sie eine einzige Person, die einen Rico Vrede kannte ...«

Sie wartet einen Moment. Ich rücke auf die Sofakante.

»Ein Familienmitglied ...«, sagt sie, und wieder macht sie so eine quälende Pause. »Ihr Name ist Esseline Vrede. Eine Halbschwester deines Vaters ... Sie ist also deine Halbtante.«

Ein nervöses Lachen entwischt mir.

Eine Halbtante. Keine ganze Tante, aber immerhin eine halbe.

»Und weiß sie mehr über meinen Vater?«

»Sie kann uns weiterhelfen, sagt sie.«

»Wir haben also eine Spur?«

»Wir haben eine Spur.«

Es ist, als würde eine Welle warmes Meereswasser durch mich hindurchschwappen und alle Organe in meinem Körper umspülen. Es gibt noch jemanden, der ihn kennt. Er lebt. Es gibt ihn. Nicht nur in Mamas schwammigen Geschichten, nicht nur auf einer alten Kassette, nein, in Wirklichkeit.

»Aber ... Weiß sie, wo er wohnt? Können wir schon zu ihm? Können wir ihn anrufen?«

»Esseline kann uns seine Telefonnummer nicht geben, aber

sie kann uns zu ihm bringen. Ich habe selbst mit ihr telefoniert; eine sehr nette, fröhliche Dame, die ihre Nichte wahnsinnig gern kennenlernen möchte.«

Mama kneift in meine Hand, ein wenig zu feste.

»Unser nächster Schritt ist also«, erklärt Violène, »sie zu besuchen. Wir schlagen vor, nächste Woche nach Paramaribo zu fliegen. Mit euch.«

Ich springe vom Sofa auf. »Ja!!« Ich werfe beide Arme in die Luft, stoße die Blumenvase vom Tisch, Wasserspritzer und Blumen fliegen durch die Gegend, und ich hopse und tanze durchs Wohnzimmer. »Wir fliegen nach Suriname! Suriname!«

Mama hebt ein paar Blumen vom Boden auf. »Das wäre schön ... aber darüber müssen wir noch reden. Nächste Woche geht es wirklich nicht. Das Flash Festival steht kurz bevor, da trete ich mit meiner Band auf.«

Ich lasse die Arme fallen. »Aber du brauchst doch auch gar nicht mitzukommen, Mam?«

Sie sperrt die Augen weit auf. »... Möchtest du alleine fliegen?«

»Nicht allein. Das Fernsehteam ist doch auch dabei?«

»Aber ... Du bist zwölf. Du kannst doch nicht ohne deine Mutter so eine weite Reise unternehmen?«

»Warum nicht?«

Mama schnappt ein paar Mal nach Luft, wie ein Fisch auf dem Trockenen. Dann steht sie auf und legt eine Hand auf die Linse der Kamera. »Tut mir leid. Aber ich brauche mal kurz einen Moment mit meiner Tochter. Ohne Kamera.«

»Natürlich. Cut!« Tosca springt auf und rennt zu Stef. »Hast du das gut draufgekriegt? Das ›*Du brauchst doch auch gar nicht mitzukommen, Mam*‹?«

Stef nickt.

»Fantastisch!« Tosca strahlt wie eine Ampel.

Mama fasst mich bei den Schultern und schiebt mich in den Flur.

Sie zieht die Tür hinter sich zu. »Jetzt bleib mal auf dem Teppich!«, sagt sie. »Allein nach Suriname? Mach mich doch nicht die ganze Zeit lächerlich!«

»Aber das mache ich überhaupt nicht. Ich meine es ernst, Mam. Es ist doch viel besser so? Du bleibst hier zum Singen, und ich fliege mit dem Fernsehteam.«

»Warum könnt ihr nicht einfach eine Woche oder zwei Wochen warten, bis meine Auftritte vorbei sind?«

»Noch zwei Wochen?«, bricht es aus mir hervor. »Ich will nicht warten, und *Verlorene Zeit* schon mal gar nicht. Übrigens ... möchtest du überhaupt mitkommen nach Suriname?«

Mama schweigt.

»Ich bin so oft ohne dich weggefahren. All die Ferienlager ... Und einmal bin ich ganz allein mit dem Zug zu Onkel Thomas nach Antwerpen gefahren.«

»Ja, Antwerpen ... Das hier ist so ungefähr am anderen Ende der Welt!«

Violène steckt den Kopf um die Ecke. »Sorry, wenn ich störe, aber vielleicht kann ich euch helfen ...« Sie kommt in den Flur und macht die Tür leise hinter sich zu. »Ich verstehe deine

Sorgen, Silla, ich verstehe sie vollkommen. Wir filmen nicht oft mit Minderjährigen, die auf der Suche sind, aber wenn wir das machen, wird das sehr gut begleitet und wir übernehmen die volle Verantwortung ...«

So redet sie noch eine Weile auf Mama ein. Es klingt sehr ernst. Sie schlägt vor, dass jemand vom Büro von *Verlorene Zeit* vorbeikommt um noch mehr zu erklären.

»Und Eva muss wirklich mit nach Suriname? Kann keine Skype-Verbindung oder so was mit dieser Tante hergestellt werden?«

»Unsere Erfahrung lehrt, dass wir viel mehr erreichen, wenn der- oder diejenige, die sucht, auch wirklich dabei ist. Ganz besonders mit einem so charmanten Mädchen wie Eva, dann gehen alle Türen auf ...«

Mama schaut, als wäre sie seekrank.

»Und vergiss nicht«, sagt Violène verschwörerisch, »dass alle Zuschauer mit Eva mitfiebern werden. Alle werden hoffen, dass sie ihren Vater findet. Sie werden dich ausschließlich als eine sehr verständnisvolle, mutige Mutter sehen« – Violène schließt die Hand zu einer kräftigen Faust –, »eine Mutter, die sich traut, ihre Tochter loszulassen.«

Mama starrt mit gerunzelter Stirn auf Violènes Faust.

»Meinst du?«

»Ganz bestimmt. Das ist für so viele Eltern ein erkennbarer Augenblick, dieser Augenblick des Loslassens.«

»Sie ist *zwölf!*«

»Ja, es kommt immer zu früh. Aber es wäre so schön, wenn

du, als Berühmtheit, ein Vorbild sein könntest. Und wer weiß, vielleicht inspiriert es zu einem neuen Song ...«

Mama zieht eine Augenbraue hoch.

»Denk darüber nach«, drückt Violène ihr aufs Herz und sie lässt uns wieder allein.

Mama dreht sich zu mir und legt mir die Hände auf die Schultern. Sie schüttelt den Kopf. »Du bist nicht mein neuer Song«, sagt sie leise. »Du bist mein ... alles.«

Poker

Ich darf nicht dabei sein. Ich sitze am Gartentisch und mache Zeichnungen für meine Projektarbeit, aber eigentlich schaue ich vor allem durch die Fensterscheibe, um zu sehen, was da drinnen vor sich geht.

Tosca ist am Nachmittag mit einem Mann im Anzug vorbeigekommen um zu erklären, wie sie bei *Verlorene Zeit* vorgehen, wenn Minderjährige mitreisen. Eigentlich sind sie natürlich vor allem gekommen, um Mama zu überreden, mich gehen zu lassen. Mama hat Opa gefragt, dabei zu sein. Zu viert sitzen sie am Tisch, als würden sie pokern, und der Einsatz bin ich. Mama hat eine tiefe Falte über der Nase. Opa zieht ein Pokerface. Tosca sitzt entspannt da und plaudert, aber ihre Gesichtsfarbe verrät ihre Nervosität.

Der Anzugmann holt ein Papier aus einer Mappe und schiebt es Mama zu. Er reicht ihr einen Stift, aber sie schüttelt den Kopf und verschränkt die Arme. Ich traue mich kaum, hinzusehen, ich kaue an meinem Bleistift, bis ich Holz schmecke.

Endlich öffnet sich die Tür und Mama kommt heraus. Opa taucht hinter ihr auf.

Ich stehe auf, versuche ihre Gesichter zu lesen. »Und?«

Opa zieht noch immer ein Pokerface. Mama öffnet den Mund, klappt ihn dann aber wieder zu. Sie sagt: »Es tut mir leid …«

Meine Hände krümmen sich. Meine Fingernägel drücken in meine Handflächen.

»Es tut mir leid …«, fährt sie fort, »… dass ich nicht mitkomme. Und es tut mir leid, dass ich das nicht sagen kann, ohne wieder zu heulen, aber … geh du nur.« Ihre Augen füllen sich mit Tränen, ihre Stimme klingt dick und wässrig. »… Das ist, was du willst, was du herausfinden musst. Du hast ganz recht: Ich will nicht mal nach Suriname, und obwohl mir ganz anders wird, wenn ich daran denke, was dort alles schiefgehen kann, du bist in guten Händen, glaube ich. Und schließlich bist du schon zwölf. Du überstürzt schon nichts, oder?«

Opa legt ihr eine Hand auf die Schulter.

Ich bleibe stehen. Stocksteif.

»Freust du dich nicht?«, fragt sie schniefend.

Ich quetsche mich hinter dem Tisch hervor und renne auf sie zu. Ich schlinge die Arme um sie und drücke sie fest an mich. Meine Mama. Ganz bestimmt die liebste, beste, komplizierteste, nervigste, coolste und tollste Mutter der ganzen Welt. Ich mache den Mund auf, um das zu sagen oder wenigstens etwas Nettes, aber ich bringe nur ein ersticktes »Danke« heraus. Meine Arme sagen den Rest.

Erst als Tosca und der Anzugmann auch nach draußen kommen, lassen Mama und ich uns los.

Opas Augen glänzen. »Ich finde das mutig«, sagt er. »Mutig von Silla. Und von Eva. Dieser Vater ist ein Glückspilz, dass er eine Tochter hat, die sich auf die Suche nach ihm macht.«

Mama will etwas sagen, aber sie schluckt es herunter.

Der Anzugmann erzählt, dass das Team (mit mir) Donnerstagmorgen abreisen will, dann gibt es einen Direktflug nach Paramaribo. Er sagt, dass wir eine Woche unterwegs sein werden. »Vielleicht auch länger, man weiß nie, wie lange so eine Suche dauert. Aber dann halten wir natürlich Rücksprache. Ihr habt also auch noch eine Woche zum Kofferpacken und um euch ein wenig vorzubereiten.« Er schaut zu Mama und lächelt. »Und dann können Sie noch mal in Ruhe über den Vertrag nachdenken.«

Ich greife nach meinem Handy, um Luuk zu erzählen, dass ich nach Suriname fliege, mein Daumen scrollt schon zu seinem Namen, aber dann überlege ich es mir anders.

Luuk und ich haben Streit. Das hätte ich fast vergessen.

Der Mann räuspert sich und rückt seine Krawatte gerade.

»Wolltest du es jemandem erzählen?«

»Nein ...«, murmele ich und ich stecke das Handy wieder weg.

»Sehr vernünftig. Wir möchten alle bitten, es noch eine Weile geheim zu halten, damit sich die Presse nicht darauf stürzt.«

»Aber die Schule muss doch wissen, warum Eva eine Woche wegbleibt?«, fragt Mama.

»Natürlich«, sagt der Mann lächelnd. »Wir informieren die Schule jetzt schon, um alles korrekt abzuwickeln. Aber wenn sie es ihren Mitschülern einen Tag vor dem Abflug erzählt, ist das früh genug. Bis dahin: Schweigen ist Gold.«

Das ist leicht gesagt. Montag, als ich Luuk in der Schule sehe, rutscht es mir schon fast heraus. Allerdings klebt Vita ständig an ihm, und dadurch habe ich wenig Lust, überhaupt etwas zu ihm zu sagen. Mittwoch, denke ich immer. Mittwoch erzähle ich es der Klasse. Dann wird Luuk es hören.

Inzwischen bin ich schon seit Tagen mit Einpacken beschäftigt. Überall in meinem Zimmer liegen Sachen. Ich weiß eigentlich nicht so recht, was für Wetter in Suriname ist. Warm, ja. Aber muss ich auch Regenzeug mitnehmen? Und Stiefel? Auch, wenn Mama mindestens dreimal fragt, ob sie mir nicht helfen soll, immer sage ich: Nein, wirklich nicht. Ich möchte zeigen, dass ich es allein kann.

Ich google »das Wetter in Suriname«. Internet zufolge ist es jeden Tag Wolke-Sonne und 33 oder 34 Grad. Also lege ich mein Regenzeug zurück in den Schrank. Aber als ich auf einer anderen Website nachschaue und sehe, dass gerade Regenzeit ist, lege ich es doch wieder in meinen Koffer.

So dauert es eine Ewigkeit, bis ich mit dem Packen fertig bin. Was würde mein Vater denken, wenn er mich jetzt sähe? Vielleicht würde er mich ja auslachen. Seine eigene Tochter weiß nicht einmal, welche Kleidung sie in seinem Land braucht. Das ist absolut *seine* Schuld. Dann hätte er mich halt eher anrufen oder mir schreiben sollen. Dann hätte er mir schon längst mehr über Suriname erzählen können.

Eine kleine Verletzung

Heute erzähle ich es in der Schule.

Beim Frühstück schaue ich ständig aus dem Fenster, um zu sehen, ob Luuk schon vorbeikommt. Gleich überhole ich ihn ganz lässig und sage zum Beispiel: »Ach, übrigens, morgen fliege ich nach Suriname.« Ich kann es gar nicht erwarten, sein Gesicht zu sehen.

Ich trödel. Mama treibt mich zur Eile an. Ich trödel noch mehr. Aber noch immer kommt Luuk nicht vorbei.

Alle sitzen schon im Kreis, als ich endlich ins Klassenzimmer komme, aber Luuk sehe ich nirgends.

Im Kreisgespräch erzählt Frau Gerling ohne ihr ewiges Lächeln abzusetzen, dass Luuk beim Baseballtraining einen Ball ins Auge bekommen hat und jetzt »eine kleine Verletzung« hat.

»Oh nein!«, ruft Vita und schlägt sich die Hand vor den Mund. Mit großen Schreckaugen schaut sie in die Runde. »Ist es schlimm?«

»Nicht sehr schlimm«, beruhigt die Lehrerin sie. »Aber der Arzt hat gesagt, er soll ein paar Tage zu Hause bleiben und sich ruhig verhalten. Er hat einen Verband um den Kopf.«

»Armer Lucky ...«, seufzt Vita.

Ich stelle mir vor, dass es in der Klasse Eier regnet. Ganz lokal. Nur über Vitas Stuhl.

»Bestimmt bekommt er gern Krankenbesuch«, sagt die Lehrerin, während sie mich ansieht.

Ich starre zu Luuks Stuhl, der als einziger noch an seinem Tisch steht. Als würde er bestraft und dürfe nicht mitmachen.

»Möchte sonst noch jemand etwas erzählen, bevor wir uns an die Arbeit machen?«, fragt Frau Gerling. »Eva?« Sie lächelt geheimnisvoll. »Ich habe mit deiner Mutter und der Direktorin gesprochen. Ganz ausnahmsweise darfst du eine Woche Schule verpassen. Vielleicht kannst du uns erzählen, was du vorhast?«

Die ganze Klasse starrt mich an.

»Ich fliege morgen nach Paramaribo«, murmele ich.

»Parawas?«, ruft Wesley.

»Paramaribo. Die Hauptstadt von Suriname. Ich mache mich ... Auf die Suche nach meinem Vater.«

»Aber du hast doch überhaupt keinen Vater?«, fragt Vita mit großen Eulenaugen.

»Nicht hier, nein«, sage ich scharf. »Aber wohl in Suriname ... Wo genau, das wissen wir nicht, aber wir haben jetzt eine Spur gefunden.«

»Und wer sind ›wir‹?«, fragt Frau Gerling.

»Ich und die Leute von *Verlorene Zeit*.«

Ein Raunen geht durch die Klasse. »Schscht«, macht Frau Gerling. »Lasst Eva ihre Geschichte erzählen.«

Und dann erzähle ich von dem Fernsehteam, den Interviews und der Halbtante, die wir besuchen werden. Die Klasse hängt an meinen Lippen. Ich weiß gar nicht, wo ich hinschauen soll.

Also erzähle ich es vor allem der Rückenlehne von Luuks Stuhl. Die starrt mich wenigstens nicht so an.

Nach dem Klingelzeichen kommen ein paar Kinder zu mir und sagen Tschüs. Wesley schlägt mir auf die Schulter. »Viel Spaß in Paraharibo!«

Frau Gerling gibt mir noch ein paar Arbeitsblätter mit, schließlich verpasse ich eine Woche Schule. »Und Eva ...?«, sagt sie. »Nächsten Freitag müssen alle ihre Projektarbeiten abgeben, aber du bekommst eine Woche extra. Bestimmt nimmst du deine Arbeit nicht im Koffer mit.«

»Oh, doch. Ich habe meine Projektarbeit schon eingepackt«, antworte ich. »Ich glaube, ich kann es besser dort zu Ende schreiben.«

»Ja. Na ja ... Wenn du meinst ...« Es dauert eine Weile, bis sie ihr ewiges Lächeln wiedergefunden hat. Dann umarmt sie mich. »Gute Reise, Eva und viel, viel Glück.« Ihr Parfüm bleibt lange in meiner Nase hängen. Ich rieche es noch, als ich das Schulgebäude verlasse.

Die Sonne scheint. Ich habe ein leichtes Gefühl im Kopf. Das ist nicht nur das Parfüm.

Ich gehe an unserem Haus vorbei.

Offiziell haben wir Streit, also hat er vielleicht keine Lust auf Krankenbesuch. Aber dann sage ich einfach, dass ich morgen fast ans andere Ende der Welt fliege, und dass das nicht ohne Abschied geht.

Ich stehe vor seiner Haustür, mein Finger wandert schon zur

Klingel, als mein Blick auf das rote Fahrrad im Vorgarten fällt.
Ein rotes Fahrrad mit Körbchen. Vitas Fahrrad.
Oben aus Luuks Zimmer ertönt Gackergelächter.
Ich mache kehrt und gehe schnell weg.
An der Straßenecke halte ich inne.
Ich hake beide Daumen hinter meine Rucksackträger und starre nach oben zu den Lichtsplittern, die zwischen den Blättern hindurchscheinen. Soll ich warten, bis Vita wieder weg ist? Aber vielleicht bleibt sie den ganzen Nachmittag.
Ich schaue auf meine Füße. Meine Zehen stehen auf einem Kanaldeckel »Tot ...«, murmele ich zu mir selbst. Dann springe ich darüber und renne los.
Ich denke nicht darüber nach, wohin. Ich folge meinen Beinen über den Gehweg, über den Pfad hinter dem kleinen Wald, zum Bolzplatz. Mein Rucksack hopst auf meinem Rücken. Dort angekommen klettere ich in den Lindenbaum. *Unseren* Lindenbaum. Ich setze mich auf den Ast, auf dem wir immer sitzen, und öffne meinen Rucksack, reiße eine Seite aus einem Heft und fange an zu schreiben.

Lieber Luuk,
Frau Gerling hat von deinem Auge erzählt. Ich hoffe, es tut nicht allzu weh.
Ich wollte dir gern etwas erzählen. Etwas Schönes. Etwas wahnsinnig Schönes. Aber das geht nicht, weil wir noch immer eine Art Streit haben und solange wir Streit haben, reden wir fast nicht miteinander, und wenn wir miteinander reden, ist es mehr eine Art

Schubsen und Beißen mit Wörtern, und darauf habe ich echt keine Lust mehr.

Alles fing mit David an. Er mochte mich (das jedenfalls hat er gesagt). Und du mochtest nicht, dass er mich mochte. Du wolltest nicht, dass er mitkommt zu meinem Opa, weil du dachtest, dass wir das schon ein wenig abgemacht hatten, aber David fragte einfach, ob er mitkönne, und ich fand ihn sehr nett und darum habe ich eben Ja gesagt, tut mir leid.

Aber du hast sofort so blöd getan, als ich versucht habe, dir von der Kassette zu erzählen, du hast nicht einmal zugehört, darüber war ich wirklich sauer.

Vielleicht war ich verliebt, ja, aber was soll's? Übrigens ist es schon wieder vorbei. David hat meinen Vater ausgelacht, ich habe ihm eine geklatscht und er ist wütend weggefahren. Dass du dich bei Vita eingeschmeichelt und dieses blöde Gerücht auf dem Schulhof verbreitet hast, ich sei verliebt, das fand ich echt total doof. Ich war richtig wütend. Aber dass ich dann gesagt habe, ich wollte nie mehr mit dir zusammen zur Schule gehen, das habe ich nicht so gemeint. Das war gemein von mir. Und ich will keine Sachen mehr sagen, die ich eigentlich nicht sagen will, und ich glaube, du willst das auch nicht. Sollen wir aufhören mit der Anschnauzerei?

Ich habe wirklich was Besseres zu tun.

Ich finde es komisch. Früher hatten wir nie Streit. Nie.

Manchmal wünsche ich mir, wir wären einfach noch elf und alles wäre in Ordnung und mein Vater wäre immer noch ein Wurm. Aber gleichzeitig bin ich froh darüber, wie es jetzt ist, und dass ich schon so viel über meinen Vater entdeckt habe, und dass er überhaupt kein Wurm ist und dass ich morgen nach Suriname fliege.

Oh. Jetzt habe ich es also schon verraten. Das war es also, das Superschöne, was ich dir erzählen wollte. *Verlorene Zeit* hat eine Spur gefunden. Wir besuchen eine Halbtante von mir. In Suriname.

Morgen früh um 9 Uhr geht das Flugzeug. In einer Woche bin ich wieder da. Vielleicht.

Ich wollte mich verabschieden. Aber Vita ist jetzt bei dir. Dann eben so:

Auf Wiedersehen, Luuk. Du bist mein bester Freund.

Eva

Zum Flughafen

Ich bin noch mitten in einem Traum, als mein Wecker klingelt. Es war etwas mit einem Piraten auf einem Steg im Nebel, der mir etwas zuschrie.

Ich setze mich auf. Draußen ist es noch stockdunkel, so früh ist es.

Gestern Nachmittag, nachdem ich meinen Brief bei Luuk in den Briefkasten geworfen hatte, bin ich mit Mama in die Stadt gegangen, um die letzten Sachen zu besorgen (ärmellose T-Shirts, Sonnenbrille, Mückenzeug und, weil Mama es unbedingt wollte, eine Erste-Hilfe-Tasche). Danach sind wir essen gegangen. Beim Nachtisch hat sie plötzlich nach meiner Hand gegriffen und gesagt: »Dir ist klar, dass du ihn womöglich nicht findest und mit leeren Händen nach Hause kommst?« Sie wollte noch mehr sagen, aber da klingelte mein Handy. Ich zog es aus meiner Hosentasche, vielleicht war es ja Luuk. Aber er war es nicht. Es war Opa, der mir viel Glück wünschte.

Jetzt ist es auf meinem Handy 6:10 Uhr. Luuk hat noch immer nicht angerufen. Vielleicht hat er den Brief ja nicht gefunden. Vielleicht hat Vita ihn geklaut. Hätte Luuk ein Handy gehabt, hätte ich ihm schon längst eine Nachricht geschickt: *Guck mal in den Briefkasten, du Döskopp.*

Ich wasche mich, ziehe mich an und gehe nach unten, um etwas Müsli zu essen. Mein Koffer steht schon groß und dunkel gegen die Wand gedrückt da und wartet. Mama setzt sich mir gegenüber. Sie lächelt komisch.

»Was ist?«, frage ich.

»Ich schaue dich an.«

»Isst du nichts?«

Sie schüttelt den Kopf.

Als wir kurze Zeit später abfahren, ist es hinter allen Fenstern noch dunkel, alle schlafen noch. Wir kommen an der Kastanienallee vorbei, und ganz kurz meine ich, in Luuks Zimmer Licht brennen zu sehen, aber vielleicht ist es auch einfach der Schein einer Laterne.

Ich hätte keinen Brief schreiben sollen. Ich hätte einfach anrufen sollen. Dafür ist es jetzt zu spät.

»Geht's ein wenig, Vögelchen?«, fragt Mama. Sie reibt über mein Knie.

»Hmm.«

Ich starre nach draußen. »Gibt es in Suriname auch Kühe?«

»Hast du an *Kühe* gedacht?«

Ich zucke die Achseln.

Unterwegs sehen wir die Sonne aufgehen. Allmählich bekommen die Gebäude, die Bäume und die Kühe wieder Farbe. Aus dem Radio kommt *It's a perfect day*. Ich habe ständig das Gefühl, ich hätte etwas vergessen, obwohl ich meine Packliste mindestens viermal überprüft habe.

Der Pirat

In der großen Flughafenhalle verirren sich meine Augen sofort. Überall Bildschirme, gelbe Schilder, blaue Schilder, Cafébars und Restaurants, und überall Läden mit glitzernden Kleidern, sprechenden Uhren, Windmühlen aus Schokolade und Ballons in Form von Holzschuhen … Und überall Menschen in allen Sorten und Größen. Männer in langen Kleidern oder mit Turbanen auf dem Kopf, Frauen in tiefblauen Gewändern oder knallorangenen Blümchenkleidern, Jungen mit roten Bärten und riesigen Rucksäcken.

Mama setzt sich ihre Sonnenbrille auf. »Hier entlang«, sagt sie. Zwei Rolltreppen führen uns in die Abflughalle. Dort stehen sie, neben einer Stewardess aus Pappe mit einem Papagei auf der Schulter: Violène, Tosca und Stef mit seiner Kamera. Sobald er uns entdeckt, fängt er an zu filmen.

Mama holt tief Luft, nimmt meine Hand und schaltet ihr Lächeln ein. So gehen wir dem Kamerateam entgegen. Mein Koffer scheint schwerer geworden zu sein, ich muss fester daran ziehen. Violène begrüßt uns herzlich und zeigt uns, zu welchem Schalter ich meinen Koffer bringen soll. Dort steht eine lange Reihe, die geduldig zwischen zwei Trennbändern wartet.

Die meisten Leute haben größere Koffer als ich. Die meisten Leute sind schwarz, oft noch dunkler als ich. Vor mir in der Reihe reden zwei Frauen. Sie sprechen eine andere Sprache, in der ab und zu verirrte niederländische Wörter auftauchen. »Waterkant« verstehe ich, und »Wolken«. Sie sagen das mit so einem schönen, dicken W, das mein Vater auch hat, ein W mit Luftpolstern.

Schritt für Schritt schiebt sich die Reihe vor, in Richtung des Schalters. Dort wird das Gepäck auf ein Fließband gelegt. Immer wieder öffnet sich eine Klappe, die wie ein großes Maul Koffer um Koffer verschluckt. *Jetzt kann ich noch zurück,* schießt es mir durch den Kopf. Mir ist ein wenig schlecht. Und ich muss zur Toilette. Aber die Fernsehleute stehen hinter uns und blockieren mit ihren Koffern den Weg. Wir sind eingeschlossen. Ich kneife in Mamas Hand. Und dann höre ich jemanden meinen Namen rufen, durch das Stimmengewirr hindurch.

Ich sehe auf und da steht er: Der Pirat aus meinem Traum. Ein Junge in blauer Jacke mit einer Kappe und nur einem Auge. Sein anderes Auge ist mit weißem Verband bedeckt. Neben ihm geht seine Mutter.

»Luuk!« Ich stolpere fast über meinen Koffer, tauche unter dem Band hindurch und renne zu ihm. Er geht auf mich zu. Ich renne und renne, er geht, immer schneller ... und dann, nur noch ein paar Meter voneinander entfernt, bleiben wir beide stehen.

»Äh ...«, fängt Luuk an.

»Ja«, sage ich.

»Ich wollte ...«, sagt Luuk.

»Ich auch«, sage ich.

»Und jetzt ...«, sagt Luuk.

»Ja«, sage ich und seufze tief.
Ich zeige auf seinen Verband. »Wie äh ...«
»Es geht schon, halb so schlimm.«
Eine Weile bleibt es still. Dann lachen wir beide los.
»Ich hab deinen Brief erst vorhin gefunden«, erzählt Luuk. Seine Mutter stellt sich neben ihn und legt ihm eine Hand auf die Schulter. »Untröstlich war er.«
»Quatsch.« Er schüttelt ihre Hand ab.
»Na ja, auf jeden Fall warst du total blass. Du warst genauso weiß wie dein Verband.«
»Maham!«
Sie macht sich nichts daraus und legt einen Arm um ihn. »Zum Glück hat dieser Pechvogel die liebste Mutter der Welt, die ihn dieses eine Mal schnell zum Flughafen bringen wollte. Aber beim nächsten Mal sagt ihr ganz normal zu Hause Auf Wiedersehen, so viel steht fest.«
Luuk wird rot und zieht sich die Kappe tiefer ins Gesicht.
»Das muss ein zünftiger Streit gewesen sein«, fährt sie fort. »Ihr solltet ein wenig netter miteinander umgehen!«
»Du machst dich wirklich auf die Suche nach deinem Vater«, sagt Luuk. »Ich dachte eigentlich, dass das nie klappen würde mit diesen Fernsehleuten ...«
»Sie sind wirklich total nett«, sage ich. »Da stehen sie.« Und ich zeige auf das Grüppchen vor dem Schalter.
Mama diskutiert wild mit Tosca. Stef schaut zweifelnd von der einen zur anderen und nimmt die Kamera dann wieder von der Schulter.

»Sie haben schon eine Tante von mir gefunden.« Und ich erzähle Luuk und seiner Mutter von Esseline, die uns helfen wird, meinen Vater zu finden.

Mama kommt zu uns und begrüßt Luuk und seine Mutter. »Was für eine Überraschung!«, sagt sie. »Aber was ist mit deinem Auge passiert?«

Luuks Mutter erzählt ihr von dem Baseballunglück.

In der Zwischenzeit stehen Luuk und ich da und grinsen uns ein wenig an. »Es war seltsam, einen Brief von dir zu bekommen«, sagt er. »Aber auch schön. Es war, als würde ich beim Lesen deine Stimme hören.«

Wir reden nicht über David oder die Sache auf dem Schulhof, aber das ist auch nicht nötig. Unser Streit fühlt sich an, als sei er schon ewig weit entfernt.

»Du bleibst also eine Woche weg?«, fragt Luuk.

»So ungefähr. Vielleicht auch etwas länger.«

Luuk nickt. »Du gehst eigentlich auf Expedition.«

»Auf Expedition? Du meinst ... wie die Soldaten, die den Komodowaran gesucht haben?«

»Ja«, sagt Luuk. »Bloß ist derjenige, den du suchst, noch viel seltener. Den gibt es nur ein einziges Mal auf der ganzen Welt.«

In meiner Brust fängt etwas an zu glühen. Luuk erklärt es manchmal ein wenig seltsam, aber er versteht mich wenigstens.

»Eva!«, ruft Tosca und gestikuliert, ich solle schnell kommen.

»Ich muss los«, sage ich. »Tschüs ... Tschüs, Luuk.«

Eigentlich will ich ihn umarmen, aber unsere Mütter stehen noch immer da.

»Tschüs, Evi«, sagt Luuk und hebt schlaff die Hand.

»Ist das alles?«, fragt Luuks Mutter. »Bin ich dafür eine halbe Stunde lang gefahren?«

Luuk grinst und fummelt an seiner Kappe.

Dann trete ich einen Schritt vor und schlage meine Arme um ihn. Sein Verband kitzelt an meinem Ohr.

»Tschüs, Evi«, murmelt er wieder. »Schickst du mir noch mal so einen Brief? Über deine Expedition?«

»Ich maile dir«, verspreche ich.

Nachdem das Team und ich unsere Koffer eingecheckt haben, muss ich mich von Mama verabschieden.

Sie hält mich ganz doll fest. Ich muss ein wenig weinen, aber das liegt daran, weil Mama mich angesteckt hat. Sie schluchzt und lacht und flüstert mir liebe Worte ins Ohr.

»Es ist nur eine Woche, Mam«, schniefe ich. »Ich gehe nicht auf Weltreise oder so.«

»Aber so fühlte es sich an«, flüstert Mama.

Ich winke noch ein letztes Mal. Violène wartet bei der Personenkontrolle auf mich. Erst als ich dort vorbei bin, sehe ich, dass Stef mich filmt, wer weiß wie lange schon. Schnell reibe ich mir die Augen mit dem Ärmel trocken.

Die Kamera ist wie eine Art eckiger Vogel auf seiner Schulter. Ein Vogel, der mich mit einem einzigen großen, dunklen Auge anstarrt.

2. Die Expedition

Ozean

Von: evaloks@mail.nl
An: luukdejong@net.nl
Betreff: Expedition

Tag 1 der Expedition, 13:15 Uhr
Ort: irgendwo über dem Ozean

Hallihallo Luuk,

ich bin noch nicht da, noch längst nicht, aber ich wollte dir doch schon mal mailen. Bist du schon mal über einen ganzen Ozean geflogen?
  Wenn ich über den dicken Bauch meines Sitznachbarn hinwegschaue, sehe ich durch das kleine Fenster schon stundenlang nur das Meer, das Meer, und noch mal das Meer, und ab und zu ein winziges Bötchen. Und gerade dachte ich auch kurz, so eine Fontäne von einem Wal zu sehen, aber Stef, der neben mir sitzt, sagt, dass das nicht sein kann.

Stef ist schon sehr oft geflogen, weil er früher Naturfilme gemacht hat, in Afrika und so. Er hat noch nie Komodowarane gefilmt, aber wohl allerlei Leguane und Kragenechsen. Ich stelle es mir ganz schön cool vor, einen Kameramann zum Vater

zu haben. (Obwohl er dann oft weg wäre.) Stef hat keine Kinder. Als ich fragte, warum nicht, hat er gesagt: Ich mag Kinder echt gern, aber ich finde das hier keine schöne Welt mit all den Kriegen und dem Elend. In so eine Welt will ich keine Kinder setzen.
    Ob er wohl Kinder auf den Mond setzen würde? ...

An meiner anderen Seite sitzt ein surinamischer Mann (mit dem dicken Bauch). Er musste laut lachen, als er hörte, was Stef sagte. Selbst hat er schon neun Kinder. Er sagte: Es gibt nichts Schöneres, als Kinder in die Welt zu setzen. Dafür darfst du mich nachts wach machen! (Donnerlachen, sein Bauch hat sogar gewackelt). Er hat von der Geburt seines ersten Kindes erzählt: Als er hörte, dass er eine Tochter bekommen hatte, fing er sofort an zu jubeln und zu springen, mitten auf der Straße. Er war so froh wie der Himmel. »Je mehr Kinder, desto schöner die Welt!«, sagte er. »Sieh dir nur mal dieses Mädchen hier an, wenn du auch nur eine solche Tochter hättest, dann bist du doch schon ein glücklicher Mann?« Ich finde ihn total nett. Ich hoffe nur, dass es in Suriname viele solcher Väter gibt.

Du hast mich übrigens auf eine Idee für ein neues Kapitel in meiner Projektarbeit gebracht. Ich arbeite gleich daran. Ich habe doch noch stundenlang Zeit.
    Wie geht's deinem Auge? Kannst du schon wieder zur Schule?

Liebe Grüße,
Eva

»Möchtest du was trinken?«, fragt die Stewardess.

»Äh ... Apfelsaft. Bitte.«

Mein Daumen tut weh vom Tippen auf dem Handy. Ich stecke das Ding in meine Jackentasche.

Es ist, als hätten alle im Flugzeug gute Laune. Es wird viel gelacht und geschwatzt. Die Passagiere haben alle möglichen Hautfarben: Braun (ungefähr wie ich), weiß (wie Luuk), fast schwarz, und ganz hellbraun (wie Yingji aus der Fünften). Auf der anderen Seite des Ganges sitzen Tosca und Violène. Tosca tippt wie besessen auf ihrem Laptop und Violène schlummert mit so einer schwarzen Superheldenmaske ohne Augenlöcher auf dem Kopf. Ich könnte jetzt wirklich nicht schlafen.

Ich ziehe meine Mappe aus meinem Rucksack und nehme einen Stift und ein leeres Blatt für ein neues Kapitel.

»Machst du einen Familienbesuch?«, fragt der Mann mit dem dicken Bauch plötzlich.

Ich schaue ihn erstaunt an. »Woher wissen Sie das?«

Er grinst. »*Mi gudu* ... Du bist eine *dogla*, oder etwa nicht?«

»Nein ... Ich bin einfach Eva.«

Wieder wackelt sein Bauch vor Lachen.

»Eine dogla ist ein Mix, mein Mädchen. Deine Mutter ist Holländerin und dein Vater Surinamer. Habe ich richtig geraten?«

»Woher wissen Sie das?«

»Umgekehrt sieht man es weniger oft. Meist sind es *bakra*-Mädchen, die auf surinamische Kerle stehen.«

»Was ist bakra?«

Offenbar sage ich sehr lustige Sachen. Er kriegt sich nicht mehr ein vor Lachen. »Zum ersten Mal in Suriname?«

Ich nicke.

»Du wirst noch viel entdecken, mein Mädchen. Noch sehr viel.«

Mit einem Plopp ziehe ich die Kappe von meinem Stift. »Das hoffe ich.«

KAPITEL 7

Wie kann man seinen biologischen Vater finden?

Über meinen eigenen biologischen Vater weiß ich sehr wenig. Ich habe zwar ein paar Sachen über ihn herausfinden können, aber ich weiß noch nichts darüber, wer er wirklich ist, und wie es sein wird, ihn zu sehen. Ich weiß nicht einmal, wie er aussieht.

Darum gehe ich auf Expedition.

Bei einer Expedition geht es darum, ein unbekanntes Gebiet zu entdecken, eine unbekannte Pflanze oder ein unbekanntes Tier. Oder einen unbekannten Menschen, wie bei meiner Expedition.

Meine Expedition verläuft per Flugzeug und danach per Auto, hat Tosca erklärt. Sie organisiert das meiste für unser Expeditionsteam.

Es gibt auch noch Teammitglieder zu Hause, die die Reise verfolgen und schauen, ob alles gut läuft. Das sind:
- Silla Loks: meine Mutter (ich kann sie jederzeit anrufen)
- Luuk de Jong (er hat kein Handy, aber mit ihm kann ich mailen)

Für eine Expedition braucht man immer eine gute <u>Ausrüstung</u>. Wenn man in die Wildnis zieht, braucht man Sachen wie einen Kompass, Zelte und Waffen zum Schutz vor gefährlichen Tieren. Die Chancen stehen gut, dass ich so was nicht brauche, weil mein Vater wahrscheinlich irgendwo in der Stadt wohnt. Trotzdem muss ich mich gut vorbereitet auf den Weg machen.

DIE EXPEDITION

Expeditionsteam

Violène: Präsentatorin

Stef: Kameramann

Bla bla bla
Tosca: Regisseurin

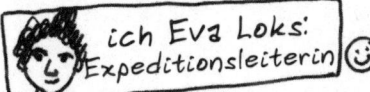
ich Eva Loks: Expeditionsleiterin ☺

Meine Ausrüstung

Luftige Kleidung

Sonnenmilch

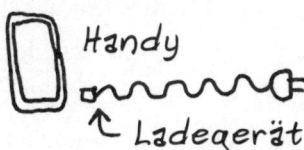
Handy
← Ladegerät

Mappe mit Projektarbeit

Kassette

Foto

Karte

Shooting Star

Endlich fängt das Flugzeug an zu sinken. Die Wolken schieben sich auf wie Vorhänge und das Erste, was Suriname mir zeigt, sind Bäume. Sehr viele Bäume, aber anders als zu Hause ... grüner und üppiger. Das Flugzeug sinkt und sinkt und in meinem Bauch kribbelt es, als wären Luftblasen darin. Unter uns sehe ich ein Asphaltfeld auftauchen, umsäumt von großen Bäumen, und ich sehe auch Palmen. Einen Moment lang kneife ich die Augen zu, aber es ist kein Traum, ich sitze noch immer im Flugzeug. Alles fing mit einer Projektarbeit an und jetzt bin ich hier, am anderen Ende des Ozeans im Land meines Vaters, dem Land, das er so sehr liebt.

Mit einem Rumms setzt das Flugzeug auf der Landebahn auf und rollt dann weiter. Um mich herum klatschen alle und ganz automatisch fange ich an zu lachen. Ich habe es geschafft. Ich bin in Suriname.

»Einen schönen Aufenthalt ... oder Willkommen zu Hause«, ertönt die Stimme des Piloten durch die Lautsprecher.

Es scheint Stunden zu dauern, bis alle ihre Taschen aus den Fächern genommen haben und sich die Reihe endlich in Bewegung setzt. Und dann hält Tosca mich zurück. »Warte bitte noch einen Moment. Stef geht vor, du kannst gleich zusammen mit Violène rausgehen. Deine ersten Schritte in Suriname sollen gut in Szene gesetzt werden.«

Also sind schon alle Sitze fast leer, als ich endlich darf. »Auf Wiedersehen«, sagen die Stewardessen an der Flugzeugtür zu mir und Violène. Ich gehe raus und Suriname packt mich. Im wahrsten Sinne.

Die Luft schlägt ihre dicken Arme um mich, die Hitze hält mich fest umschlungen, klebrig und klamm. Bäm.

Da stehe ich dann oben an der Flugzeugtreppe, wie in einem Film. Es *ist* ein Film, fällt mir ein, als ich Stef unten sehe, wie er die Kamera auf mich richtet. Und wieder überkommt mich dieses seltsame Gefühl: Passiert das hier wirklich oder doch nicht? Ich versuche, tief Luft zu holen, aber das hilft kaum. Zum Glück weht es ein wenig, auch wenn es eine warme Brise ist.

Ich habe mich viel zu warm angezogen. Unten an der Treppe ziehe ich meine Jacke sofort aus. Wir gehen über die Landebahn und gelangen in eine Halle, in der es etwas kühler ist. Ich versuche, mich umzuschauen, aber sogar wenn ich mich auf die Zehenspitzen stelle, sehe ich vor allem viele Rücken. Also schaue ich mir die Beine vor und hinter mir an. Rote, weiße und gelbe Schuhe mit Absätzen sehe ich, und Slipper. Viele Flipflops und Sandalen, mit Männerfüßen darin. Ich zähle, aber keiner hat mehr als zehn Zehen.

Während die Reihe sich langsam vorwärtsschiebt, schicke ich Mama eine Nachricht: *Gut gelandet. Alles in Ordnung.* Ich schaue, ob ich die Mail an Luuk auch schon verschicken kann, aber es gibt hier nirgendwo WLAN.

Ein Soldat in grüner Uniform kontrolliert meinen Pass. Er

schaut mir so intensiv in die Augen, dass ich ganz nervös werde. Es ist, als würde er direkt in meinen Kopf starren.

Nachdem wir das Gepäck geholt haben, gehen wir durch eine Halle nach draußen. Ich muss meine Augen gegen das grelle Sonnenlicht abschirmen und wieder überfällt mich die Hitze. Ein paar Palmen wachsen entlang des Parkplatzes. Dort warten Taxifahrer. In aller Ruhe schlendern sie zu den Reisenden, wie träge Fische, die gerade etwas zu futtern entdeckt haben.

»Taxi?« Einer der Taxifische ist zum Fernsehteam geströmt. Tosca spricht mit ihm und fragt, ob es okay ist, wenn wir in seinem Taxi filmen. Er hebt beide Daumen. »No span! Steigt ein!«

Das Lenkrad seines Busses befindet sich an der falschen Seite. Ich muss mich links vorn hinsetzen, damit Stef mich vom Rücksitz aus gut filmen kann. Auf dem Armaturenbrett befestigt er auch eine kleine Kamera.

»Wir fahren doch bloß zum Hotel?«, frage ich Violène. »Warum muss das denn auch gefilmt werden?«

»Das überlass nur uns«, sagt sie lächelnd. »Wir wissen schon, was gutes Footage liefert, also gute Bilder. Jetzt geht es um deinen ersten Eindruck von Suriname.«

Ich nicke. Wird schon stimmen.

»Sprechen Sie nicht mit uns, denn wir sind überhaupt nicht da«, erklärt Tosca dem Fahrer. »Nur Eva ist im Bild. Und manchmal auch Sie.«

Der Fahrer schaut neugierig zu den Kameras in seinem Auto und zu mir. »Du bist also der *Shooting Star*?«

Ich weiß nicht so recht, was ein Shooting Star ist. Also lächle ich nur ein wenig.

Er startet den Motor und fährt vom Parkplatz herunter, auf eine lange, gerade Straße.

No Span

Irgendwas stimmt nicht.

Es dauert eine Weile, bis ich es sehe: Alle fahren auf der linken Seite, das ist es.

Violène beugt sich zu mir und flüstert mir ins Ohr: »Fang mal ein Gespräch mit ihm an. Frag ihn, ob er zufällig einen Rico Vrede kennt.«

Erschreckt drehe ich mich um. »Ein Gespräch?«, flüstere ich.

»Mach nur«, sagt sie.

Ich öffne den Mund, aber es kommt nichts raus. Ich kann nichts anderes tun, als nach draußen zu schauen.

Zu den Bäumen mit diesen dünnen, hellgrauen Stämmen und knallgrünen Blättern, den Sträuchern voller roter Blumen, zu den Palmen, und den großen Reklameschildern, die schreien, man solle Handys kaufen oder surinamischen Rum, und die Schildkröteneier gefälligst in Ruhe lassen. Ich sehe Häuser mit gelben, blauen oder rosa Wänden. Ich sehe große Häuser mit Zäunen drum herum und verfallene Hütten mit abgeblätterter Farbe und rostigen Dächern.

Durch das offene Fenster weht ein kräftiger Wind, und trotzdem ist es im Bus knallheiß. Ich beuge mich zum Fenster und atme tief ein: Diesel, Holzfeuer und manchmal der Hauch einer süßen, modrigen Luft. Eine alte Frau fegt ihre Veranda. Ein

Mann steht mit einem großen Messer da und hackt ein Bäumchen um. Zwei Hunde streunen über einen Hof.

Neben der Straße sind Gräben, aber ansonsten ähnelt es den Niederlanden nicht. Überhaupt nicht. Die Bäume und Sträucher sind hier so grün, so tief grün, dass es wirkt, als seien die Farben deines Bildschirms nicht gut eingestellt.

»Zum ersten Mal in Suriname?«, fragt der Fahrer.

»Ja …«, antworte ich.

Er lacht. »Dachte ich mir schon. Wie du schaust mit diesen *bigi ai* … Pass nur auf, dass sie dir nicht herausfallen!«

»Die Fenster müssen zu«, sagt Stef plötzlich. »Mein Ton weht weg.«

Der Fahrer schließt die Fenster. Sofort ist es stickig im Auto. Und still.

Violène beugt sich zu meinem Ohr. »Jetzt mach mal«, flüstert sie. Ich muss kurz nachdenken, was sie damit meint. Ach ja. Ein Gespräch anfangen. Nach Rico Vrede fragen …

»… Hallo?«, fange ich an. »Kennen Sie einen … Vrede?«

Erstaunt schaut der Fahrer zur Seite. Ich spüre, wie mein Kopf noch heißer wird.

»Natürlich kennen wir Frieden!«, sagt er. »In Suriname gibt es keinen Krieg, weißt du. Schon sehr lange nicht mehr. Alle leben in Frieden miteinander, ob man nun weiß, braun, rot oder lila ist, Muslim oder Jude, Christ oder Hindu, das ist völlig egal. Unsere große Moschee steht gleich neben der Synagoge, wusstest du das?«

»Nein.«

Ein Schweißtropfen gleitet an meiner Schläfe entlang. Über die Schulter schaue ich zu Violène. Sie gestikuliert, ich solle weiterfragen.

»Aber ... Vrede, meinte ich. Kennen Sie auch jemanden mit dem Namen ›Vrede‹? Als Nachname, meine ich.«

»Ah! Heißt du so?«

»Nein. Aber mein Vater.«

»So heißen viele Leute hier!«, sagt der Fahrer. »Die Cousine meiner Frau heißt Vrede ... die Nachbarin eines Freundes von mir heißt Vrede ... Ich hatte eine Lehrerin, die auch Vrede hieß. Die war allerdings eine echte Hexe ...« In der Zwischenzeit überholt er einen Bus. »... und mein Nachbar von gegenüber, der heißt auch Vrede.«

»Rico?«, frage ich sofort. »Heißt er zufällig Rico Vrede?«

»Nein ... Ist das dein Vater? Du weißt nicht, wo dein Vater wohnt?«

»Nein. Also doch ... irgendwo in Suriname.«

Der Fahrer lacht. »Suriname ist groß. Aber gleichzeitig auch klein. Wenn du einfach überall rumfragst, wirst du ihn finden.« Er greift sofort nach seinem Handy. »Ich rufe meinen Nachbarn von gegenüber an und frage, ob er einen Rico kennt.« Er wählt eine Nummer und hält sich das Handy ans Ohr. »Martin!«, ruft er, und plötzlich strömt eine andere Sprache aus seinem Mund. Dann fließt sie wieder ins Niederländische. »... Ich habe hier eine Kundin und die sucht einen Rico. Rico Vrede. Heißt in deiner Verwandtschaft jemand so? ... Nein? Niemand?«

Nach einer Weile legte auf. Einen Moment ist es still im Auto. »Einfach überall rumfragen«, sagt der Fahrer wieder. »Und ganz von selbst wirst du jemanden finden, der jemanden kennt, der jemanden kennt … Du wirst ihn finden, sage ich dir.« Er trommelt mit einer Hand aufs Lenkrad. »Und wenn du ihn nicht findest … *No span*. Ich habe meinen Vater auch nie gekannt. Tot. Genau wie meine Mutter. Ich weiß nicht einmal, was ein Vater ist. Bin in einem Waisenhaus aufgewachsen … Ich sage immer: Wenn du nicht weißt, was dir fehlt, fehlt es dir auch nicht. Sieh mich an, ich habe es prima allein geschafft. Dieses Auto …« Er klopft auf das Armaturenbrett – *tock tock!* – »habe ich selbst gekauft, von meinen eigenen *duku*, sage ich dir. Kein Papa, der dabei geholfen hat … Also mach dir keine Sorgen. Ohne Papa schaffst du's auch. Verstehst du?«

»Ja«, sage ich, während wir über ein Schlagloch fahren. »Aber mein Vater ist nicht tot.«

Ungefähr eine Stunde später nähern wir uns der Stadt. Immer mehr Häuser und Gebäude tauchen am Straßenrand auf. Ich sehe Stände, an denen Apfelsinen verkauft werden und riesige Ananas. Ich sehe knallgelbe und blaue Tempel mit roten Spitztürmen wie Märchenpaläste. Wir kommen an einem Mann auf einem Mofa vorbei, der einen Nussschalenhelm auf dem Kopf hat und einen knallrosa Rucksack auf dem Rücken. Vor einem Café sitzen ein paar Leute unter einem Schutzdach und schwatzen und lachen. Aus zwei großen Lautsprechern dröhnt megalaute Musik. Daneben spritzt jemand tanzend ein rotes Auto ab.

Als wir einen Moment hinter einem gelben Bus still stehen, überquert eine Gruppe Mädchen die Straße. Sie tragen alle dieselben grün-weiß karierten Blusen. Sie sind, glaube ich, etwa so alt wie ich, aber sie haben alle schon Brüste. Ein Mädchen streckt mir die Zunge raus.

Der Taxifahrer setzt uns vor unserem Hotel ab. Er drückt mir die Hand. »Viel Glück. Du findest ihn, ich sag's dir.«

»Ich hoffe es.«

Das Hotel ist weiß mit blauen Holzläden. Violène geht mit mir hinein. In der Lobby ist es kühl. Dort stehen ein paar Pflanzen und es gibt einen kleinen Teich mit einem Springbrunnen. Eine Schildkröte schwimmt darin herum. Als ich sie mir näher anschauen möchte, steckt mir Tosca einen Schlüssel zu. Sie gibt mir auch ein paar surinamische Geldscheine und eine surinamische SIM-Karte. »Damit kannst du deine Mutter anrufen.« Sie schaut auf ihr Handy. »Um 18 Uhr 25.«

»Was? Erst in einer halben Stunde?«

»Ja. Also bitte nicht früher anrufen.«

Die Wände meines Hotelzimmers haben die Farbe von Vanillepudding. An der Decke hängt ein Ventilator und es gibt ein Doppelbett für mich allein.

Ich stelle meinen Koffer ab und lasse mich aufs Bett fallen. Ich bin todmüde und gleichzeitig hellwach. Dieser Tag scheint ewig zu dauern. Es ist, als hätte die Sonne noch keine Lust zum Untergehen.

Ich bin zum ersten Mal seit heute Morgen kurz einen Moment allein. Jedenfalls fast: An der Wand hängt ein Schwarz-Weiß-Porträt eines Mannes, der mich durch seine runde Brille streng anschaut.

Unten auf der Straße sehe ich Mofas vorbeifahren. Gegenüber geht ein Mann mit einem Käfig in der Hand spazieren, in dem ein kleiner gelber Vogel hockt.

Von: evaloks@mail.nl
An: luukdejong@net.nl
Betreff: Expediton, Tag 2, Abend

Hallihallo Luuk,

Bin angekommen im Hotelzimmer. Basiscamp der Expedition, könnte man so sagen. Morgen geht's zur Halbtante.

Habe eine surinamische SIM-Karte mit Internet bekommen; jetzt kann ich meine Mails also abschicken. Endlich ☺ Aber du schläfst jetzt (bei dir ist es 5 Stunden später!). Wollte auch gleich Mama anrufen, darf aber noch nicht, weil sie das filmen wollen. ☹

Darum nur kurz. Unterwegs im Taxi ein wenig von Suriname gesehen ... Alles so anders, so besonders! Noch besonderer, als ich dachte.

Oh, Tosca ruft. Später mehr.

Liebe Grüße,
Eva

Brummfliegen

»Action!«, ruft Tosca.

Mit meinem Telefon in der Hand sitze ich auf meinem Bett. Stef und Tosca stehen in einer Ecke des Hotelzimmers; sie haben große Kopfhörer auf und die Kamerakanone ist auf mich gerichtet. Ich wähle Mamas Nummer. Stef hat ein paar Kabel an mein Handy angeschlossen, damit sie den Ton aufnehmen und mithören können. Tüüüüt ... tüüüü ... ertönt es durch meine Ohrhörer.

Später wird sich meine ganze Klasse diese Folge ansehen. Sie werden auf dem Schulhof darüber reden. Ich stütze einen Arm auf und versuche, ein wenig cool zu schauen, als würde ich das öfter machen; kurz mal nach Paramaribo fliegen, mir ein Hotelzimmer nehmen und so.

Sie geht ran. »Hallo?« Ihre Stimme klingt heiser.

»Hallo, Mam.«

»Süße! Wie schön, deine Stimme zu hören! Du kannst dir gar nicht vorstellen, wie sehr ich mich auf diesen Anruf gefreut habe. Wie ist es dort? Und wie läuft's mit den Fernsehbrummfliegen? Sitzen sie dir arg auf der Pelle?«

»Ähm ...« Meine Augen schnellen zu Tosca. »Nein, nein. Man bemerkt sie kaum. Dieses Gespräch filmen sie auch ...«

»Oh.« Ein paar Sekunden lang sagt sie nicht. »Davon hat mir niemand was gesagt ...«

»Cut!«, ruft Tosca.

Sie geht auf mich zu und zieht mir das Telefon aus den Händen. »Kein Problem, überhaupt kein Thema«, sagt sie zu Mama. »Wir Brummfliegen sind nicht zimperlich. Aber dieses Gespräch müssen wir schon nochmal führen. Wir rufen Sie nochmal an.« Sie legt auf und gibt mir mein Handy zurück.

»Und ... Action!«, sagt sie sofort.

Verdutzt blicke ich zu Tosca, die mit den Händen wedelt.

»Los! Anrufen ... Nochmal von Anfang an. Action!«

Ich tue, was sie sagt, und rufe Mama wieder an.

Sie geht ran, aber es dauert einen Moment, bevor sie was sagt. »... Hier ist Silla.«

»Hallo, Mama.«

»Süße, wie schön, deine Stimme zu hören!«, sagt sie wieder.

Ich versuche zu lächeln, aber es ist, als hätte ich einen Wangenkrampf. Mama kann besser schauspielern als ich. Ich erzähle, dass alles gut gegangen ist, dass sie sich keine Sorgen zu machen braucht. Und dass es wahnsinnig heiß ist. Dann ist es still.

»Und sonst?«, fragt Mama. »Was hast du alles gesehen?«

»Äh... äh, eine Schildkröte«, höre ich mich selbst sagen.

»Wirklich? So eine Riesenschildkröte?«

»Nein, eine kleine. Im Teich vom Hotel.«

»Oh ...«

Wenn die Folge gleich fertig ist, wird das hier eine megadoofe Szene. Ich höre die Klasse schon feixen.

»Und wie geht's dir, Mam?«, frage ich schnell.

Sie erzählt, dass sie viel mit der Band probt, um sich auf die Auftritte vorzubereiten. »Aber seit du in Suriname bist, ist meine Stimme komisch. Manchmal ist sie sogar vollkommen weg. Ich habe alles Mögliche versucht, Ingwertee, heiße Zitrone, aber sie krächzt noch immer. Verstehst du das?«

Ich schiele zur Kamera. Natürlich verstehe ich das. Sie macht sich zu viele Sorgen, dann benimmt sich ihre Stimme immer seltsam. Aber das sage ich nicht, ich sage nur: »Ach, wie nervig.«

Mama fragt noch ein paar Sachen. Ich gebe kurze Antworten. Dann verabschieden wir uns. »Tschüss, mein Vögelchen«, sagt sie. »Ich vermisse dich jetzt schon ...« Ihre Stimme verschmilzt zu einem rotzigen Geräusch und sofort fängt es hinter meinen Augen an zu prickeln. Ich spüre die Kamera auf mich gerichtet und schaue schnell zu dem Porträt von dem Mann mit der runden Brille und dem strengen Blick. Das hilft.

»Tschüs, Mam.«

Als ich aufgelegt habe, merke ich erst, wie stickig es im Zimmer ist.

Tosca und Stef sind sehr zufrieden. Als sie aus dem Zimmer gegangen sind, greife ich nach meinem Handy: Eigentlich will ich Mama noch einmal anrufen, ohne Topfgucker.

Aber ich tue es nicht. Bestimmt denkt sie dann, dass ich jetzt schon Heimweh habe. Dann ist ihre Stimme völlig im Eimer.

Alien

Die Nacht ist warm. Ich habe mein Unterhemd auch ausgezogen. In der Ferne höre ich Straßengeräusche. Ich strampel das Laken ab und schalte die Klimaanlage ein, aber dann wird's wieder zu kalt, und das Teil brummt auch sehr laut, also mache ich sie wieder aus. Ich wühle und kämpfe mit dem Laken, bis meine Beine sich darin verwickeln und ich es auf den Boden werfe. Schließlich schlafe ich trotzdem ein.

Die Stadt weckt mich schon früh auf. Sie brummt, hupt, zwitschert und klingelt, obwohl die Sonne gerade erst aufgegangen ist. Ich ziehe mich an. In meinen Rucksack stecke ich meine Mappe, Sonnencreme, Portemonaie. Und ein sauberes T-Shirt, falls ich meinen Vater treffe.

Im Frühstückssaal steht ein Tisch voller Brötchen und Belag. Es gibt hier auch ganz normal Erdnussbutter. In vier Glaskannen stehen seltsame Säfte in vier verschiedenen Farben. Ich kann mich nicht entscheiden, also mixe ich sie, aber schon nach einem kleinen Schluck bereue ich es. Es schmeckt nach Multifruchtkotze.

Das Kamerateam winkt mir zu, sie sitzen schon an einem Tisch an der Wand. Alle drei halten sie ein Brötchen in der einen und ein Handy in der anderen Hand. Ich setze mich dazu und nehme mein Handy auch heraus.

Von: luukdejong@net.nl
An: evaloks@mail.nl
Betreff: laaaaaaaaangweilig

Krankheitstag 388
Ort: zu Hause, auf dem Sofa

Hey Eva,
meine Mutter lässt mich noch nicht zur Schule. Und wenn ich zu lange Swordsnight spiele, bekomme ich Kopfschmerzen. Also habe ich mich über deine Mails gefreut. Bin ich doch ein wenig dabei.

Du hast gefragt, wie's meinem Auge geht. Na ja, das weiß ich eigentlich nicht, weil ich es nirgendwo finden kann. Als wir zum Verbandwechsel beim Arzt waren, sah ich im Spiegel bloß einen Alien. Neben meiner Nase ist ein großer lila Fleischklumpen, hinter dem irgendwo mein Auge versteckt sein muss. So stelle ich es mir jedenfalls vor. Aber vielleicht liegt es auch noch irgendwo auf dem Baseballfeld.

Es war eigentlich meine eigene Schuld. Und deine. ;). Ich stand auf dem Feld und hab überhaupt nicht aufgepasst. Ich hab an dich gedacht. Daran, was du auf dem Schulhof gesagt hast: dass wir nie mehr zusammen zur Schule gehen. Klar weiß ich, dass nach dem Sommer alle in eine neue Schule gehen und es – wenn wir nicht auf dieselbe Schule kommen – sowieso vorbei ist mit dem gemeinsamen Schulweg, aber plötzlich kam mir das so leer und so langweilig vor. Und da: Bäm! Ball voll ins Auge.

David hatte sogar noch meinen Namen gerufen, aber ich stand da und träumte.

Und jetzt hocke ich zu Hause. Auf dem Sofa.

Ich hätte so Lust, heute rauszugehen, aber Mama lässt mich nicht. Es ist, als wäre ich in meinem eigenen Haus gefangen. Da habe ich eben ein neues Kapitel für die Projektarbeit geschrieben. Ich schicke es dir mit: »Komodos in Käfigen«.

Du bist jetzt schön im sonnigen Suriname. Heute siehst du also zum ersten Mal deine Halbtante. Bin gespannt. Mailst du mir schnell wieder?

Hau rein,
Luuk

PS: Wie blöd übrigens, dass du deine Mutter nicht einfach anrufen darfst, wenn du's willst. Dieses Kamerateam braucht doch nicht ALLES für dich zu bestimmen?

Waterkant

»Let's go«, sagt Violène, während sie vom Tisch aufsteht. »Das Taxi wartet schon.«

Ich habe keine Zeit mehr, den Anhang mit Luuks Komodowaranen-Kapitel zu lesen. Tosca trabt auf ihren kurzen Beinen schon aus dem Frühstückssaal, gefolgt von Stef. Schnell trinke ich meinen Saft aus und greife nach meinem Rucksack.

Draußen fällt die Hitze wieder wie eine schwere Decke über mich.

Violène erklärt, dass Tosca einen Mietwagen besorgt, mit dem wir später zu meiner Halbtante fahren können.

»Später? Ich dachte, wir würden jetzt gleich zu ihr gehen?«

»Nein, wir haben uns um zehn Uhr verabredet. Jetzt machen wir erst ein paar atmosphärische Shots an der ›Waterkant‹, das ist ein schöner Hintergrund.«

»Oh. Okay.«

Im Taxi ist es noch heißer. Und die Fenster lassen sich nicht öffnen.

Die »Waterkant« ist ein breiter Kai mit allerlei Essständen und rot-weißen Fähnchen und Sonnenschirmen. Hier und dort stehen Bänke mit Blick aufs Wasser. Sie nennen es vielleicht einen Fluss, aber es wirkt eher wie ein See, so weit ist das andere Ufer entfernt. Ein Stück nach rechts führt eine mächtige Brücke über das Wasser. Darauf erkenne ich blaue, weiße, und schwarze Pünktchen: Autos. Im Stau.

Es weht eine Brise, die nach Meer riecht. Ich will ans Wasser, aber Violène hält mich zurück. »Warte mal kurz.« Sie erklärt, dass ich mit ihr über den Kai gehen soll, damit es so aussieht, als wäre ich unterwegs zu meiner Tante. Das ist völliger Quatsch, weil wir gleich ganz normal mit dem Auto zu ihr fahren, aber das ist egal, sagt Violène. »Und was ist das?«, fragt sie, und zeigt auf meinen Rucksack.

»Da ist meine Projektarbeit drin. Und meine Mappe.«

»Die brauchst du doch nicht?«

»Doch. Darin sammle ich alles über meinen Vater.«

»Oh ja. Sehr gut. Aber bei den Aufnahmen muss er weg.«

Widerwillig gebe ich ihr meinen Rucksack.

»Darf ich mal kurz?«, murmelt Stef, der plötzlich dicht neben mir steht. »So, fertig …« Er fummelt an meinem Kragen herum und installiert ein winziges Mikrofon an meinem Hals. Dann lässt er einen Sender mit Kabeln an meinem Rücken entlang in mein T-Shirt gleiten. Ich erschrecke von seiner Hand in meinem Nacken, und von dem kalten Teil gegen meinen klebrigen Rücken. Stef tut – genau wie ein Schularzt –, als wäre dieses Rumfummeln an meinem Körper völlig normal.

Violène und ich sollen zusammen an den Bänken und Essständen entlanggehen – »Etwas zügiger!« – und Stef folgt uns aus der Entfernung mit seiner Kamera. Süße Düfte von Brathähnchen, Roti und Fisch wehen vorbei. Auf den Bänken sitzen Pärchen oder Freundesgruppen. Viele Stände haben Gitter an der Vorderseite.

Ein Stück weiter sehe ich plötzlich einen wundervollen Vogel auf einer Mauer sitzen. Er ist knallgelb mit einem grauen Fleck am Kopf, und an seinen Augen verläuft ein dunkler Streifen. Er wirkt gar nicht ängstlich. Langsam schleiche ich mich näher, um ihn mir besser ansehen zu können.

»*Eey, switi!*«, ruft ein Junge, der auf der Rückenlehne einer Bank hockt. »Was machst du da?«

»Äh ... Ich habe einen sehr schönen Vogel gesehen.« Ich zeige, aber er ist schon wieder weggeflogen.

»Das ist einfach ein *Grietjebie*«, sagt der Junge. Er hat lustige runde Ohren und tiefbraune Augen, noch brauner als David.

»Ein was?«

»Grietjebie. Hör nur zu ... Er hebt einen Finger in die Luft und wir lauschen.

Erst höre ich nur Autos und das Stimmengewirr der Leute, dann kommt es. *Gwietje-bie!* zwitschert der Vogel, *gwietje-bieie!*

Der Junge strahlt. »Hab ich doch gesagt!« Er gibt mir etwas. Es sind eine Art Chips aus getrockneten Bananen.

»Danke«, sage ich.

»Wo gehst du zur Schule?«, fragt der Junge.

»In Holland.«

»Und du machst Ferien hier?« Er steckt mir noch ein paar Chips zu.

»Nein ... ich ...« Ich drehe mich um und sehe, dass Violène stehen geblieben ist und wartet. Stef filmt mich und den Jun-

gen. Plötzlich fühle ich mich ertappt. »Ich muss gehen. Sorry.«
Schnell gehe ich zurück zu Violène. »Ein kleiner Flirt?«, fragt sie

»Pfff. Nee, das nicht.«

Sie unterdrückt ihr Lachen. »Egal, es ist auf jeden Fall ein schöner Shot.«

Ich schaue mich um. Der Junge winkt mir zu. Er weiß nicht, dass er gleich im Fernsehen zu sehen ist. Er weiß nicht, dass meine ganze Klasse ihn sich später anschauen wird. Und mich.

Stef kommt zu mir. »Ich brauche noch ein paar atmosphärische Shots, wenn du übers Wasser schaust«, sagt er. »Das ist immer schön.«

Violène führt mich zum Ufer. Ich muss mich auf die Kaimauer setzen und in die Ferne starren. Das mache ich, aber es gibt nicht so viel zu sehen außer Wasser und Wolken. Ich schaue lieber zur anderen Seite, zu den Menschen.

Es wäre möglich, dass er hier rumläuft, mein Vater. Ich lasse den Blick über die unterschiedlichen Männer schweifen, die etwa in seinem Alter sind.

Der da auf der Bank zum Beispiel: Mann mit lila Flipflops, nicht zu alt, nicht zu jung. Hat aber zehn Zehen. (Und mein Vater ist bestimmt nicht so dick.)

Oder dieser vielleicht: Mann auf dem Fahrrad mit Rasta-Haaren. Nein: zu groß, und die Nase ist zu flach.

In dem vergitterten Zeitungsstand ist ein Verkäufer. Nicht zu groß, nicht zu dick. Aber mein Vater würde sich niemals den ganzen Tag freiwillig einsperren lassen. Nichts für ihn.

»Könntest du bitte nochmal kurz zum Wasser schauen?«, fragt Violène.

»Oh, ja. Sorry.« Ich will mich schon wieder umdrehen, als mir eine Gruppe Jungs auffällt. Im Schatten eines Baumes mit breiten, grünen Blättern stehen sie zusammen, machen Scherze und werfen sich Plastikflaschen zu. Ein Polizist geht zu ihnen und spricht sie an. Als er sich zu mir dreht, setzt mein Herz einen Schlag aus ... Polizist mit Sonnenbrille. Nicht zu alt, nicht zu jung. Breite Nase. Breite Schultern. Anzahl Zehen: unbekannt, weil er geschlossene Schuhe trägt. Möglicherweise elf.

Das könnte er sein. Die Chance ist minimal, aber es könnte sein.

Der Polizist mit der Sonnenbrille geht an dem Baum vorbei, in Richtung eines Polizeiautos. Jetzt. Jetzt muss ich zu ihm. Sonst ist er weg. Ich springe von der Mauer.

»Eva?«, höre ich Violène sagen. »Wir sind noch nicht fertig ... Eva?«

Aber ich bin schon unterwegs, ich gehe ganz schnell. Schon nach ein paar Schritten steigt mir die Hitze in den Kopf.

Der Polizist öffnet die Tür seines Autos ...

Das letzte Stück renne ich. »Herr Polizist?«, rufe ich. »Herr Polizist?«

Er zieht die Augenbrauen bis zu seiner Sonnenbrille hoch. »Kann ich dir helfen, Mädchen?« Seine Stimme klingt hoch und völlig anders als die Stimme auf meiner Kassette.

»Ja ... Nein«, keuche ich. »Lassen Sie nur.«

Ich drehe mich um, wische mir den Schweiß von der Stirn.

Violène kommt angetrabt. »Was sollte das denn? Du kannst nicht einfach so weglaufen! Wir sind mitten in einer Aufnahme!«

Ich lass mich auf eine Bank fallen. »Sorry.«

Sie schnauft und legt mir eine Hand auf die Schulter. »Bei dieser Hitze rennt man doch nicht?«

Ich schaue mich noch einmal um. Das Polizeiauto fährt weg und verschwindet hinter einem Gebäude mit Fahnen.

»Wollen wir abmachen, dass du jetzt einfach sitzen bleibst? Hier, auf dieser Bank ... Bis Tosca mit einem Auto zurück ist. Okay?«

»Ja, okay.«

Sie geht zu Stef, um sich mit ihm zu beraten. Immer wieder schauen sie sich um. Bestimmt reden sie über mich, das kann gar nicht anders sein.

Eine alte Frau kommt zu meiner Bank und setzt sich neben mich. Sie trägt eine große Tasche voller Holzschalen. Ihre Haare sind mit einem weiß-blauen Tuch bedeckt. Sie stellt ihre Tasche ab und schaut mich eindringlich an. Aus ihren Augenwinkeln strömen ganz feine Falten.

»Du bist halb, *noh?*«, sagt sie.

»Was?«

»Du bist halb.« Sie spricht mit einem seltsamen Akzent. »Und du willst die Flügel ausbreiten.«

»Wie meinen Sie?«

»Du willst fliegen. Aber du ...« Sie sucht nach Worten. »... Du hängst fest, in einem Netz.«

»Ich verstehe nicht ...«

»Du kommst aus Holland, *noh*?«

»Ja.«

Sie nimmt eine der Schalen aus ihrer Tasche. »Ich habe Kalebassen. Schöne Kalebassen.«

»Ja, schön ...« Ich schaue über die Schulter, aber sie achten nicht auf mich. Stef sieht sich etwas auf seiner Kamera an, Violène ist mit ihrem Handy zugange. »... Aber was meinen Sie mit den Flügeln?«

»Jeder muss manchmal fliegen. Ich auch. Hier in der Stadt kann ich nicht fliegen. Hektik. Zu viele Menschen. Sie sagen: Du darfst nicht hier sitzen, du darfst nicht dort sitzen. Ich kann erst fliegen, wenn ich zu Hause bin, in meinem Dorf.«

»Und wo ist das?«

Sie zeigt in die Ferne. »Im Wald.«

»Im Wald? Im Urwald, meinen Sie?«

Sie nickt. »*Aay*. Da sind viele Dörfer ... Wusstest du das nicht? Unsere Vorfahren sind von den Plantagen geflohen. Weil sie dort geschlagen und gefoltert wurden. Wer weglief, wurde eingefangen, und ihre Köpfe wurden abgehackt. Die spießten sie hier, an der Waterkant, auf Pfähle.« Sie zeigt auf den Boden. »Sie waren Sklaven und mussten arbeiten, arbeiten, arbeiten. Aber sie flüchteten in den Wald und bauten dort Dörfer. Und kämpften. Mit Baron, Boni ...«

»Was ist Boni?«

»Du kennst Boni nicht? Was lernt ihr denn da in der Schule in Holland?«

Violène geht auf mich zu und zeigt zur Straße. »Tosca ist da. Kommst du mit?« Mit großen Schritten geht sie schon mal vor.

Ich stehe auf. Aber die Frau legt mir eine Hand auf den Arm. »Boni war halb, genau wie du«, erzählt sie weiter. »Er war noch im Bauch ... Seine Mutter flüchtete von der Plantage. Mit ihrem dicken Bauch rannte sie durchs Moor, durch das Dickicht ... Dann fand sie ein Dorf. Dort bekam sie ihren Sohn: Boni. Er wurde der Leiter. Er baute eine Festung, tief versteckt in den Mooren. Und mit seinen Männern griff er die Plantagen an. Er kämpfte für die Freiheit der Sklaven.«

Violène ruft meinen Namen, aber ich tue, als würde ich es nicht hören.

»Und sein Vater, was ist mit dem?«

»Sein Vater? Der war der Plantagenbesitzer. Er schlief mit einer Sklavin, und dann hat er gesagt: Genug. Hau ab, weg mit dir.«

»Hat Boni seinen Vater denn nie mehr gesehen?«

»Niemand weiß, wer sein Vater war. Er bestimmt auch nicht. Er wollte es auch nicht wissen, denke ich.«

Wieder ruft Violène mich. »Ja, ja, ich komme ja schon!«, rufe ich und trete einen Schritt zurück. »Aber ...«, frage ich noch, »hat er dann ... gegen seinen eigenen Vater gekämpft?«

»Eva! Beeil dich!«

»Sorry, ich muss gehen ... Ich ... Dankeschön!« Ich winke und renne zu Violène. Die wartet neben einem glänzend weißen Auto. Tosca und Stef sitzen schon darin.

»Tut mir leid, dass wir uns so beeilen müssen«, sagt Violène schnell, während sie mir die Tür aufhält, »aber wir sind schon spät dran.«

Ich sitze kaum, als Tosca auch schon Gas gibt. Sie meckert über die Autovermietung, dass dort nur Schnecken arbeiten, die ihr die Ohren vom Kopf quasseln.

Stef dreht sich halb zu mir um. »Worüber hast du denn mit der alten Frau gesprochen?«, fragt er. »Wer hat gegen seinen eigenen Vater gekämpft?«

Ich bekomme einen Schrecken. »Hä? Woher weißt du das denn …?«

»Ja, tut mir leid.« Stef zeigt auf seinen Kopfhörer. »Ich musste dein Mikro kurz testen. Und da habe ich das gehört.«

»Aber …« Ich presse die Lippen zusammen und sage nichts mehr.

Womöglich hat Stef alles gehört, was die alte Frau zu mir gesagt hat. Dass ich halb bin. Und dass ich meine Flügel ausbreiten will.

Kalt wie ein Frosch

»Hier müsste es sein«, sagt Tosca und parkt am Straßenrand. »Ich stelle das Auto hier ab, das letzte Stück gehen wir zu Fuß. Das ist schöner.«

Wir steigen aus. Die Straße ist ein Sandpfad, mit vielen Kuhlen und orangebraunen Pfützen. Zu beiden Seiten sind Wassergräben, und dahinter stehen weiße, rosafarbene und hellgrüne Häuser, umgeben von Sträuchern und Palmen. Am Himmel hängen dunkle, eisengraue Wolken.

Ein Hund kommt neugierig zu mir und schnüffelt an meinen Füßen.

»Pfui! Ab ins Körbchen!«, kommandiert Tosca. Sie wischt sich den Schweiß von der Stirn. »Gut. Es müsste irgendwo hier am Ende der Straße sein, Nummer 28. Violène und Eva gehen zusammen hin. Kleines Gespräch ... Gefühlssituation, usw. Ist der Ton noch in Ordnung?«

Stef drückt auf seinen Kopfhörer und nickt. Er hebt die Kamera auf seine Schulter.

»Violène, bereit?«

»Ja.«

»Eva, bereit?«

»Ja.« Eigentlich muss ich mal, aber das klingt bestimmt kindisch.

»Und immer schön lachen. Oder auch nicht. Mach einfach,

wie du dich fühlst, lass es einfach laufen. Achte nicht auf uns. Es geht jetzt um dich. Um dich und deine Tante, eure Wiedervereinigung.« Tosca tritt zurück.

»Action!«

Violène und ich ziehen los. Stef folgt uns mit ein paar Metern Abstand, Tosca geht hinter ihm und ganz zum Schluss trippelt der Hund. Auf einer Veranda klettern zwei Jungen auf das Geländer und schauen uns neugierig nach. Ich verstecke mich ein wenig zwischen meinen Schultern.

»Wir sind auf dem Weg zu einer Verwandten ...«, fängt Violène plötzlich an. »In dieser Straße hier müsste deine Halbtante wohnen, die Halbschwester deines Vaters. Sie wird uns bei unserer Suche weiterhelfen ... In einer Minute wirst du sie sehen, zum ersten Mal in deinem Leben.« Sie wirft mir einen Seitenblick zu. »Wie fühlst du dich?«

Ich zucke die Schultern. »Es geht schon.«

»Du bist bestimmt nervös?«

»Geht so. Ich habe einfach ...«

»Ja?«

»... eine Menge Fragen, die ich ihr stellen möchte.«

»Natürlich. Dir schwirrt der Kopf!«

»Nein, das nicht. Sieh mal, eigentlich will ich ...«

»Cut!«, ruft Tosca. Sie geht zu uns. »Sorry. Normalerweise brauche ich diese Art Szenen nicht zu unterbrechen, aber das hier kann ich nicht verkaufen. Du siehst zum allerersten Mal deine Tante. Eine echte Verwandte!«

»Ja.«

»Ja, also! Dann sei nicht so kalt wie ein Frosch!«
»Aber ... Okay.«
»Gut, noch einmal. Dieselben Fragen. Und nicht zu schnell gehen.«

Und während wir quälend langsam weitergehen, fragt Violène noch einmal, wie ich mich fühle und so. Dieses Mal sage ich, dass ich nervös bin und mir der Kopf schwirrt oder was immer sie auch hören will. Mein Zeh sticht die ganze Zeit und mein Bauch fühlt sich an, als hätte ich zu viel gegessen. Mein T-Shirt klebt jetzt schon vor Schweiß, das Mikrofon juckt, und plötzlich habe ich riesengroße Lust auf Schwimmen. Schwimmen in einem großen, kühlen See ... Wettschwimmen mit Luuk, bis auf den Boden tauchen, dorthin, wo es eiskalt ist ...

Ein grelles Vogelkreischen schallt über die Straße. Ich schrecke auf. Dieses Kreischen kenne ich ...

»Ich sehe nirgendwo Hausnummern«, sagt Violène. Sie geht zu einem Haus, von dessen Veranda zwei Frauen zu uns schauen. »Entschuldigen Sie, wir suchen Esseline Vrede, sie müsste irgendwo in dieser Straße wohnen.«

»Esseline ...«, sagt eine der beiden Frauen mit gerunzelter Stirn.

»Eva hier ist eine Verwandte.«

»Aha?« Die Frau mustert mich von Kopf bis Fuß. Dann streckt sie ihren Arm aus. »Sie wohnt noch weiter in diese Richtung«, zeigt sie, »mit diesem Schreihals.« Sofort beugt sie sich zu der anderen Frau und flüstert etwas.

»Vielen Dank«, sagt Violène. Wir gehen weiter in die Richtung, in die sie zeigte.

Ein alter, glatzköpfiger Mann sitzt auf seiner Treppe und puhlt mit einem Messer Kerne aus einem Stück Obst. Violène fragt ihn nach Esseline.

Er schaut sich um, steht in aller Ruhe auf und geht zu uns. Er nickt zur Seite. »Sie ist meine Nachbarin«, sagt er gedämpft. »Aber gehen Sie nicht zu ihr. Sie betreibt schwarze Magie.«

»Oh«, sagt Violène. Ihr Mund bleibt halb offen stehen. Der Mann schlendert zurück zu seiner Treppe. Violène schaut zu mir. Gleichzeitig schrecken wir von einem heiseren Krächzen auf. Es klingt fast wie ein Mensch. Jetzt sehen wir, woher es kommt: Ein blau-roter Papagei sitzt auf einem Pfahl im Schatten eines krummen Baumes am Nachbarhaus. Ein hellgrünes Haus mit weißen Holzläden. Davor stehen Sträucher mit violetten Blüten.

Wir gehen zur Haustür. Es gibt keine Klingel, also klopft Violène an. Wir warten.

Ich muss an die Folge von *Verlorene Zeit* mit dem Zimmermann aus Emmen denken, der das Haus seines Bruders gefunden hatte. Jetzt laufe ich selbst in so einer Folge herum. Es ist, als würde ich mich selbst im Fernsehen sehen. Als wäre ich hier nicht wirklich.

Violène klopft noch einmal. Ich sehe, dass Stef sich im Gebüsch postiert hat.

»Hallo?«, ruft Violène. »Hier ist *Verlorene Zeit!* Mit Eva ...!«

Von drinnen ertönt Rumoren, und dann öffnet sich die Tür.

Im Türrahmen steht eine kleine Frau. Sie trägt eine helle Hose, eine orangefarbene Bluse und ein Haarband. Auf der Nase hat sie eine goldfarbene Brille, genauso eine wie unsere Schuldirektorin.

Ich strecke ihr die Hand entgegen. »Hallo ...« Aber sie packt mich sofort an den Schultern. »Eva ...«, flüstert sie. In ihrem Mund funkelt ein Goldzahn. Sie hat schwarze Locken, wie ich, aber ansonsten sieht sie mir überhaupt nicht ähnlich.

Sie schaut mich an, und dann plötzlich schlägt sie ihre fleischigen Arme um mich und drückt mich an ihren Busen. Meine Hand ist eingeklemmt zwischen meiner Brust und ihrem molligen Bauch. Ich kriege fast keine Luft mehr. Meine Wange klebt an ihrem warmen Hals und ich rieche fremde, würzige Gerüche.

»Eva ...«, stammelt sie, »meine Eva ...«

»Mja«, ist alles, was ich hervorbringen kann.

Die Umarmung scheint mindestens zehn Minuten zu dauern. Dann fängt sie an, meine Haare, meine Arme und meine Schultern zu befühlen. »*Mi gado* ... Danke Ihnen, Dank Ihnen ... Ich bin so froh, dich zu sehen ...«

Das ist also Verwandtschaft. Eine Tante. Ich warte, bis etwas mit mir passiert. Bis ich doch etwas in ihrem Gesicht erkenne oder von innen total froh werde oder mir die Tränen in die Augen schießen, wie es sich gehört. Aber ich spüre bloß, dass ich noch immer zur Toilette muss.

Keine halbe Tante

Einen Moment später sitze ich auf der Toilette. Es ist eine ganz normale Toilette, mit einem hohen Fenster ohne Glas, durch das eine viereckige Sonne scheint. Ich kneife in meinen Arm, bis es wehtut. *Das ist kein Film,* sage ich zu mir selbst. *Das ist echt. Du hockst hier und pinkelst auf der Toilette deiner Halbtante in Paramaribo.*

Obwohl ich schon fertig bin, bleibe ich noch sitzen. Nur einen Moment.

Ich wünschte, Luuk wäre mitgekommen.

Ich greife nach meinem Handy. Sein neues Kapitel habe ich noch nicht gelesen.

<u>Komodos in Käfigen</u>

Den Komodowaranen geht es nicht so gut. Es gibt auf der Welt nur noch ungefähr viertausend von ihnen. Solltest du trotzdem einem begegnen, musst du ihn also unbedingt in Frieden lassen.

Viele Zoos wollen Komodowarane haben, um ihre Art zu schützen, aber noch mehr, weil sie so cool sind. Und wenn sie erst einmal in einem Käfig hocken, werden sie lammfromm.

Aber wenn du mich fragst, mögen Komodowarane Käfige überhaupt nicht.

Früher wurden Komodowarane häufig schnell krank in Zoos. (Heimweh?) Oft starben sie schon nach fünf Jahren oder so.

Zum Glück ist es jetzt besser und sie bleiben auch in Gefangenschaft länger gesund.

Trotzdem denke ich, dass sie so einen Käfig total blöd finden. Vielleicht wirken sie ruhig und zufrieden, aber manchmal können sie trotzdem plötzlich wieder wild werden.

Es gab da mal einen Journalisten in Amerika, der sich gern einen Komodowaran aus der Nähe anschauen wollte. Der Wärter sagte, er dürfe ruhig in so einen Käfig gehen; da gingen so oft Leute rein, sogar Kinder.

Als der Journalist im Käfig war, griff der Kommodowaran seine weißen Schuhe an. Vielleicht solltest du sie besser ausziehen, sagte der Wärter, bestimmt ähneln sie den weißen Ratten zu sehr, mit denen wir sie füttern. Also zieht der Journalist seine Schuhe aus. Und was glaubst du? Happ schnapp, halber Fuß ab.

Meiner Meinung nach sollte man Komodowarane nicht einsperren. Sie sollten einfach frei durch den Wald rennen können.

Wieder kreischt der Papagei. Drei kurze Klänge, wie ein Wort: *Ja-mak-pa!* Ich ziehe ab und betrachte mich selbst im Spiegel. Ich zwinge mich zu einem Lächeln und gehe raus.

Wir führen das Gespräch auf der Terrasse, unter dem Schutzdach. Stef und Tosca stehen unter dem krummen Baum, die Kamera auf uns gerichtet. Die Frau, die meine Halbtante sein soll, hat mir ein großes Glas Limonade mit Eiswürfeln eingeschenkt. Ich muss mich neben sie auf die Bank setzen. Der Papagei ist von seinem Pfahl gehopst und watschelt zwischen den Sträuchern weg.

»Das ist Eddi«, erklärt Esseline. »Er ist schon sehr alt.«

»Warum läuft er so komisch?«, frage ich. »Warum fliegt er nicht?«

»Seine Flügel sind natürlich gestutzt. Sonst fliegt er weg.«

»Also«, sagt Violène mit einem strahlenden Lachen und sie klatscht in die Hände. »Eva … Wie ist es, endlich deine Halbtante kennenzulernen?«

»Ich bin doch keine halbe Tante!«, platzt Esseline heraus. »Ich bin eine ganze Tante! Wollen Sie etwa sagen, ich zähle nur halb? Ich bin doch ein ganzer Mensch, *noh*?« Sie zeigt auf ihren Körper, von ihrem Kopf bis zu den Füßen. »Und Eva ist doch richtig mit mir verwandt? Halbe Menschen, das gibt's bei mir nicht! Entweder man ist miteinander verwandt, oder man ist nicht miteinander verwandt. Nichts dazwischen. Nix Halbes.«

»Nein. Natürlich«, sagt Violène vorsichtig lächelnd. »… Was war Ihr erster Gedanke, als Sie Eva sahen?«

Esseline lacht übers ganze Gesicht und hebt beide Hände in die Höhe. »Oh … Ich habe dem Himmel gedankt … Sie ist mein Fleisch und Blut, ich sehe es … ich sehe meinen Vater in ihr. Ja, sie ähnelt ihm, ihrem Großvater. Wirklich, wie ein Ei dem anderen.«

Ich schnelle hoch. Ein Opa. Ich habe einen surinamischen Opa.

»Das ist schön«, sagt Violène. »Erzählen Sie doch mal was über ihn.«

»Hugo heißt er, Hugo Vrede. Er hat als Goldsucher angefangen, wie so viele Männer aus dem Binnenland, aber als er genug Gold gefunden hatte, hat er sich hier in der Stadt ein Häuschen gekauft, und als Chauffeur gearbeitet. Ich wohnte bei meiner Mutter, aber wenn er uns besuchte, brachte er mir immer etwas mit. Spielzeug oder Süßigkeiten. Er war ein guter Mann. Lieb. Voller Geschichten ... Aber leider ist er vor einer Weile gestorben.«

Ein Schock durchzuckt meine Schultern. Ein paar Sekunden lang hatte ich einen surinamischen Opa, und jetzt ist er schon wieder weg. Peng, wie eine Seifenblase.

»Ach«, sagt Violène. »Wie schade ... Haben Sie Fotos von ihm?«

Esseline steht auf und kehrt kurze Zeit später mit einem Fotorahmen zurück.

Ein alter Mann mit Schiebermütze lacht mich an. Ihm fehlen ein paar Zähne. Tiefe Falten haben sich in sein Gesicht gegraben. Mit den Fingern streiche ich über die glatte Oberfläche. Die Augen ... Vielleicht haben wir dieselben Augen.

»Wussten Sie eigentlich ...« – Violène flüstert fast – »dass es Eva gibt?«

»Nein!« ruft Esseline. »Davon hat Rico nichts erzählt! Ich wusste schon, dass er lange in Holland gelebt hat, aber dass er da auch ein Kind gemacht hat … Nein.«

Ein Stich in meinem Magen. Warum hat Rico ihr nicht von mir erzählt? Ich starre meine Halbtante an. Sie legt mir eine warme, mollige Hand aufs Knie. »Du bist also eine Überraschung. Ein Geschenk aus dem Himmel. Eine Nichte. Hier, in meinem Haus!«

Der Papagei kreischt die Stille in Stücke. *Ja… makpa!!* Er ist auf einen großen Felsen geklettert.

»Eddi!«, schnauzt Esseline.

Sie steht auf. »Ihr müsst was essen. Fast vergessen. Einen Moment.«

»Das ist wirklich nicht nötig …«, versucht Violène noch, aber Esseline ist schon wieder im Haus verschwunden. Stef nutzt die Gelegenheit, den Papagei zu filmen, der sich jetzt eifrig das Gefieder putzt. Die Sonne scheint wie ein Scheinwerfer zwischen die Blätter hindurch und macht die Farben des Papageis noch greller, fast tun sie an den Augen weh. Der Himmel über den Bäumen wird inzwischen immer dunkler.

Umsonst

Esseline kehrt mit zwei Schalen zurück: auf der einen liegen eine Art Donuts und auf der anderen Hähnchenkeulen. »Greif nur zu, Eva. Du bist mager.«

»Danke schön.« Ich nehme mir einen Donut.

Ich möchte etwas fragen, aber mein Mund ist noch voll, und Violène kommt mir zuvor. »Sie leben hier alleine, oder?«

»Mit Eddi«, sagt sie, und zeigt auf den Papagei.

»Ja, aber Kinder haben Sie nicht, oder?«

Zum ersten Mal bleibt Esseline einen Moment still. »Leider«, sagt sie und drückt den Rücken durch. »Gott hat mir keine geschenkt ...« Sie beugt sich zu Violène und fährt leise fort: »Sie zeigen mit dem Finger auf mich. Sie sagen: Mit dieser Frau stimmt was nicht. Sie sagen: Auf ihrem Bauch liegt ein Fluch. Sie sagen zu ihren Töchtern: Haltet euch fern von dieser Frau.« Sie schaut sich flüchtig um. *Jamakpa!* pflichtet ihr der Papagei bei.

»Eddi!«, schnauzt Esseline. »*Tap i mofo!*«

»Äh ... Frau Esseline?«, frage ich vorsichtig. »Mein Vater ...«

»Ja«, übernimmt Violène wieder, »nach dem sind wir ja schließlich auf der Suche. Rico, das ist Ihr Bruder.«

»Halbbruder«, verbessert Esseline sie. »Wir haben nur denselben Vater.«

»Richtig.« Violène lächelt. »Was können Sie uns über ihn erzählen?«

»Wenig«, antwortet sie. »Ich bin nicht mit ihm aufgewachsen. Ich wohnte hier in der Stadt, bei meiner Mutter. Und er hat ja später lange in Holland gelebt. Ich sah ihn manchmal auf Geburtstagen und Feiern. Aber das ist lange her. Das letzte Mal beim Begräbnis unseres Vaters, Hugo. Rico war damals noch nicht so lange zurück in Suriname. Er hatte große Pläne damals, wollte ein eigenes Unternehmen gründen, aber ich dachte: Ja, ja ... Er ist immer ein Träumer gewesen. Musik machen, Gedichte schreiben, solche Sachen machte er. Das konnte er auch gut.«

»Und wo wohnt er jetzt?«, frage ich.

Hinter ihren Brillengläsern schießt ihr Blick hin und her. »... Das weiß ich nicht.«

Violène zwinkert ein paar Mal, als wäre ihr etwas ins Auge geflogen. »Wie meinen Sie?«

»Ich habe euch gesagt: Ich habe ihn seit Jahren nicht gesehen. Ich dachte: Ich rufe ihn an, aber seine Nummer gibt es nicht mehr. Und seine alte Adresse, da wohnt er nicht mehr. Ich bin noch vorbeigefahren, aber die Leute, die jetzt dort wohnen, hatten noch nie von ihm gehört. Er ist verschwunden, fürchte ich.«

Violène erstarrt. Ganz kurz huscht ihr Blick zu Tosca, die mit großen Augen und knallrotem Kopf im Gebüsch steht.

»Aber ...«, stammelt Violène, »Sie haben uns am Telefon doch versichert, Sie könnten leicht mit ihm in Kontakt kommen.«

»Das *dachte* ich ja auch!«

»Und … wie … äh …«, stottert sie. Dann gibt sie es auf und sinkt zurück in ihren Stuhl. »Tosca?«

»*Cut!*«, ruft Tosca. Sie biegt die Blätter auseinander und steigt aus dem Gebüsch. »Frau Vrede …«, fängt sie an. Ihre Stimme klingt eisig. »Meiner Meinung nach haben wir vereinbart, dass Sie uns in Kontakt mit Evas Vater bringen. Sie geben doch keine Versprechen, die Sie nicht halten können?«

»Pardon?« Esseline springt auf, als hätte eine Wespe sie gestochen. So klein wirkt sie jetzt nicht mehr. »Was wollen Sie damit sagen?«

»Nun ja«, sagt Tosca und stemmt die Fäuste in die Seiten. »Sie sind das einzige Familienmitglied, das wir finden konnten. Und wenn sich die Spur durch Ihr Versprechen hier verliert, scheint es so zu sein, dass wir umsonst nach Suriname geflogen sind.«

»Umsonst?«, ruft Esseline aus. »Ich bin nicht umsonst! Erst nennen Sie mich halb, jetzt nennen Sie mich umsonst?« Ihr Kopf tanzt hin und her, als würde er lose auf ihren Schultern liegen, nach links, rechts, links … »Ihr wart auf der Suche nach Evas Verwandten! Und hier stehe ich. Bin ich eine Verwandte oder bin ich das etwa nicht? Kann ich was dafür, dass Rico abgehauen ist?«

Den Rest höre ich nicht mehr. Mit beiden Händen halte ich mir die Ohren zu und krieche in eine Ecke der Bank, während die Erwachsenen sich weiter streiten. Auf dem Boden liegt eine blaue Feder, von Ricos Papagei. Zu der schaue ich.

Erst als Violène aufsteht, um den Streit zu schlichten, nehme ich vorsichtig die Hände von den Ohren »… Das bringt uns nicht weiter. Und Eva schon mal gar nicht. Kommt, wir besprechen, was wir jetzt machen. Tosca? Stef?«

Ich hebe die blaue Feder auf. Violène legt mir eine Hand auf den Kopf. »Tut mir leid, Eva.« Zusammen mit Stef und Tosca geht sie zurück zur Straße. Ein paar Meter entfernt bleiben sie stehen und beraten sich.

Ich bleibe mit Esseline zurück. Mit gekrümmten Händen steht sie da und starre dem Fernsehteam nach.

Dann lässt sie die Arme fallen und schaut mich an. »Ich habe mein Bestes getan, *gudu*. Wirklich. Aber dieser Rico, der bringt dir nichts. Der flattert einfach herum. Weißt du, manchmal suchst du etwas, was du niemals finden wirst, und manchmal findest du etwas, was du nicht gesucht hast. Ich werde für dich sorgen. Ich bin immer für dich da.«

Angst, Angst, Angst

Das Team kommt zurück zum Haus, Tosca an der Spitze. Mit einem großen Schritt steigt sie über eine Pfütze hinweg. Alles verharrt in einem seltsamen, rosafarbenen Licht. Wolken drängen sich zu einer dichten, dunkelvioletten Suppe zusammen. Die Häuser und Palmen leuchten in der grellen Sonne so scharf auf, dass man sie fast mit einer Schere ausschneiden möchte.

Tosca und ihr Team betreten die Terrasse. Der Papagei hüpft erschreckt ins Gebüsch. Ich stehe von der Bank auf. »Hör mal zu, Eva«, fängt Tosca an, »es tut uns leid. Wir hätten besser überprüfen sollen ... wie der Kontakt zwischen Esseline und deinem Vater wirklich war.«

Esseline schnaubt.

»Wir müssen den Plan ändern«, fährt Tosca fort »Es sei denn, Frau Vrede hat uns noch etwas Wichtiges verschwiegen ...?«

»Was denkt ihr denn von mir?« Esseline spuckt die Wörter aus. »Ich habe euch alles erzählt. Mehr weiß ich nicht.« Ganz kurz meine ich, einen kleinen Stich in meinem Zeh zu spüren, aber er verschwindet sofort wieder.

»Das dachte ich mir schon«, sagt Tosca mit schmalen Lippen. Sie schaut mich ernst an. »Dann endet die Spur hier. Ich weiß wirklich nicht, ob wir deinen Vater noch finden können.

Auf jeden Fall wird es länger dauern und vielleicht müssen wir mit leeren Händen nach Hause zurückkehren. Damit müssen wir rechnen, verstehst du das?«

Ich beiße die Zähne zusammen.

»Wir fahren jetzt zurück zum Hotel. Wir müssen die Redaktion zu Hause informieren. Ein paar Hinweise haben wir noch übrig, aber die sind wacklig. Wir können uns in dem Viertel, in dem er gewohnt hat, nach ihm erkundigen, aber das hat Frau Vrede auch schon gemacht. Wir können uns noch mal mit dem Einwohnermeldeamt in Verbindung setzen, aber das klang ziemlich hoffnungslos. Es könnte sehr schwierig werden.«

»Aber wir sind jetzt so nah dran ...«

»Sorry, Eva. Lasst uns jetzt einfach zurück zum Hotel fahren.«

Esseline tritt vor. »Jetzt schon? Sie ist gerade erst da! Ich hab sie kaum gesprochen!«

Tosca tauscht einen Blick mit Violène aus. »Eine halbe Stunde können wir schon noch bleiben, aber wir ...«

»Zwölf Jahre lang habe ich meine Nichte nicht gesehen und dann bekomme ich eine halbe Stunde? Ich muss sie noch meinen Freundinnen vorstellen, ich will ihr das Grab ihres Opas zeigen ... Warum soll sie wieder ins Hotel?«

»Wir haben ihrer Mutter versprochen, gut auf sie achtzugeben und ...«

»Ach, und ich soll nicht gut auf meine eigene Nichte achtgeben können?«

So zanken sie noch eine Weile weiter. Ich schaue von Tosca

zu Esseline. Wie meine neue Halbetante wettert und zetert, das Kinn vorgeschoben. Sie ist meine letzte Chance, noch etwas über meinen Vater zu erfahren. Und vielleicht fällt ihr das Reden ohne Kamera ja leichter.

»Esseline? Tosca?« Sie hören auf, sich zu streiten und schauen mich erstaunt an.

»Ich möchte sehr gerne noch einen Moment mit meiner Tante allein sein«, sage ich. »Geht das? Bitte?«

Meine Halbtante lächelt breit. Ihr Goldzahn funkelt.

»Eine kleine Weile ist drin, oder?«, schlägt Violène vor.

Sie werden sich einig, dass das Team in einem Café hier in der Nähe zum Mittagessen einkehrt und von dort aus die Redaktion anruft. Danach holen sie mich ab, um zwei Uhr. Sie geben Esseline die Hand und verabschieden sich. »Zwei Uhr, ja?«, sagt Violène zu mir. »Aber früher ist auch okay. Und wenn was ist, kannst du jederzeit anrufen.«

Hinter dem Gebüsch stehend winke ich ihnen nach. Meine Halbtante hat mir eine Hand auf die Schulter gelegt und hält mich gut fest.

Nicht viel später sitzen wir wieder auf der Bank unter dem Schutzdach. Sie hat mir frische Limonade eingeschenkt.

Jetzt, da das Kamerateam weg ist, traue ich mich endlich, es zu fragen. »Jemand meinte, Sie würden schwarze Magie betreiben, ist das wahr?«

Eine tiefe Falte taucht zwischen ihren Augenbrauen auf. »Unfug. Sie sehen, dass ich Kräuter und Pflanzen verwende, und das macht ihnen Angst. Aber du solltest nicht einfach alles glauben, was die Leute erzählen. Du hast doch keine Angst vor deiner eigenen Tante?«

»Nein, natürlich nicht.«

Sie legt mir eine Hand aufs Knie. »Ich bin doch so froh, dass Gott dich zu deiner Tante gebracht hat.«

»Ja.« Ihre Hand ist ein wenig klebrig.

Sie seufzt. »Aber so ein Pech, dass er dir ausgerechnet Rico zum Vater gegeben hat.«

Ich spüre, wie eine kleine Flamme in meiner Brust auflodert. »Was wissen Sie denn schon darüber?«, sage ich scharf.

Sie macht große Augen und beugt sich zu mir. »Ich habe ihn öfter gesehen als du, oder etwa nicht? Und ich kann dir sagen: Er bringt dir nichts.« Sie spitzt die Lippen und macht ein scharfes »Tchip«-Geräusch. Es klingt wie ein ekliger umgedrehter Kuss. »Dieser Mann hat Angst. Angst, Angst, Angst.«

»Wovor?«

»Vor den Kameras, und davor, was die Leute über ihn reden ... vor dem ganzen Leben eigentlich.«

»Woher wissen Sie das?«

»Das weiß ich von früher«, sagt sie schnell. Aber mein Zeh kribbelt kurz. »Dieser Mann kennt keine Verantwortung«, fährt sie fort. »Nicht einmal für seinen Papagei konnte er sorgen.« Sie nickt Eddi zu.

»Gehörte Eddi erst ihm?«

»Ja, aber er fütterte ihn nicht richtig. Das Tier sah vielleicht aus, *baya!* Ich habe gesagt: Bring ihn zu mir. Und als ich mein

Haus hier gebaut habe, kamen alle meine Brüder zum Helfen. Aber er nicht, weißt du.«

»Aber Sie sagten, er habe Angst vor Kameras. Woher wissen Sie das denn? Haben Sie ihn doch gesprochen?«

Sie ist einen Moment lang still. Ihr Mund steht noch halb offen. Dann flüsterte sie: »*Mi gudu,* du bist genau wie mein Vater.«

»Verheimlichen Sie etwas?«

»Mädchen, hör zu. Er hat viel zu tun mit seinen Dingen dort im Binnenland. Wenn er seine Tochter hätte sehen wollen, warum hat er sich dann nie auf die Suche nach dir gemacht?«

»Das will ich ihn ja gerade fragen!« Aus meinen Nasenlöchern steigt fast Dampf.

»Er wird dich nur enttäuschen. Vergiss diesen Rico, du hast jetzt eine Tante. Hier bist du jederzeit willkommen.«

»Moment mal ...«, sage ich. »Gerade eben sagten Sie: *Dinge im Binnenland* ... Was für Dinge im Binnenland?«

Ruckartig steht sie auf. »Komm, wir gehen rein, gleich fängt es an zu regnen.« Der Papagei watschelt auf sie zu.

»Bitte sag es mir ... Tante«, schaffe ich herauszupressen. »Ist er dort? Im Binnenland?«

Scheu blickt sie zur Seite. »Das hast du nicht von mir.«

»Was ist das, das Binnenland?«

»Das weißt du nicht? Das ist der Dschungel, das ist Wald, und noch einmal Wald. Es ist gefährlich, ganz besonders für Kinder, und die Menschen dort haben nicht viel. Darum ist dein Großvater, sobald er nur konnte, hierher in die Stadt gezogen.«

»Warum ist es gefährlich?«

»Dort leben Schlangen, Kaimane, Tigerkatzen, Tapire, usw. Der Fluss ist wüst.«

»Aber was macht er denn dort? ... Ist er auch Goldsucher, genau wie mein Opa?«

»Baya! Nein, das würde er sich überhaupt nicht trauen.«

Der Papagei trippelt vor bis zu ihren Füßen. Er zupft an ihren Sandalen, aber sie scheint es nicht zu bemerken.

»Und wo genau im Binnenland? Wo ist er denn dort?«

»Ich erzähle dir nichts mehr, *gudu*. Ich habe schon zu viel geredet. Komm!« Sie geht weg, und der Papagei flattert verdutzt von ihren Füßen auf. »Ich zeige dir dein Zimmer.«

»Mein Zimmer?«

Mein Zimmer

Sie nimmt mich mit in die Küche. Dort ist es dämmrig und stickig. Der Ventilator an der Decke steht still.

»Hier«, sagt Esseline und öffnet eine Tür. »Dein Zimmer.« Sie lächelt breit.

Es ist eine kleine Kammer mit einer Lampe, einem einfachen Bett und einem Schränkchen, auf dem eine Vase mit Plastikblumen steht. Das Zimmer hat kein Fenster.

»Ich wollte dir auch noch einen Tisch hinstellen, aber den konnte ich auf die Schnelle nicht finden. Das kommt noch. Aber die Laken sind frisch gewaschen. Du kannst heute Abend hier schlafen. Wenn du heute Nachmittag fertig bist mit den Fernsehleuten, hole ich dich.«

»Aber Frau ...«

»Tante ... Sag einfach Tante.«

»Ich schlafe doch schon im Hotel.«

Sie macht große Augen. »Du hast gerade deine Tante gefunden, dann brauchst du doch nicht in einem Hotel zu schlafen? Darling, das ist dein Zuhause! Wer ist mehr mit dir verwandt, diese holländischen Fernsehleute oder deine Tante Esseline?« Sie steht mit ihrem breiten Leib mitten im Türrahmen. Ich kann nirgends hin.

Ich balle die Hände zu Fäusten und schaue zu meinen Füßen. *Jemand muss mich retten,* denke ich, *jetzt.* Ich kneife die

Augen zu und ganz kurz sehe ich vor mir, wie mein Vater ins Zimmer stürmt, Esseline zur Seite schiebt und mich mitnimmt.

»Ich muss weg ...«, sage ich leise. Es ist, als würde es mir jemand soufflieren.

»Wie meinst du das?«

»Ich muss gehen.« Es klingt sehr entschlossen. »Sie warten auf mich.«

»Wer? Die Fernsehleute? Es ist noch längst nicht zwei Uhr!«

»Aber sie haben mir gerade eine Nachricht geschickt«, lüge ich. »Sie brauchen mich. Ich muss nach draußen ...« Die Stiche in meinem Zeh versuche ich zu ignorieren.

»Den kleinsten Moment mit meiner Nichte gönnen sie mir nicht!«

»Ja, das ist sehr schade. Aber ich komme wieder. Darf ich vorbei?«

Endlich geht sie zur Seite und ich kann raus aus dem Zimmer. Ich gehe direkt weiter zur Tür, nach draußen.

Esseline folgt mir. »Sind sie schon da?«

»Sie ... holen mich an der Ecke ab. Da, wo wir das Auto gerade auch geparkt hatten, haben sie geschrieben.« Ich halte mein Handy hoch. Der Papagei ist wieder auf seinen Pfahl geklettert, er klappert mit den Flügeln und kreischt. In der Ferne grollt ein Donner.

»Aber jetzt fängt es an zu regnen«, sagt Esseline und sie zeigt zu den dunklen, schweren Wolken. »Ich gehe mit dir, ich habe einen Regenschirm.«

»Das ist nicht nötig, wirklich nicht.«

»Du wirst patschnass!«

»Es ist nur ein kleines Stück.«

»Eva ...«

»Ich muss los. Sie ... haben es eilig.« Ich schnappe mir meinen Rucksack, stecke mein Handy hinein und verlasse die Terrasse.

»Aber doch wohl nicht ohne einen *brasa*?« Sie breitet die Arme aus.

»Ähm ...« Bevor ich weiß, wie mir geschieht, hält sie mich wieder in einer klammen Umarmung. Ihre Arme drücken mich fest an ihre Brüste. »Ich sehe dich morgen wieder, oder?« murmelt sie in mein Ohr.

»Nja ...«, bringe ich raus. Endlich werden ihre Arme schlaffer. Ich stolpere, mache einen Schritt zurück, bahne mir einen Weg zwischen den Sträuchern, winke noch kurz und renne los.

Dann bricht der Himmel auf.

Regen

Surinamischer Regen ist wie eine warme Dusche.
Meine Sneakers stampfen *pitsch patsch* über die schlammige Straße, ich springe, nein, ich fliege über die Pfützen. Mein Rucksack hüpft auf meinem Rücken auf und ab. Tropfen in meinen Haaren, meinem Nacken, meinen Augen. Ich renne weiter, immer weiter, keine Ahnung wohin, und ich will auch nicht darüber nachdenken. Nur weg, weg, weg.
Erst als ich um die Ecke biege, verlangsame ich mein Tempo.
In meinem Rucksack sind nur mein Portemonaie, ein T-Shirt und ein Handy. Und eine Projektarbeit. Was habe ich eigentlich vor?
Meine Sachen sind jetzt schon klitschnass. Ich atme tief ein und spüre, wie die kühle Luft durch meine Lunge strömt. Die Blätter der Palmen am Straßenrand zittern unter dem Trommelregen. Ein Wellblechdach klirrt laut, irgendwo bellt ein Hund. Rote und gelbe Blumen am Straßenrand beugen sich und springen wieder hoch, aus einem Haus ertönt Radiomusik. Alle sind in ihre Häuser geflüchtet, die Straße gehört mir allein.
Ich patsche durch die Pfützen, meine Sneakers sind sowieso schon nass. Plötzlich überquert ein blaugrünes Tier die Straße, und sofort bleibe ich stehen. Auf hohen Pfoten schießt es unbeholfen, aber superschnell zur anderen Seite. Eine große Eidechse, nein, ein Leguan – er hat einen drachenartigen

Kamm auf dem Rücken. Sein Watschelgang bringt mich zum Lachen; es ist, als hätte er Angst vor nassen Füßen. Das hier hätte Luuk sehen müssen.

Ich lege den Kopf in den Nacken und lasse den Regen über meine Wangen strömen.

Ich werde meinen Vater finden. Plötzlich bin ich mir ganz sicher; ich werde meinen Vater finden. Ohne Halbtante und ohne Fernsehteam. Wenn es wahr ist, dass er Angst vor Kameras hat, ist es besser, wenn ich ihn alleine suche.

Gut. Nächste Mission für diese Expedition: Ab ins Binnenland. (Ob das weit ist? Ein paar Stunden? Ein ganzer Tag?) Ankunftszeit: am liebsten vor 14:00 Uhr. (Dann holen Tosca und die anderen mich ab. Dann werden sie merken, dass ich Esseline zum Narren gehalten habe, ebenso wie sie.)

Ich lege einen Zahn zu. Ich gehe an Häusern vorbei, einer Werkstatt, einer Lagerhalle mit rostigen Rohren, einem verfallenen Gebäude, aus dem eine Art Palme aus dem Balkon wächst. Ein kleiner Strom Regenwasser in meinem Nacken lässt mich frösteln. Zum ersten Mal seit meiner Ankunft in Suriname ist mir kurz kalt.

Unter einem Schutzdach stehen eine Frau und ein Junge. Sie stellen sich vor dem Regen unter. Der Junge trägt einen Nussschalenhelm und hält ein blaues Moped fest. Hinter ihnen ist eine Reklame für braune Bohnen an die Wand gemalt. Ich stelle mich auch unter das Dach.

Die Frau sagt etwas zu mir in einer Sprache, die ich nicht verstehe.

»Was sagen Sie?«

»Dass du keine Angst hat, nass zu werden!«

Ich zucke die Achseln. »Der Regen ist warm«, sage ich fröhlich.

Wir lauschen dem Platschen der Tropfen. Allmählich lässt der Schauer nach.

»Musst du nicht zur Schule?«, fragt die Frau.

»Nein, ich muss ins Binnenland«, sage ich. Es klingt, als wüsste ich ganz genau, wohin ich gehe.

»Dann musst du dich aber ein wenig beeilen, mein Mädchen«, sagt die Frau. »Der Bus nach Atjoni fährt in einer Viertelstunde ab.«

»Atjoni?«

»Du musst doch ins Binnenland?«, sagt sie.

»Ja, ja«, sage ich lässig. »Wo fährt der Bus noch mal ab?«

»Von der Saramaccastraat.« Sie hebt den Arm und zeigt in die Richtung.

»Oh, ja. Dankeschön.«

Der Regen hat inzwischen fast aufgehört. Ich laufe los.

»Bist du zu Fuß?«

»… Ja?«

»Dann verpasst du den Bus.«

»Oh. Na ja, dann nehme ich den nächsten.«

»Du meinst morgen?«

Ich bleibe stehen. »Fahren heute nicht noch mehr Busse?«

»Ronny«, sagt die Frau zu dem Jungen, »du bringst sie schnell hin, ja?«

»Zur Saramaccastraat?«, fragt der Junge. »Okay.«

»Mein Sohn bringt dich schnell. Dann schaffst du's noch.«

Er steigt auf das Moped und startet es mit einem Tritt. Er sieht sich über die Schulter zu mir um und klopft hinter sich auf den Sattel, dass ich mich dorthin setzen soll.

Ich habe überhaupt keinen Helm, schießt es mir durch den Kopf. *Ich kenne diesen Jungen nicht ... Mama würde das niemals erlauben ...* Aber meine Beine bewegen sich schon zu dem Moped.

»Gute Fahrt!«, sagt die Frau und winkt mir nach.

»Danke ... das ist sehr nett ...« Ich klettere hinter Ronny auf den Sitz.

»Wie heißt du?«, ruft er quer durch das Mopedgeknatter.

»Eva!«

»Du musst dich schon festhalten, Eva!«

Ich lege meine Hände an seine Hüfte, er gibt Gas, und knatternd fahren wir weg.

Pustekuchen

Von: evaloks@mail.nl
An: luukdejong@net.nl
Betreff: Tag 2 mir reicht's

Lieber Luuk,
du hast völlig recht: Kommodowarane sollte man nicht einsperren, die muss man freilassen. Ich habe mich selbst auch freigelassen.

Vielleicht findest du ja, dass ich was total Dummes gemacht habe. Aber es war einfach nicht mehr zum Aushalten. Ich dachte, die Fernsehleute würden mich meinem Vater näher bringen, ich dachte, diese Halbtante würde mir helfen, aber sie hat mich ganz verrückt gemacht, und das Fernsehteam auch, alle.
    Mein Herz hämmert noch immer in meiner Brust, meine Sachen kleben noch an mir vom Regen, es ist irre heiß und irre stickig hier in diesem Minibus, und trotzdem fühlt es sich an, als würde ich schweben. Keiner sagt mir mehr, was ich tun soll, wo ich mich hinstellen soll, was ich sagen soll, wen ich umarmen soll und dann das Ganze bitte nochmal von vorne. Und keiner liegt mir in den Ohren, mein Vater würde mir nichts bringen usw. Ich suche ihn einfach selbst und das geht gut, bis jetzt jedenfalls. Ich habe Leute gefragt, wie ich ins Binnenland

komme, ich durfte hinten auf einem Moped mitfahren und jetzt sitze ich in diesem Bus. Es wird eine lange Fahrt, aber jede Minute, jede Sekunde bringt mich näher zu meinem Vater!

Heute Morgen war ich noch bei meiner Halbtante, aber die konnte nicht mal sagen, wo mein Vater wohnt! Oder sie WOLLTE es nicht. Ich glaube, sie verschweigt etwas, mein Zeh hat gepikst.;-)

Sie ist vielleicht ganz nett, aber wenn sie schlecht über meinen Vater redet, spüre ich sofort eine Art Stichflamme in meiner Brust und ich will mir die Ohren zuhalten oder schnell wegrennen. Sie mag ja meine Tante sein, aber ich kenne sie erst seit gerade eben und sie hat mich sofort an sich gedrückt, wie eine Würgeschlange. Ich sollte gleich über Nacht bleiben, sie hatte sogar schon ein Zimmer für mich hergerichtet. Bestimmt meint sie es gut, und vielleicht ist sie ein wenig einsam in diesem Häuschen mit dem Papagei, aber ich komme nicht ihretwegen, ich komme wegen meines Vaters und sie will mir nicht helfen. Sie sagte, er hätte vor allem Angst, auch vor Kameras. (Woher weiß sie das? Dann muss sie ihn doch gesprochen haben!) Ich glaube nicht, dass er so ängstlich ist, aber Kameras, die machen mich auch völlig verrückt, das kann ich gut verstehen. Darum ist es viel besser, ohne das Kamerateam weiterzusuchen.

Zum Glück hat sie sich verplappert und mir verraten, dass Rico im Binnenland wohnt. Als sich die Gelegenheit ergab, bin ich abgehauen. Der Plan lautet jetzt folgendermaßen:
- mit dem Bus nach Atjoni.
- dort weiterfragen.

Du musst mir versprechen, Luuk, dass du nichts sagst, vor allem nicht meiner Mutter. Sie würde sofort ausrasten, wenn sie erfährt, dass ich mich ganz allein auf den Weg gemacht habe. Übrigens hat sie in ein paar Stunden einen großen Auftritt, sie muss jetzt wirklich den Kopf frei haben. Ich rufe sie später an, nach dem Auftritt.

Ich will einfach nicht, dass sie sich Sorgen macht. Es läuft prima hier, ich weiß jetzt ungefähr, wo ich hinmuss, und ich werde dich auf dem Laufenden halten. Okay?

Der Bus schaukelt ganz schön, ich kann nicht weiter in mein Handy tippen. Wir fahren durch ein paar Schlaglöcher, ich schwanke hin und her und falle gegen die alte Frau neben mir. Sie scheint es nicht zu bemerken. Den ganzen Weg über hat sie nur reglos aus dem Fenster gestarrt. Sie riecht nach Kokos und noch etwas, und von ihrem Ohrläppchen fehlt ein Stück. Mit dem Handgelenk wischt sie ab und zu einen Kreis in das beschlagene Fensterglas.

Die Straße ist lang und gerade. Wir fahren an viel Grün vorbei und nur noch ab und zu sehe ich ein Haus. Das Gras und die Bäume dampfen noch vom Regen. Die Tropfen auf den Blättern glitzern in der Sonne. In der Ferne sehe ich einen hohen Fabrikschornstein mit einer Flamme.

Ich schiebe mein Handy wieder in meine Tasche. Hier ist kein Empfang, ich werde später noch mal versuchen, die Mail zu verschicken. Mein nasser Rucksack liegt auf meinem Schoß. Zum Glück ist meine gelbe Mappe aus Plastik, und von meiner

Projektarbeit ist nur eine einzige Ecke nass geworden. Jetzt ist auch eine blaue Feder darin, von Ricos altem Papagei.

Eigentlich müsste ich schon hier im Bus mit meinen Nachforschungen anfangen. Aber ich kann nicht weg von meinem Platz, alle sitzen sich ganz schön auf der Pelle. (Ich hätte nie gedacht, dass zwanzig Fahrgäste in so einen kleinen Bus passen). Die Frau links neben mir traue ich mich nicht zu fragen, die ist so in sich versunken. Und der Junge auf meiner rechten Seite schläft. Auf einem Vogelkäfig. Er hat die Arme darum gelegt. Das Vögelchen zwitschert ab und zu, aber der Junge schläft einfach weiter.

Vor mir sitzen ein paar Jungen, die mir bestimmt auch nicht weiterhelfen können. Sie sind einen Kopf kleiner als ich. Ich bin also nicht das einzige Kind, das ohne Erwachsene unterwegs ist.

In Atjoni werde ich einfach ein paar Leute ansprechen. Ich wollte, ich wäre so eine selbstsichere Journalistin mit Notizblock, so eine Frau, die mühelos auf alle zugeht: *Kennen Sie einen Rico Vrede? Oder jemanden mit elf Zehen? Oder kennen Sie vielleicht jemanden, der einen Papagei hatte, der Eddi heißt und immer* Jamakpa *ruft?*

Ich habe Ronny mit dem Moped gefragt, ob er weiß, was das Wort bedeutete, als er mich beim Bus absetzte. Aber er hatte noch nie davon gehört »Von wem hast du es denn?«, fragte er.

»Von ... von einem Papageien.«

Er sah mich an, als wollte ich ihn zum Narren halten.

Vielleicht weiß die Frau neben mir ja, was es ist. Ich mache den Mund auf, klappe ihn dann aber doch wieder zu. Ich bin nicht so eine Journalistin. Ich kann das nicht. Und plötzlich überkommen mich Zweifel, wie ein Schwarm summender Mücken, der mich verfolgt: *Solltest du das wirklich tun, so ganz alleine? Worauf hast du dich da eingelassen?* Ich schüttele sie ab, versuche, nicht darauf zu hören. Ich sollte besser nach draußen schauen, zu den Bäumen.

Nach einer Weile verändert sich die Umgebung. Rechts hohe Strommasten, links Bäume und viel Sand. Ab und an Hütten mit Wellblechdächern. Manchmal eine Art Bushäuschen aus Holz, aber ohne Schilder mit Abfahrtszeiten.

An einem solchen Bushäuschen in der Ferne sehe ich große graue Rauchwolken aufsteigen. Ich recke den Hals, um es besser sehen zu können. Der Rauch kommt aus einer Eisentonne. Darüber hängt etwas an einem Stock. Als wir näher kommen sehe ich, dass es eine Art toter Alien ist, so groß wie ein Hund. Er hat einen Panzer, einen dicken Schwanz, Klauen und eine schmale Schnauze. Ich mache große Augen. »Was ist das?«

Die Frau mit dem kaputten Ohr schaut zum ersten Mal auf. »Ein Gürteltier«, sagt sie.

Ich starre dem Tier nach. Sein Maul ist offen, ich sehe scharfe kleine Zähne.

»Ist richtig lecker!«, sagt die Frau. Dann dreht sie sich wieder zum Fenster.

»Haben Sie das schon mal gegessen?«

Sie nickt. »Früher. Ab und zu wurde mal eins gefangen. In meinem Dorf.«

»Kommen Sie aus dem Binnenland?«, frage ich.

»Ja.« Zum ersten Mal sieht sie mich richtig an. »Aus Koffiekamp.«

»Und da laufen einfach Gürteltiere herum?«

Sie lacht, schließt aber kurz die Augen, als wollte sie etwas nicht sehen. »Da läuft niemand mehr herum. Das Dorf ist verschwunden.«

»Oh«, sage ich.

Sie schweigt und kratzt sich an ihrem kaputten Ohr.

Der Bus weicht einer jungen Frau mit einer Schubkarre voller Bananen aus.

Ich traue mich nicht so recht, weiterzufragen. Aber dann fängt sie selbst an zu erzählen »Das Dorf bestand schon sehr lange, seit Hunderten von Jahren, weißt du. Afrikaner, die vor den Sklavenhaltern geflohen waren, hatten es gegründet. Aber wir konnten dort nicht bleiben. Unser Dorf musste weg. Sie haben es versenkt.«

»Ein ganzes Dorf?«

»Mehr als zwanzig Dörfer. Lauter Häuser, die jetzt auf dem Boden des Brokopondomeeres liegen. Es musste ein Staudamm gebaut werden, wegen der Elektrizität. Sie hatten uns gewarnt. Sie sagten: Das Wasser wird kommen, geht weg von hier, für euch wird ein neues Dorf gebaut ... Aber wir lebten schon seit Generationen am Fluss. Der Fluss ist unser Leben! Und dieses neue Dorf lag nicht am Fluss. Was hatten wir dort zu suchen? Also sind wir geblieben. Bis das Wasser kam. Erst bis zu den Fußgelenken, dann bis zu den Knien ... Wir haben so viel wie möglich mitgenommenen in unseren Korjalen, sogar Fußbodenbretter. Aber die *Obias,* die Geister unserer Vorväter und der Erde, die Bäume, die Felsen ... die konnten wir nicht mitnehmen. Wo sind die geblieben? Leben sie dort noch immer, unter Wasser?«

Der Bus weicht einem Lastwagen aus, der ein paar riesige Baumstämme transportiert. Wir schlingern hin und her. Das Vöglein in dem Käfig neben mir flattert kurz auf.

Die Frau lächelt traurig. »Das alte Koffiekamp ist jetzt weg, als wäre es niemals da gewesen. Es ist, als wäre ein Stück von mir selbst ausgelöscht.«

Ich nicke. Sie starrt wieder durch das Fenster nach draußen. Ich starre auf ihr Ohr.

Es ist wieder still, bis auf das Brummen des Motors. Ich schlucke kurz. Jetzt traue ich mich, es zu fragen.

»Kennen Sie zufällig einen Rico Vrede? Er kommt auch aus dem Binnenland.«

»Rico Vrede?« Sie schüttelt den Kopf »Und sein Spitzname?«

»Spitzname?«

»Von vielen Leuten kennen wir nicht den richtigen Namen, sondern nur den Spitznamen.«

Ich zucke die Achseln. »Den weiß ich nicht. Aber kennen Sie denn vielleicht jemanden mit elf Zehen?«

Sie lächelt. »*Lekeleke finga?* Eine Tante von mir hat sechs Finger an jeder Hand. Aber ob sie auch Extra-Zehen hat, das weiß ich nicht.« Sie holt ein Handy aus ihrer Handtasche und zeigt mir ein verwackeltes Foto. »Siehst du? Zwölf Finger.«

»Ja. Aber ich suche einen Mann. Einen Mann mit elf Zehen.«
Ich nehme die Mappe aus meinem Rucksack, um ihr das Foto von Ricos Arm zu zeigen. Aber durch den heftigen Regen ist es doch nass geworden und klebt an einem Blatt Papier. Ganz vorsichtig ziehe ich es ab, aber ein Stück von seinem Arm bleibt am Papier kleben. »Oh nein ...«

Eine große weiße Narbe bleibt zurück. Es ist, als hätte ich ein Stück von meiner eigenen Haut abgerissen. »Das war sein Arm.«

»Oh.« Sie zeigt auf die blaue Feder in der Mappe. »Und was ist das?«

»Die ist von seinem Vogel. Rico hatte früher einen Papagei. Rot mit blau. Und der kreischte die ganze Zeit *Jamakpa.*«

»Meinst du »*I nya makpa*«?« Während sie das sagt, macht sie mit dem Mund ein seltsames Klickgeräusch.

»Sie kennen das Wort!«, rufe ich. »Sie kennen es!« Der Junge auf dem Vogelkäfig schreckt auf.

»Das ist nicht ein Wort«, erklärt sie, »sondern drei. *I nya makpa* bedeutet so was wie: ›Pustekuchen!‹ oder ›Glatt daneben‹! Wenn ich dir ein Rätsel aufgebe und du sagst die falsche Antwort, sage ich zu dir: *I nya makpa!*«

Ich ziehe die Augenbrauen zusammen. Warum bringt mein Vater einem Papagei bei, »Pustekuchen« zu rufen?

»Welche Sprache ist das?«, frage ich.

»Saramaccaans«, antwortet sie. »Dieser Papagei muss es von einem Saramaccaaner gelernt haben.«

Ich denke einen Moment nach. »Und wo finde ich Saramaccaaner?«

Sie nickt nach vorn. »Wenn du gleich in Atjoni bist, fährst du mit einem Korjal ein Stück flussaufwärts. Die meisten Saramaccaaner leben in den Dörfern am Suriname-Fluss.«

Der Fluss ... Den hat mein Vater auch auf der Kassette erwähnt: *Der Fluss, in dem alles verschwindet.* Also bin ich auf dem richtigen Weg, denke ich.

Ich lehne mich in meinem Sitz zurück. Habe ich es nicht gewusst. Ich brauche dieses ganze Kamerateam überhaupt nicht.

Unsichtbar

Der Busfahrer hat fröhliche Musik aufgelegt. Die Köpfe der Jungs vor mir bewegen sich im Takt. Der Junge neben mir summt mit. Sogar sein Vogel scheint ab und an zur Melodie zu zwitschern.

Die Bäume, an denen wir vorbeifahren, werden immer größer und grüner.

An einem Gebäude mit einem Schlagbaum hält der Bus an. Ein Mann in blauer Uniform kommt heraus.

Ich erstarre.

Polizei.

Schnell ducke ich mich und versuche, mich hinter der Rückenlehne vor mir zu verstecken. Sie haben Alarm geschlagen, schießt es mir durch den Kopf, das Filmteam und Esseline haben die Polizei gerufen und die holt mich jetzt aus dem Bus! Ich mache mich noch kleiner. Und wieder ist es, als würde ein Mückenschwarm in meinem Kopf summen, dass ich niemals ohne das Fernsehteam hätte weggehen dürfen.

Aber es ist erst ein Uhr. Also können die Fernsehleute noch gar nicht wissen, dass ich weg bin. Und Esseline auch nicht. Logisch gesehen. Oder sie müssten schon miteinander telefoniert haben ...

Der Polizist öffnet die Tür vom Bus und kontrolliert die Papiere des Fahrers. Dann wirft er einen Blick auf die Passagiere und ihre Sachen. Schnell schaue ich in die andere Richtung, durch das Fenster. Ich höre, wie die große Seitentür aufgeschoben wird. Ich rühre mich nicht. In der Spiegelung der Fensterscheibe sehe ich, wie der Polizist auf das Trittbrett steigt, sich umschaut, bis sein Blick hängen bleibt. An mir.

»So so«, sagt er. »Nicht von hier, oder?«

Ich traue nicht, mich zu rühren.

»Nein«, höre ich den Jungen neben mir sagen. »Aus Brasilien.«

Aus Brasilien?? Ganz vorsichtig drehe ich mich wieder zurück.

Der Grenzwächter starrt nicht mich an, sondern den kleinen Vogel in seinem Käfig. »Wunderschönes Tierchen«, sagt er. »Ich habe selbst einen *Twatwa*. Mit dem habe ich schon viele Vogelschauen gewonnen ...«

Einen Moment später kehrt der Polizist zurück in das Gebäude. Die Schranke öffnet sich und der Bus fährt weiter.

Grinsend setze ich mich wieder aufrecht hin. Ich falle nicht auf. Ich bin ein ganz normales surinamisches Mädchen auf dem Weg zum Familienbesuch.

Eine halbe Stunde später fahren wir in ein Dorf. Seitenwege aus rotbraunem Sand voller Pfützen. Schuppen und einfache Häuser mit Wellblechdächern. An einer Tankstelle legen wir eine Pause ein. Endlich, inzwischen muss ich dringend zur Toilette. Alle steigen aus.

Oben auf der Tankstelle prangt ein Hahn mit einem knallroten Kamm. Im Schatten eines Baumes hockt eine Gruppe Männer. Sie starren uns an, als ich hinter den anderen Passagieren in Richtung des kleinen Ladens gehe, verfolgen sie mich mit ihren Klebeaugen. Einer der Männer grinst mich an. Er hat zwei goldene Schneidezähne. Schnell laufe ich zu dem Lädchen, ein paar Hühner stieben auseinander.

Hinter der Kasse steht eine chinesische Frau in einer Art Gefängnis: dicke Eisengitter reichen bis zur Decke. Sie streitet sich mit einem Kunden, sie schreien sich auf Englisch an. Schnell gehe ich wieder raus. Dort stoße ich fast gegen einen Tisch, an dem ein paar Frauen sitzen und Obst verkaufen. Fliegen summen um sie herum.

Auf einer Mauer steht in schönen geraden Buchstaben *Pis hier binnen.* Dahinter finde ich eine Reihe Toiletten. Die Tür lässt sich nicht abschließen und es gibt keine Klobrille. Dann hänge ich mich eben an die Klinke.

Als ich wieder rauskomme, sehe ich eine Frau in einem orangefarbenen Kleid bei den Männern unter dem Baum. Sie streicht sich durch ihre langen Haare. Einer der Männer fasst ihr an den Hintern. In aller Ruhe schiebt sie seine Hand zur Seite und geht lachend weg. Sie wirft den Männern eine Kusshand zu.

Aber der Mann mit den goldenen Schneidezähnen schaut nicht zu der Frau in dem orangefarbenen Kleid, er schaut zu mir. Ich verschränke die Arme vor der Brust. Ich wollte, ich wäre unsichtbar.

Die Frau aus dem versunkenen Dorf sehe ich nirgends. Aber

unser Busfahrer steht neben dem Bus und raucht eine Zigarette, schnell gehe ich zu ihm. Ich setze mich schon mal wieder in den Bus und ziehe die Tür zu, obwohl es stickig und total heiß ist. Ich versuche, nicht zu den Männern unter dem Baum zu schauen. Inzwischen starrt mich die Hälfte von ihnen an. Wie Katzen, die einen Fisch im Aquarium belauern.

Wieder überfällt es mich wie ein Mückenschwarm: *Siehst du, du hättest eben nicht allein gehen sollen* ... Schnell hole ich mein Handy aus der Tasche und schalte es ein, ich schaue nicht auf, ich warte. Endlich verbindet es sich mit dem Internet. »Yes«, murmele ich. Sofort fühle ich mich ein bisschen weniger allein. So. Mail verschickt, Luuk ist auf dem Laufenden. Schließlich gehört er auch zur Expedition, als Team zu Hause.

13:52 sagt die Uhr auf meinem Display. In ein paar Minuten steht das Kamerateam bei Esseline vor der Tür. Sie macht dann erstaunt auf: *Ihr habt sie doch schon abgeholt?* Esseline wütend. Kamerateam wütend. Vorwürfe von allen Seiten, bis sie merken, dass ich diejenige bin, die sie ausgebootet hat. Sie werden versuchen, mich anzurufen. Und meine Mutter. Und wer weiß, vielleicht auch die Polizei.

Ich starre auf das Telefon in meiner Hand und schalte es aus. Ich bin nicht da.

Atjoni

Die Fahrt geht weiter, tiefer und tiefer in den Wald hinein. Hier gibt es keine Häuser mehr. Ab und zu ein offenes Feld mit Sandbergen. Dann wieder ein Feld voller Solarzellenplatten. Die Straße ist endlos. Tiefe Kuhlen im Asphalt. Kein Gegenverkehr, bis auf einen einzigen Lastwagen. Das Brummen des Motors und die Hitze machen mich dösig. Ich frage mich, warum mein Vater an einen Ort gezogen ist, der so weit von allem entfernt ist.

Nach einer Stunde, oder vielleicht auch zweien, drosselt der Bus das Tempo. Die Straße endet an einem großen offenen Platz mit Läden zu beiden Seiten und anderen Gebäuden, und dort, genau vor uns, strömt der Fluss. Eine grünbraune, breite Wassermasse, die träge vorbeizieht. *Der Fluss, in dem alles verschwindet.* Am Ufer liegen schmale Holzboote in allen Farben des Regenbogens.

Der Chauffeur parkt den Bus und alle bezahlen und steigen aus »Fünfundsiebzig Es-Er–Dee«, sagt der Fahrer. So ein Glück, dass Tosca mir Surinamische Dollar gegeben hat. Ich fische ein paar 20-Surinamische-Dollar-Scheine aus meinem Portemonaie und bezahle. Hoffentlich behalte ich noch genug übrig, um bis zu meinem Vater zu kommen.

Alle fangen an, ihre Sachen auszuladen und vom Dach zu

holen. Ich stehe ein wenig verloren da. Bei den Booten ist niemand zu sehen. Auch kein Schild mit Abfahrtszeiten.

Wieder gehe ich zu der Frau mit dem kaputten Ohr. »Wissen Sie, wo ich eine Karte für das Boot kaufen kann?«

»Eine Karte?« Sie lacht. »Karten gibt es nicht. Du sagst einem der Bootsmänner, wohin du möchtest, und wenn du da angekommen bist, bezahlst du. Aber musst du nicht erst was essen?«

Ich nicke. Mein Magen knurrt wie wild. Sie zeigt auf ein mintgrünes kleines Gebäude. »Dort, bei Tante Hanna, gehst du was Leckeres essen.«

Ich gehe dorthin. Alle Tische sind noch frei. Tante Hanna kommt aus der Küche. Sie ist so rund wie ein Hüpfball. »Kann ich hier etwas zu essen bekommen?«, frage ich. »Ein Käsebrot oder so was reicht schon.«

Sie zieht eine Augenbraue hoch. »Käse?« Sie schüttelte den Kopf. »*Rice*«, sagt sie. Ich nicke. Dann eben Reis. Sie wischt einen Tisch für mich ab und bedeutet mir, dass ich mich setzen soll.

Eigentlich habe ich hierfür keine Zeit. Ich weiß noch nicht mal, wo genau ich hinmuss. Inzwischen sehe ich, dass ein paar Leute ihre Taschen und Körbe bei den Kanus abstellen. Immer wieder schaue ich zur Küche, ob mein Essen schon fertig ist »Hallo?«, rufe ich. »Ich weiß nicht, ob ich genug Zeit habe, ich möchte das Boot nicht verpassen ... Äh ... *I like to catch the boat.*« Sie ruft etwas zurück in einer Sprache, die ich nicht verstehe. Sehr freundlich klingt es nicht.

Am Fluss hantieren schon ein paar Männer mit Benzinkanistern. Als ich gerade aufstehe, um doch zu den Booten zu rennen, kommt Tante Hanna mit einem dampfenden Plastikschälchen zu mir. Reis und eine gelbgraue Soße mit Knochen und Gräten darin. Ich traue mich nicht zu fragen, was es ist, aber sie sieht meinen Blick. »*Anjumara*«, erklärt sie und zeigt auf den Fluss. »*Big fish. Very good.*«

Ich frage, was es kostet, und bezahle. Dann will ich mein Schälchen mitnehmen, aber sie legt mir eine schwere Hand auf die Schulter und drückt mich zurück auf meinen Stuhl. »*The boat will wait. Eat.*«

Sie schiebt mir das Besteck zu und bleibt neben meinem Tisch stehen. Brav nehme ich einen Happen Reis und hoffe, sie geht wieder weg, aber sie bleibt stehen, wartet und schaut. Zögernd tauche ich meinen Löffel in die gelbgraue Soße. Es schmeckt gar nicht mal schlecht.

Eine halbe Portion Reis mit Soße später gehe ich zu den Booten. Eigentlich sind es eher große Kanus mit ungefähr sechs Holzbänken. *Korjale*, so nannte die alte Frau im Bus sie. Männer und Jungen rufen einander was zu und klettern geschickt mit schweren Gepäckstücken über die Bänke. Manchmal wirkt es, als hätten sie Streit, kurze Zeit später sieht man sie wieder laut lachen, aber immer sind sie in Bewegung. Ich stehe da und schaue. Jetzt muss ich einen von ihnen ansprechen.

Und plötzlich wird mir klar, wie lächerlich mein Plan ist. Nach dem Mann mit den elf Zehen fragen ... das klingt eher wie eine Märchenfigur.

Ich beiße mir auf die Lippen. *Komm schon,* würde Luuk sagen, *nicht träumen, Evi.*

Ein Mann mit einem Koffer auf der Schulter geht vorbei. »Hallo, Sie?«

Ich sage es zu leise. Er hört mich nicht. Ich versuche es bei einem anderen Mann, der einen schwarzen Benzinkanister trägt. »Entschuldigung, könnte ich ...« Weiter komme ich nicht. Offensichtlich hat er viel zu tun und steigt in ein Boot. Zwei Boote dahinter ist ein Junge gerade fertig mit Benzinnachfüllen. »Hallo, ich suche Rico Vr–«

Er schaut mich nur halb an und zuckt die Achseln. »Sorry ...« Er bedeutet mir, dass er mich nicht versteht. Ich versuche es auf Englisch, aber das versteht er auch nicht.

Ich schaue mich um. Ein Stückchen weiter entfernt sehe ich die Frau mit dem kaputten Ohr wieder. Ich winke und gehe auf sie zu. »Hallo ...«

»Ah!«, sagt sie lachend. »Die Holländerin ... Hast du schon ein Korjal gefunden?«

»Ich äh ...« Ich versuche ein schiefes Lächeln. »Noch nicht. Ich weiß nicht ... Ich muss jemanden finden, der mehr weiß.«

»Ich helfe dir«, sagt sie.

»Wie schön.« Ich seufze. So viele Menschen, die mir helfen wollen. »Also, ich suche einen Mann mit elf Zehen. Rico Vrede. Ob er auch einen Spitznamen hat, das weiß ich nicht.«

Sie nickt. Sie reicht ihre Tasche einem der Bootsmänner und fragt ihn etwas in ihrer Sprache.

»Rico«, höre ich den Mann wiederholen, während er die

Tasche schultert. Er schüttelt den Kopf. Dann fragt sie etwas mit »*lekeleke finga?*«. Der Mann kratzt sich den Kopf unter seiner weißen Kappe. »*Lekeleke finga?*« Er ruft einem anderen Mann ein Boot weiter etwas zu. Der fragt wieder einen anderen und einen Moment später schallt *lekeleke finga* wie ein Echo zwischen den Korjalen. Manche müssen kurz grinsen, aber die meisten scheinen die Frage nicht sonderlich seltsam zu finden.

Der Bootsmann eines grün-gelben Korjals zeigt in die Ferne, noch hinter der ersten Kurve des Flusses. Er ruft etwas mit *Kapitän*.

Der Bootsmann mit der Tasche auf der Schulter nimmt seine weiße Kappe ab. Dann hebt er einen Daumen und gibt mir zu verstehen, dass ich einsteigen soll.

»Was?« Ich starre ihn an. »Kennen Sie ihn?«

Der Bootsmann nickt. »*Lekeleke finga.*« Wieder gestikuliert er. »*Come.*«

»Wirklich?« Ich drehe mich zu der netten Frau.

»Jemand kennt einen Mann mit *lekeleke finga*«, erklärt sie. »Dieses Korjal bringt dich dorthin. Steig ruhig ein.«

»Wow ...« Mein Gesicht glüht, und das liegt nicht nur an der brennenden Sonne. Der Mann mit den elf Zehen ... Er ist keine Märchenfigur, es gibt ihn wirklich! Das muss ich Luuk erzählen!

»*Ten minutes*«, sagt der Bootsmann.

Die Frau steigt schon mal ein und setzt sich hinten ins Boot. »Kommst du auch?«

»Ja, ich komme gleich.« Zehn Minuten reichen für eine kurze Mail. Jedenfalls, wenn ich hier Empfang habe.

Bei einem Steingebäude mit großen Antennen sehe ich ein paar Leute, die an der Wand lehnen und auf ihre Handys starren. Ich stelle mich dazu und schalte meins ein.

Mit der Hand sorge ich für ein wenig Schatten und spähe auf das Display. Neun verpasste Anrufe von Tosca. Ui. Schnell wische ich die Nachrichten von meinem Display. Nicht dran denken ... Ich wollte Luuk mailen.

Er hat mir auch schon zurückgeschrieben.

Von: luukdejong@net.nl
An: evaloks@mail.nl
Betreff: Re: Tag 2 mir reicht's

ACH DU HEILIGE SCHEISSE! EVI! WAS HAST DU GETAN?

Du bist einfach weggelaufen! Du bist abgehauen, hast die Biege gemacht, du hast alle komischen Tanten und Fernsehleute einfach mir nix, dir nix im Stich gelassen! Tickst du noch ganz richtig???!!! Niemals würde ich mich trauen, mutterseelenallein durch Suriname zu fahren! Nicht mal durch Holland! Es ist seltsam, aber ich finde dich gleichzeitig wahnsinnig blöd und supercool. Shit, ich wollte, ich wäre bei dir, Evi. Ich wäre jetzt so gern bei dir, dass es fast wehtut.

Die Fernsehleute reißen sich jetzt die Haare aus dem Kopf. Hauptdarstellerin verschwunden. Die ganze Fernsehfolge im

Eimer. Ich kann mir schon vorstellen, dass diese Trulla dich völlig verrückt macht, und dann ständig die Kamera im Nacken, aber dass du so genervt bist, dass du durchbrennst ... Wow.

Du musst sie aber wissen lassen, dass mit dir alles in Ordnung ist, Evi. Sie kriegen ja den Schreck ihres Lebens. Sie werden dich suchen und die Polizei anrufen und natürlich auch deine Mutter. Klar halte ich dicht. Aber wenn sie mich fragen, lüge ich nicht.

Und du musst mir wirklich versprechen, dass du mir weiterhin Mails schickst, Evi. Schaffst du das? Auf der Karte sieht es aus, als sei es ziemlich weit weg von der Zivilisation ...

Ja, ich habe kurz gegoogelt, wo Atjoni ist, wo du jetzt hinfährst. Aber ich verstehe es nicht so ganz. Wohnt dein Vater dort? Das ist ein winziges Dorf, dann müsstest du ihn eigentlich sofort finden. Ich hoffe so sehr, dass es klappt, Evi, dann kannst du schnell wieder zurückkommen.

(Oh, und ich hab übrigens gelesen, dass der Fluss da voller Piranhas ist, also lieber nicht zu lange mit den Füßen ins Wasser, ja ;-)?

Mach's gut, und pass auf dich auf.
Luuk

Von: evaloks@mail.nl
An: luukdejong@net.nl
Betreff: Re:Re: Tag 2 mir reicht's

Lieber Luuk,

nur ganz schnell, mein Kanu fährt jeden Moment ab ... Muss weiter als Atjoni. Flussaufwärts. Sie kennen hier einen Mann mit elf Zehen, dort fahre ich hin. Wer weiß.
    Ich versuche, dir später noch eine Mail zu schicken. Mach dir keine Sorgen. Ich pass auf. Versprochen.

Bis bald
Eva

Der Fluss

Tuck tuck tuck tuck tuck ... macht der Motor ungeduldig. Langsam gleitet unser Boot rückwärts, weg von den anderen. Es macht eine Drehung ... und dann gibt der Bootsmann Vollgas und das Korjal schießt nach vorne, rauf auf den Fluss. Mit einer Hand halte ich mich am Rand fest. Das Wasser ist grünbraun, undurchsichtig. Man kann nur raten, was dort in der Tiefe so alles herumschwimmt. Raubfische, Blutsauger, vielleicht Schlangen. Die Frau mit dem kaputten Ohr sprach auch von den Geistern der versunkenen Dörfer.

Die Ufer sind Wände aus dichtem, dunklem Urwald, behängt mit Billionen Blättern. Manchmal sehe ich graue Lianen und seltsame Stängel, die sich an den Baumstämmen in die Höhe winden. Ein paar Mal taucht ein mächtiger Riese auf, der kerzengerade alle anderen Baumkronen überragt und wie ein Schirm seine Äste ausbreitet.

Kreischend fliegt ein Vogel mit einem gigantischen Schnabel auf. Vielleicht ein Tukan.

Wir sind auf dem Weg. Zu dem Mann mit den elf Zehen ...

Es stört mich ein wenig, dass die Bootsmänner meinen Vater kennen als »den Mann mit den elf Zehen«, seinen richtigen Namen aber nicht wissen. Aber vielleicht kennen sie ja wirklich nur seinen Spitznamen, wie die Frau im Bus schon sagte.

Der Motor brummt und lässt alles beben. Unser Korjal ist

ziemlich voll beladen. Vor mir liegt ein Berg aus Taschen und Sachen mit einer Plastikplane darüber. Darauf ein Paket Plastikflaschen. Wir liegen so tief im Wasser, dass ich die Spritzer spüre. Fische könnten einfach so an Bord springen. Oder vielleicht auch Krokodile, wie heißen die … Kaimane. Ich müsste die Frau von dem versunkenen Dorf fragen, aber sie sitzt ganz hinten und neben mir auf der Bank ist jetzt nur ein Benzinkanister. Eigentlich müsste Luuk da sitzen.

Mein Bauch zieht sich zusammen. Luuk …

Ich schließe die Augen und sehe ihn vor mir, in seinem blauen T-Shirt, auf der Bank hier neben mir. Er kann sich gar nicht sattsehen. Er zeigt auf die Riesenbäume. Zu den schwarz-weißen Vögelchen, die über das Wasser streichen. Er hätte keine Angst vor den Piranhas und Kaimanen. Er würde einfach die Hand ins Wasser stecken, »um sie zu streicheln«. Und dann würde ich mich auch trauen.

Ein dicker Wasserspritzer landet in meinem Gesicht, ich zucke zusammen, mache die Augen wieder auf. Mit beiden Händen halte ich mich am Rand des Bootes fest. Vor uns tauchen dunkle Felsen auf, halb bedeckt von einem strudelnden Wasserfall. Wüst übertönt das krachende Wasser die Motorengeräusche. Der Bootsmann fährt genau darauf zu. Erschreckt schaue ich nach hinten, aber ich bin, glaube ich, die Einzige, die denkt, dass der Bootsmann jetzt durchgedreht ist. Erst als wir ganz nah an dem ohrenbetäubenden Wasserfall sind, weicht er nach links aus und fährt um die Felsen herum. Das Korjal wackelt wild hin und her und quält sich stromaufwärts. Schaum spritzt mir ins Gesicht. Noch immer schauen die Passagiere hinter mir, als wäre das eine völlig normale, alltägliche Busfahrt.

Luuk würde jetzt jubeln und johlen. Ich übrigens auch, wenn er jetzt neben mir säße. Aber er ist nicht da.

Ein Stückchen weiter ist das Wasser wieder ruhiger. Das Getöse erstirbt. Ich lasse den Rand wieder los.

Vorsichtig starre ich in das grünbraune Wasser. Es ist Unsinn, dass bei uns im Dünensee eine Meerjungfrau herumschwimmt, aber hier ... Es gibt niemanden, der alle Wesen in diesem Wasser kennen kann. Dafür ist es zu groß, zu tief, zu dunkel.

Mein Vater liebt den Fluss, und den Wald. Das jedenfalls hat er auf der Kassette gesagt. Ich sollte auch keine Angst haben. Ich beiße mir auf die Lippe und stecke ganz kurz die Hand ins Wasser. Keine messerscharfen Flossen. Keine spitzen Zähne. All meine Finger sind noch da. Wieder tauche ich die Hand hinein. Ganz normales, laues, dickes Wasser. Es windet sich zwischen meine Finger hindurch und zerrt, als wolle es mich mitreißen, nach hinten, zurück. Schnell ziehe ich die Hand wieder heraus.

Ein kleines Korjal schaukelt im Schatten der Bäume, nicht weit vom Ufer entfernt. Drei Jungen sitzen darin. Einer steht auf und springt ins Wasser. Absichtlich!

Ich setze mich aufrecht hin, muss zweimal schauen, um es wirklich zu glauben. Der Junge schwimmt in aller Seelenruhe zur Spitze des Bootes. Ich drehe mich um. »Äh ... hier gibt's doch Piranhas?«, frage ich die Frau hinter mir. Ich zeige auf das Wasser.

Die Frau nickt und lacht. »*A suti!*« Sie leckt sich die Lippen. Ich verstehe überhaupt nichts mehr.

Ein Stückchen dahinter kommt das erste Dorf. Am Ufer ist ein Felsen, in den eine breite Treppe gehackt wurde, die ganz nah ans Wasser führt. Eine Gruppe Frauen und Kinder steht dort. Manche winken. Eine Frau hockt auf der unteren Stufe und wäscht Teller ab. Ich bekomme einen Schrecken: Sie trägt nur einen Rock. Auch viele andere Frauen haben nur einen Rock an; man kann ihre Brüste sehen. Viele Kinder sind ganz nackt.

Ein paar Jungen und Mädchen lassen sich voll ins Wasser plumpsen. Keiner hat Angst. Auch die Kleinen nicht.

Ein nackter kleiner Junge springt laut jubelnd von einem hohen Felsen. Sein kleiner Pimmel flattert nach oben. Lachend taucht er wieder aus dem Wasser auf. Mein Mund lacht ganz von selbst mit. Fast bekomme ich auch Lust zu schwimmen. Aber nur fast.

Leise fange ich an, das Lied von meinem Vater zu singen. »*Sapatèh doolimbó ...*« Hier traue ich mich das; der Motor knattert so laut, dass mich sowieso keiner hören kann. »*Sapatèh doolimbó ...*« Das sind die einzigen Worte, die ich noch weiß. »*Sapatèh doolimbó ...*«

Zu blöd, dass ich seinen Beruf nicht weiß. Geheimagent ist er auf jeden Fall nicht. Vor einiger Zeit dachte ich das, weit weg, in Holland. Damals konnte er noch alles sein. Sogar ein Wurm. Damals war er noch nicht ... echt. Wie jetzt. Vielleicht ist er ja Musiker, genau wie Mama. Er hat eine schöne

Stimme. Und Esseline sagte auch, er könne gut dichten und Musik machen. ... Zwei Musiker, die sich verlieben und ein Kind bekommen, das klingt gut. »*Sapatèh doolimbó* ...«, singe ich etwas lauter. »*Sapatèh* ...« Nur schade, dass das Kind nicht ihre Stimmen geerbt hat, sondern die einer alten Krähe. Ich halte wohl besser den Mund.

Quer durch das Knattern des Motors höre ich, dass das Lied doch weitergeht. Ich drehe mich. Es ist die Frau auf der Bank hinter mir, die singt. »*Sapatèh doolimbó ... noo i ta yei dee paa ta pee* ...« Sie lacht mich an und wiegt sich sanft zur Melodie. Eine warme Glut zieht durch meine Brust. Ich frage, woher sie das Lied kennt, aber sie versteht mich nicht. »Das Lied ist von meinem Vater!«, rufe ich. Sie zuckt die Schultern. Ich zeige auf meine Brust. »Von meinem Papa!« Mein Magen verknotet sich. Das ist das erste Mal, dass ich dieses Wort benutze. Ich drehe mich wieder um und hole tief Luft. Der Wind in meinem Gesicht hilft gegen die Übelkeit.

Bei jedem Dorf, das in Sichtweite kommt, wird mein Hals eng – ob das *sein* Dorf ist? Aber immer bleiben wir in der Mitte des Flusses und fahren vorbei. In manchen Dörfern stehen Holzhäuser mit Spitzdächern aus Blättern oder Reet.

In manchen auch Steingebäude, wie eine Schule oder eine Kirche, aber alle haben sie so eine Treppe oder eine Rampe am Wasser, und immer sind dort Menschen, die etwas machen. Sie kümmern sich um die Wäsche, putzen sich die Zähne oder waschen sich die Haare. Manchmal winken sie oder rufen unserem Korjal etwas zu.

In einem dieser Dörfer wohnt mein Vater also. Wenn es anders gelaufen wäre, wenn ich bei meinem Vater aufgewachsen wäre statt bei meiner Mutter, würde ich auch hier wohnen. Dann würde ich jetzt auch auf so einer Treppe stehen. Dann würde ich Saramaccaans mit ihm sprechen. Und dann hätte mein Vater mir vielleicht alles Mögliche über den Dschungel beigebracht: wie man fischt, wann man sich vor Piranhas in Acht nehmen muss und wann nicht, was man machen soll, wenn ein Kaiman hinter einem her ist. Aber dann hätte ich Luuk nie kennengelernt. Das kann ich mir eigentlich nicht vorstellen. Wer wäre ich ohne Luuk?

Zwei Filme

Der Motor knattert, der Fluss strömt, die Stunden gleiten vorbei. Ich habe keine Ahnung, wie weit wir noch fahren müssen und seltsamerweise ist es mir auch ziemlich egal. Ein paar Mal müssen wir wieder gegen so eine Stromschnelle ankämpfen und ich werde ganz nass. Das ist aber angenehm, weil die Sonne gnadenlos vom Himmel knallt. Alle tragen etwas auf dem Kopf, eine Kappe oder ein Tuch. Ich habe mir das T-Shirt aus meiner Tasche um den Kopf gebunden, wie ich es von ein paar anderen abgeguckt habe. Es sieht komisch aus, aber das macht nichts. Keine Kamera, die mich sieht.

Einmal setzt der Motor kurz aus und in der Stille kann ich die Geräusche des Waldes deutlich hören. So viel seltsames Gezwitscher, Schwirren und Kreischen ertönt hinter der Blätterwand ... Vögel, Insekten, vielleicht Affen, ich weiß es nicht – der Wald hält sie alle geheim.

Je weiter ich den Fluss entlangfahre, desto mehr spüre ich, dass es keinen Weg mehr zurückgibt. Als hätte der Urwald mich mit seinen riesigen Blätterarmen an sich gezogen und würde mich nicht mehr loslassen. Dort irgendwo in diesem geheimnisvollen Dschungel ist mein Vater. Dort irgendwo hat er einen Ort gefunden, an dem er sich nicht wie eine Katze im Käfig fühlte, einen Ort, an dem er glücklich wurde. Es muss sehr schön dort sein.

Immer wieder stelle ich mir vor, wie es laufen wird. Was er sagen wird, was er tun wird, wenn ich plötzlich vor ihm stehe. Ich sehe es als Film im Kopf vor mir. Oder eigentlich sind es zwei Filme.

Der erste Film geht so: Unser Korjal legt an so einer Steintreppe an. Der Bootsmann ruft – auf Saramaccaans – ob jemand vielleicht weiß, wo der Mann mit den elf Zehen ist. Sofort rennen ein paar Kinder ins Dorf, um ihn zu holen. Ich steige aus dem Boot, gehe die Treppe rauf und sehe ein wunderbares Dorf. Überall diese Holzhäuser mit Reet- und Spitzdächern, überall knallgelbe und rote Blumen und spielende Kinder. Und dann kommt er angelaufen, am Ende der Straße. Auch wenn ich ihn noch nie gesehen habe, sofort weiß ich, dass er es ist. Ein großer Mann mit kurzen, schwarzen Haaren. Vielleicht hat er einen Schnurrbart. Er trägt eine kurze Hose, wie alle Männer hier, und eine Sonnenbrille. Er schiebt sich die Brille hoch und mein Atem stockt: Ich sehe ihm ähnlich. Seine Nase, seine Augen ... »Eva«, stammelt er, »wie hast du mich jemals finden können?« Ich antworte ein wenig cool, dass es nicht ganz einfach war ... Und dass er sich hier im Dschungel ganz schön gut versteckt hat. Er traut seinen Augen kaum, Tränen auf seinen Wangen. Er breitet die Arme aus ... Aber ich falle ihm nicht sofort um den Hals; ich bin auch wütend. Ich stemme die Hände in die Seiten und frage, warum er all die Jahre nichts von sich hat hören lassen, warum er so unsichtbar gewesen ist. Er schluckt, murmelt sorry, sorry, sorry, tausendmal sorry. Er fällt auf die Knie, nein, nicht auf die Knie ...

Er schlägt sich vor die Stirn und wir reden lange. Es ist kein einfaches Gespräch. Ab und zu springen mir die Tränen in die Augen oder ich stampfe wütend auf, aber letztendlich fange ich an, ihn ein klein wenig zu verstehen. Nach einer Weile sind die Wörter alle, wir schauen uns an und vorsichtig legt er eine Hand auf meine Schulter. Und dann umarme ich ihn. Ich schlinge meine Arme um ihn und drücke mich ganz dicht an seine breite Brust. Ich drücke so feste, dass er »Aua« sagt.

Okay, ich weiß natürlich auch, dass es nicht so laufen wird. Aber so ist dieser Film in meinem Kopf nun einmal.

Da ist noch ein anderes Ende der Expedition, das in meinem Kopf auftaucht. Aber daran denke ich lieber nicht. Trotzdem ist es, als könne ich diesen Film nicht abschalten.

Er fängt genauso an, mit diesem Boot, das anlegt, und den Kindern, die wegrennen, um den Mann mit den elf Zehen zu holen. Aber nach einer Weile kommt nur ein einziger kleiner Junge zurück. Alleine. Er sagt, ich solle lieber weggehen. Ich verstehe es nicht. Ist er nun da oder nicht? Der Junge zuckt die Achseln und dreht sich um. Ich folge ihm. Kreuz und quer schlängelt er sich zwischen die Häuser durch und bringt mich zu einem kleinen Haus. Ich klopfe an die Tür. »Ich bin nicht da«, brummt eine Männerstimme. Ich klopfe noch einmal. Dann öffnet er die Tür einen kleinen Spalt. Ich sehe nur ein winziges Stück von ihm. Eine Hand. Eine Nase, ein Auge. »Ich bin es ...«, sage ich, »Eva. Deine Tochter.«

»Ich habe keine Tochter«, sagt er.

Bevor der Film noch weitergehen kann, schüttele ich den

Kopf: Stopp, stopp, stopp! Ich tauche meine Hand wieder ins Wasser und spritze mein Gesicht nass. Es ist ein grässlicher Film, ein Quatschfilm. So wird es ganz bestimmt nicht laufen.

Ein Stein mit Kratzern

Endlich drosselt das Boot das Tempo und nimmt Kurs auf eine schiefe Ufermauer. Ich setze mich aufrecht hin. Auf der Kaimauer nehmen zwei Mädchen Fisch aus. Mit schnellen Bewegungen schneiden sie die Gedärme heraus. Auf dem Beton liegt ein blutiger Haufen. Fliegen summen darum herum.

Ich halte mich am Bootsrand fest und stehe vorsichtig auf. »Ist das das Dorf von dem Mann mit den elf Zehen …? Äh … *lekeleke finga?*«, frage ich den Bootsmann, der das Korjal gerade mit einem Tau festbindet.

»*No, no.*« Er schüttelt den Kopf und deutet woandershin. Es ist noch weiter.

Ich setze mich wieder hin. Ein Mann steigt aus. Ein Junge hilft ihm, zwei Tonnen und einen schweren Holzstuhl auszuladen. Im Wasser neben der Kaimauer steht eine Oma und wäscht sich mit Seife. Sie hat große Hängebrüste und ruft dem Jungen etwas zu. Er hebt ihre lilafarbene Tasche an Bord. In aller Ruhe fängt sie an, sich anzuziehen. Erst den BH … dann die knallgrüne Bluse … Alle warten geduldig. Niemand klagt. Sie braucht ziemlich lange. Dann geht sie an Bord, schiebt den Benzinkanister zur Seite und setzt sich neben mich. Der Bootsmann startet den Motor wieder. Fast ist er abgefahren, als ein Junge angerannt kommt. Er winkt und ruft. Mit ein paar Sätzen rennt er über die Ufermauer und springt an Bord. Die

Bänke sind voll, aber er findet einen Platz und lehnt sich gegen die andere Seite des Gepäckbergs vor mir. Der Bootsmann gibt Vollgas und mit einem Ruck schießt das Korjal wieder auf den Fluss. Der Junge schaut sich um, sein Blick bleibt an mir hängen. Ach, ich habe natürlich noch dieses T-Shirt auf dem Kopf! Schnell nehme ich es ab. Der Junge hat glänzende, tief dunkelbraune Haut und seine Augen haben eine grüne Glut, ein wenig wie das Wasser des Flusses. Auf dem Kopf trägt er eine schwarze Kappe mit NY darauf. Er wird ungefähr vierzehn sein. Noch ein paar Mal schaut er sich um, als wäre was Seltsames mit mir. Ich wollte, ich hätte eine Sonnenbrille.

»Kommst du aus Holland?«, fragt er plötzlich. Er muss laut sprechen, um das Dröhnen des Motors zu übertönen.

Ich lege mir die Hand über die Augen, gegen die Sonne. »Woher weißt du das?«

Er zuckt die Schultern. »Deine Schuhe«, sagt er.

Ich schaue auf meine Füße. Stinknormale schwarz-weiße Sneakers.

Er will noch etwas sagen, aber dann macht er den Mund wieder zu.

Ein anderes Korjal fährt vorbei und lässt unser Boot wild schaukeln. Der Junge muss sich festhalten.

»Siehst du diesen Stein da?« Er zeigt auf einen kleinen Felsen, der einen halben Meter aus dem Wasser hervorragt.

Ich nicke.

»Der heißt *Agasitonu*.« Er klettert halb auf den Gepäckhügel und beugt sich ein wenig zu mir. »Es gab einmal einen tapferen

Sklaven, der von den Plantagen geflüchtet war. Bis ganz hierher. Die Holländer verfolgten ihn und versuchten, ihn mit ihren Gewehren zu erschießen. Sieh nur, man kann die Schusslöcher noch immer sehen.« Er hebt den Arm und zeigt wieder. Ich sehe ein paar Kratzer.

»Und?«, frage ich. »Haben sie ihn getroffen?«

Er schüttelt den Kopf. »Der Sklave schien sich in Luft aufgelöst zu haben. Keine Spur. Manche sagen, er sei in den Wald geflüchtet und würde dort weiterleben. Andere sagen, er hätte sich in einen Felsen verwandelt.«

Ich schaue mich noch einmal um. Das Wasser schäumt wie ein Kragen um den Felsen.

»Ich werde später Touristenführer«, erzählt der Junge. »Das ist mein Onkel auch. Das hier erzählt er immer, und mein Opa vermietet Häuser an euch Touristen.«

»Ich bin kein Tourist«, sage ich.

Er lacht ein schiefes Lachen. »Aber du kommst nicht von hier, *noh*?«

»Nein ...«

»Na ja. Das habe ich doch gesagt«, sagt der Junge.

Ich schaue weg. Ich habe gerade keine Lust mehr zum Reden.

Allmählich geht die Sonne unter. Wenn ich meinen Vater heute noch nicht finde, werde ich mir einen Schlafplatz suchen müssen. Ich habe noch 117 Surinamische Dollar. Keine Ahnung, ob das reicht. Ich weiß auch nicht, ob es in diesen Dörfern so was wie ein Hotel oder so gibt.

Das Tuckern des Motors wird langsamer und wir drosseln das Tempo. An einer hohen Steintreppe legen wir an und sofort springt der Junge an Land. Im Nu ist er oben an der Treppe und verschwunden. Der Bootsmann steht auf und ruft mir zu: »*Lekeleke finga.*« Er zeigt zu den Häuschen oberhalb des Ufers. Mein Herz überschlägt sich fast. Ich stehe halb auf, halte mich schnell fest, weil es so wackelt, setze mich wieder hin. Die Oma neben mir reicht mir eine Hand und vorsichtig steige ich aus. Hinten in dem Boot winkt mich die Frau mit dem kaputten Ohr zu sich. Über den Kai gehe ich zu ihr. »Hier ist es«, sagt sie. »Der Kapitän von diesem Dorf hat einen Extra-Zeh, sagt man. Kapitän Boots wird er genannt. Ein Mann mit Stiefeln, du wirst schon sehen.« Ich bedanke mich bei ihr. Fast vergesse ich, den Bootsmann zu bezahlen. Mehr als drei Viertel von meinem surinamischen Geld ist jetzt schon alle. Aber vielleicht brauche ich gleich ja gar kein Geld mehr, dann ist das alles egal.

Der Motor startet und das Korjal fährt wieder weiter. Ich winke. Die Frau, die mir so sehr geholfen hat, und der Bootsmann winken zurück. Dann drehe ich mich um. Die Treppe ist verlassen. Das Knattern des Motors erstirbt und macht Platz für das Gezwitscher der Vögel.

Ich hole tief Luft. Es riecht hier frisch, erdig, nach Moder und noch etwas Süßem und leicht Ekligem.

»Los geht's«, sage ich zu mir selbst und steige die Treppe hinauf. Das hier ist kein Film. Jetzt ist es echt.

Der Mann mit den elf Zehen

Die Treppe endet an einer Rasenfläche mit vier identischen Holzhäusern auf kurzen Pfählen. Die Türen sind mit verschnörkelten Schnitzereien dekoriert, die Spitzdächer sind aus Reet und reichen fast bis zum Boden. Ein gepflasterter Pfad läuft an den Häusern vorbei und führt zu einem breiten Holzhaus mit einem Metalldach. Vor dem Haus steht ein langer Tisch mit einem Dach auf Pfählen darüber. Das ist alles. Keine spielenden Kinder, keine Straßen, nur dieser Rasen mit diesen Häusern. Dahinter fängt schon wieder der wuchernde Wald an.

Grillen zirpen schrill. Ich gehe den Pfad hinunter. Die Türen der Häuser stehen einfach offen. Drinnen sehe ich ein paar Betten mit Moskitonetzen darüber. Wie gigantische Spinnennetze.

»Hallo?« Meine Stimme zittert.

Keine Antwort. An dem großen Haus rufe ich noch einmal. »Ist da jemand?«

Eine Frau mit einem hellgrünen Trägertop und einem orangefarbenen Tuch um die Hüften tritt durch eine Seitentür nach draußen. Sie schleift gerade zwei Messer. Sie schaut mich ein wenig erstaunt an, während sie die Messer aneinander schärft. Chchchkrrkrrt. »Holland?«, fragt sie.

Ich nicke. Sie kommt ganz heraus und späht über den Pfad. Da ist sonst niemand.

Sie murmelt etwas in ihrer eigenen Sprache, zieht die Augenbrauen hoch und fragt: »Mama, Papa?«

Aus meinem Mund kommt ein Kichern, ich kann nichts dagegen machen. »Mama ist nicht da«, sage ich »und Papa ...« Weiter komme ich nicht, in meinem Hals ist ein dicker Propfen, wie ein Klumpen Erde. Schlucken hilft nicht.

Die Frau wendet den Blick nicht von mir und schleift in aller Ruhe weiter.

»Der Kapitän ...«, stoße ich hervor. »Ich suche Kapitän Boots.«

Sie nickt und schlendert wieder ins Haus. *Chchchk, chchchk* machen ihre Messer. Sie ruft etwas.

Ich balle die Hände zu Fäusten. Ich warte. Ein Vogel kreischt wie eine Polizeisirene in einem amerikanischen Actionfilm: *Wiuwiu ... Wiuwiu.*

Ein dicker Mann tritt vor die Tür. Sein runder Kopf ist kahl und er trägt eine Brille. Über seiner Schulter hängt ein grau-blaues Tuch, darunter trägt er eine kurze Hose an und an den Füßen ... Stiefel. Mein Bauch zieht sich zusammen, als würde jemand meinen Darm aufrollen.

»Kapitän Boots?«, piepse ich. Er nickt.

Mein Atem stockt. Und mein Herz.

Er schaut ein wenig hilflos und kratzt sich den glänzenden kahlen Kopf. »Sorry ...«, murmelt er. Das ist ein Traum. Das hier passiert nicht wirklich. Das kann nicht mein Vater sein. Er sieht mir nicht ähnlich. Oder doch? Nur seine Nase vielleicht, die ähnelt meiner. Und sein breiter Mund. Und seine Ohren.

Er versucht zu lächeln. »Da ist etwas schiefgegangen, glaube ich«, sagt er.

Das kann man wohl so sagen, murmelt eine Stimme in meinem Kopf. *Da geht schon seit zwölf Jahren etwas schief.*

Mein Hals ist wie mit Sekundenkleber verklebt. Da kommt keine Luft mehr rein, nichts. Ich presse, bis er aufreißt und ein Wort herausplatzt. »Warum ...« Es klingt mehr wie ein Stöhnen. »Warum ...«

»Mir wurde gesagt, ihr würdet erst morgen kommen«, sagt er.

»Ihr?«

»Ja.« Er zieht ein braunes Büchlein aus seiner Tasche und blättert darin. »Familie Vink. Samstag, steht hier.«

Mir fällt die Kinnlade herunter.

»Aber setz dich doch«, sagt er und zeigt auf einen Stuhl. »Gib uns eine halbe Stunde, dann bringen wir die Hütte in Ordnung. Auf jeden Fall: Herzlich willkommen.«

Er streckt die Hand aus und kommt auf mich zu.

Kurzschluss in meinem Kopf. »Ich ... Ich bin nicht die Familie Vink. Ich bin Eva! Und du ... Sie ... sind doch der Mann mit den elf Zehen?«

Er bekommt einen Schrecken und zieht seine Hand wieder zurück. »Wer hat dir das erzählt?«

»Einer der Bootsmänner. In Atjoni.«

Er runzelt die Stirn. »Das sollen sie gefälligst für sich behalten.«

»Aber Sie haben schon elf Zehen?«

Er zögert einen Moment. »Zwölf«, murmelt er. Er schaut zu seinen Stiefeln. »Meine erste Frau meinte, ich solle sie wegmachen lassen. Operieren. Aber ich hab's nicht so mit Ärzten ... Und der alte Obia-Mann sagte, ich würde dann meine ganze Kraft verlieren.«

»Aber ... Bist du Rico? Rico Vrede?«

Er zieht die Augenbrauen hoch. »Mein Name ist Emmanuel Boso, aber alle nennen mich Kapitän Boots. Wer ist Rico Vrede?«

Gut. Diese Expedition ist also noch nicht zu Ende.

Er runzelt die Stirn. »Und wenn du nicht zur Familie Vink gehörst, wer bist du dann?«

»Eva eben«, murmele ich. »Eva Loks.«

Wir sind beide still. Nur die Vögel zwitschern, als wäre alles in bester Ordnung.

»Bist du mit Freundinnen hier?«

Ich schüttele den Kopf

»Bist du hier im Urlaub?«

Wieder schüttele ich den Kopf.

»Machst du einen Familienbesuch?«

Mir schießen die Tränen in die Augen. Ganz plötzlich.

»Ach, mein Mädchen ...« Er klopft mir mit seiner großen, molligen Hand auf die Schulter und schiebt einen Stuhl für mich an den langen Tisch. Ich lasse mich daraufsinken und versuche, meine Tränen abzuwischen, aber sie strömen einfach immer weiter. Die roten Quadrate auf der Plastiktischdecke verschwimmen zu Flecken. Als ich aufsehe und meine Augen trockengerieben habe, ist der Kapitän weg. Hier sind nur die Häuschen, das Gras, der Fluss und auf der anderen Seite die endlosen Bäume.

Die Frau kommt wieder nach draußen. Sie legt ihre Messer auf den Tisch, stellt sich neben mich und drückt meinen Kopf gegen ihren weichen Bauch. Mir ist alles egal. Sie fragt Sachen in ihrer eigenen Sprache »Ja«, schluchze ich, obwohl ich sie nicht verstehe. »Ich dachte, er wäre es … ganz kurz dachte ich das … Aber wo ist Rico? Niemand, niemand weiß es. Ist er vielleicht wirklich unsichtbar?« Solche Sachen sage ich.

Sie streichelt meine Haare »*Adoeoe* …«, sagt sie beruhigend. »*Adoeoe* …« Ich schließe die Augen und versinke in ihrem Bauchkissen.

Als ich die Augen wieder aufmache, sehe ich den Arm von jemandem, der eine Wasserflasche vor mir auf den Tisch stellt. Es ist der Junge mit den Flussaugen. Geräuschlos verschwindet er mit ein paar Sprüngen wieder im Haus.

Kein Empfang

Von: evaloks@mail.nl
An: luukdejong@net.nl
Betreff: 1 Zeh zu viel

Tag 2 der Expedition, Abend
Ort: Hütte, bei Kapitän Boots

Lieber Luuk,

ich bin an der falschen Adresse. Dieser Mann hat nicht elf Zehen, sondern zwölf. Er hat sie mir gezeigt. Sie ähneln meinen Zehen überhaupt nicht, seine sind halb aneinandergewachsen. Er hält sie ein wenig geheim, weil er Angst hat, dass die Leute sonst rumerzählen »in ihm wohne ein Geist«, meinte er.

Er ist der Kapitän des Dorfes (das ist eine Art Bürgermeister) und er vermietet Häuschen an Touristen. Er und seine Frau sind supernett zu mir, ich durfte bei ihnen essen und heute Nacht in einem der Häuschen übernachten. Aber sie können mir nicht weiterhelfen. Keiner kennt hier einen Rico Vrede oder jemanden mit elf Zehen. Die Spur verläuft sich. Und ich habe nicht mehr viel Geld.

Das wollte ich kurz erzählen. Natürlich weiß ich, dass es noch eine Weile dauern kann, bis du das lesen wirst, hier im

Dschungel gibt es, glaube ich, kein Internet. Telefonieren geht auch nicht, ich habe schon ein paar Mal versucht, Mama zu erreichen. Und trotzdem musste ich dir einfach schreiben. Ich wollte, du wärst hier, Luuk. Vielleicht findest du's komisch, aber manchmal stelle ich es mir vor: dass du hier jetzt neben mir auf diesem Bett in diesem dunklen Häuschen sitzt. Dass du zu mir sagst: Los, Evi nicht rumjammern, wir klettern auf Bäume und spielen Tarzan in den Lianen. Irgendwie so was. Ich weiß gerade nicht mehr weiter. Vielleicht komme ich mit leeren Händen zurück von dieser Expedition. Dann ist es eine Nixpedition.

Eva

Wieder drücke ich auf *Senden*, obwohl ich weiß, dass es nicht funktioniert. Mit einem Seufzer lege ich mein Handy neben mich auf die Matratze.

In dem Häuschen stehen vier Betten. Es gibt eine Ecke mit einer Toilette und hinter einem Plastikvorhang eine Dusche. Es riecht ein wenig feucht und muffig, aber es ist sauber. Morgen kommen die Familie und andere Gäste, dann muss ich hier weg.

Ich habe nicht einmal eine Zahnbürste dabei. Ich habe echt Glück, dass ich so nette Leute getroffen habe, sonst hätte ich draußen schlafen müssen. Zwischen Spinnen, Schlangen, Kaimanen und Gürteltieren.

Die Türöffnung ist ein schwarzes Loch. Es ist dunkel geworden, bevor ich es so recht bemerkt hatte. Der Urwald hat heimlich das Licht ausgeknipst und auch einen anderen Track aufgelegt: viel weniger Vögel und stattdessen Geraschel und Geräusche von Fröschen und Grillen und weiß der Himmel welchen Tieren.

An der Decke brennt eine kahle Birne. Bis zehn Uhr ist noch Strom da, hat der Kapitän erklärt, danach wird der Generator ausgeschaltet.

Ich greife wieder nach meinem Handy. Der Akku ist halb leer. Und mein Ladegerät liegt noch im Hotel. Stunden, Kilometer von hier entfernt.

Das Display verbreitet ein bläuliches Licht. *43 verpasste Anrufe* steht noch immer darauf. 14 von Tosca, 29 von Mama. Heute Nachmittag hatte sie ihren ersten Auftritt auf dem Festival.

Ein winziger Balken Empfang flackert kurz auf. Meine Finger wandern zum zigsten Mal zu ihrem Namen, zu dem grünen kleinen Telefonhörer. Zurückrufen. Ich muss sie kurz sprechen, mich selbst schnell aufladen, mein Akku ist auch leer. Und wenn ich nur ganz kurz ihre Stimme hören würde.

Das Telefon knistert, ist kurz still, und dann drei strenge Pieptöne.

Kein Empfang. Keine Mama.

Ich will es noch ein allerletztes Mal versuchen. Draußen.

Auf der Terrasse sehe ich den Flussjungen. Er geht in das große Haus. Der Kapitän hat erzählt, er sei sein Enkelsohn. Sein

*Enkel*sohn. Dann muss er sehr viel älter sein als mein Vater. Das hätte ich doch sofort sehen müssen?

Ich wähle Mamas Nummer und stecke mir einen Finger ins Ohr gegen den Dschungellärm. Die Frösche und Grillen quaken und zirpen fröhlich weiter, als würden sie mich auslachen. Ich drücke meine ganze Hand gegen mein Ohr. Das Handy rauscht. Und dann habe ich Verbindung. Eine Stimme: »Eva?« Eine Sturzflut aus Knacken und Knistern folgt, irgendwo dazwischen höre ich wieder vage: »EVA!«

Einen Moment lang macht ihre Stimme mich schlapp, schmelze ich, dann reiße ich mich zusammen. »Hey, Mam ...«

»CHCHCHKRRKRRT ... IST LOS? BIST DU ENTFÜHRT WORDEN?«

»Quatsch, natürlich nicht.«

»WAS SAGCHCHCHRHHRTHR ...?«

»'türlich nicht!«, rufe ich in den Apparat. Ich gehe ein paar Schritte, vielleicht ist der Empfang weiter hinten besser.

»SAHCHWRRKKKRRRRTRRPPP ... PASSIERT?! WO BIST DU?«

»Es geht mir gut, Mam. Alles in Ordnung. Mach dir nur keine Sorgen. Wie war dein Auftritt?«

»SCHWRRRKKG ... SÜSSE ... DAS FERNSEHTEAM SUCHT DICH ÜBERKRRRGKTGGRRSS!«

»Ich verstehe dich nicht!«

Auf der Terrasse des großen Hauses brennt eine Außenlaterne. Das Knistern scheint dort ein wenig nachzulassen, aber es ist noch immer zu laut, um Mama verstehen zu können.

Ich gehe noch weiter, in Richtung der Bäume. Die Pfähle des Schutzdaches werfen lange Schatten, ich sehe nicht so gut, wo ich gehe.

»Mam? Bist du noch da?«

»SSCHCHCHMGDNNCHCHKGG … WO DU BIST!«

»Es geht mir gut, wirklich. Keine Sorge. Ich bin in guten Händen.«

»CHCHCHWRRTT … DEINEN HÄNDEN?!«

»Sobald ich Rico gefunden habe, komme ich zurück. Hörst du mich?«

Im Dunkeln gehe ich zwischen den Bäumen hindurch, meine Hand noch fester aufs Ohr gepresst, um das Brüllen der Grillen zu dämpfen. Nur ein paar Lichtstrahlen der Außenlaterne dringen bis hierher. Einen Moment lang höre ich ihre Stimme ganz klar: »… WAS IST MIT DEINEN HÄNDEN?« Dann fällt sie wieder weg. »Nichts!«, rufe ich. »Überhaupt nichts!« Höher, ich versuche, mein Handy höher zu halten. Vielleicht, wenn ich mich an einem Ast hochziehe …

Ich stocke. Um den Baumstamm genau vor mir, noch keine zwei Meter entfernt, kriecht eine Schlange. Eine Schlange mit einem schmalen Kopf. Eiskalte Augen mit Spaltpupillen starren mich an.

Ich erstarre. Mein Handy fällt mit einem sachten Plumps in die Blätter vor meinen Füßen »EVA …? BIST DU NOCH DA?« tönt es leise vom Boden.

Ich traue mich nicht, den Mund aufzumachen. Ich traue mich nicht, mich zu bewegen.

»EVA?« Mamas Stimme geht wieder in einer Rauschewelle unter, das Handy piepst und bleibt dann still.

Langsam, quälend langsam gleitet die Schlange am Stamm entlang und an den Wurzeln herab zum Boden. Neugierig kriecht sie in die Richtung des Handys. Und in meine Richtung.

Die Schlange

Weg hier. Jeder einzelne Knochen und jeder Muskel in mir schreit: Weg hier, weg hier, nix wie weg hier! Trotzdem bleibe ich stehen. Irgendetwas macht, dass ich den Blick nicht von der Schlange abwenden kann. Im Schein der Außenlaterne leuchten ihre Augen kurz auf.

Meine Knie tun weh, ich will wegrennen, aber ich zwinge meine Beine, stehen zu bleiben. Das ist der Dschungel. Ich bin die Tochter meines Vaters. Meine Augen kleben an der Schlange. »Ich habe keine Angst vor dir«, flüstere ich. Mein Zeh kribbelt und sticht.

Die Schlange hält still und hebt den Kopf. Ganz kurz schnellt ihre Zunge hervor. Dann gleitet sie unverfroren weiter, über Baumwurzeln und Blätter. Ihre Bewegungen sind so geschmeidig, so … schön. Wie nasser Ton, der einem durch die Finger glitscht. Ich kann die Augen nicht von ihr lassen. »Ich habe keine Angst vor dir«, sage ich noch einmal. Mein Zeh kribbelt schon etwas weniger.

Aber dann plötzlich schießt sie nach vorn. Ich springe, überschlage mich fast, renne los. Ich weiß nicht wie, aber innerhalb von drei Sekunden stehe ich wieder an der Tür zu meiner Hütte.

Meine Brust hebt und senkt sich wie wild. Mein Rücken ist schweißnass, meine Hände kleben.

Mein Handy …

Ich muss es zurückholen. Mama macht sich furchtbare Sorgen. Mit klopfendem Herzen spähe ich zu dem Waldrand, an dem ich gerade eben war.

Nichts rührt sich. Bei der Leiter und den Pfählen an der Hütte sehe ich auch nichts. Trotzdem traue ich mich nicht zurück. Grillen zirpen, Frösche quaken, der Fluss rauscht und ich stehe dort wie angewurzelt. Dann sehe ich den Jungen wieder, mit einem großen weißen Sack in der Hand geht er an der Terrasse vorbei.

»Pass auf!«, rufe ich. »Da ist eine Schlange!«

»Ja«, sagt er. »Eine sehr schöne!« Er trabt auf den Waldrand zu.

Schritt für Schritt steige ich die Leiter runter. »Mein Handy liegt da noch«, sage ich, aber er hört mich nicht. Vorsichtig gehe ich hinter ihm her. »Äh … du?« Ich traue mich nicht zu rufen.

Er steht am Waldrand und späht angestrengt ins Halbdunkel. Ich sorge dafür, hinter ihm zu bleiben und achte gut auf das Gras vor meinen Füßen.

»Mein Handy«, flüstere ich.

»Schscht …«, macht der Junge. Er richtet eine Taschenlampe auf den Boden. Da ist die Schlange. Ihre orangefarbene Haut leuchtet im Lichtschein hell auf. Träge kriecht sie über einen Stein.

Der Junge legt den weißen Sack auf den Waldboden, die Öffnung zur Seite gedreht. Dann hebt er einen Stock auf.

»Was machst du?«, frage ich.

»Was meinst du?«, fragt er, und er gibt der Schlange mit dem Stock einen leichten Tick.

Ich trete einen Schritt zurück. »Fängst du sie?«

»In der Stadt bekomme ich glatt 500 Surinamische Dollar für so eine Schönheit«, erklärt er.

Die Schlange windet sich in aller Ruhe im Schein der Taschenlampe. Ihre Schuppen sind hellorange, wie Pfirsiche, und auf ihrem Rücken bilden ein paar weiße Schuppen ein Streifenmuster. Es erinnert mich an Bügelperlen.

»Ist die giftig?«, frage ich.

»Nah ... Vielleicht nicht«, sagt er hoffnungsvoll.

Der Junge treibt die Schlange näher an den Sack. Bei jedem Tick, den er der Schlange versetzt, zucke ich zusammen, als würde ich ihn selbst bekommen. Die Schlange richtet ihren Kopf auf und züngelt. Als sie eine plötzliche Bewegung macht, springt der Junge zur Seite. Mit dem Stock verschiebt er den Sack, bis er genau vor der Schlange liegt. Ein paar Ticke später liegt die Schlange halb im Sack. Der Junge greift nach dem Rand und zieht in hoch, sodass das Tier auf den Boden fällt. Schnell hält er den Sack zu und bindet eine Schnur darum.

»Bekommt sie so denn noch Luft?«, frage ich.

»Klar doch«, sagt der Junge.

Die untere Seite des Sacks windet und krümmt sich.

»Und sie kann kein Loch in den Sack beißen?«

Der Junge lacht. »Natürlich nicht. Sie ist ja noch klein. Es ist eine junge Schlange.«

»Aber ... Dann ist ihre Mutter bestimmt noch in der Nähe!«

Er hebt eine Augenbraue. »Wieso sollte sie?«

»Das ist doch oft so bei jungen Tieren? Dass die Mutter Menschen angreift, um ihre Kinder zu beschützen?«

Er zuckt die Achseln. »Bei Schlangen nicht. Habe ich jedenfalls noch nie gehört. Schlangen machen einfach, was sie wollen.«

Einen Moment lang fällt uns nichts mehr zum Reden ein. Er steht dort einfach mit der Taschenlampe in der einen und dem Sack in der anderen Hand.

Ich zeige. »Mein Handy ist da irgendwo hingefallen. Was, wenn da noch mehr Tiere sind?«

Der Junge leuchtet mit seiner Taschenlampe und biegt ein paar Pflanzen mit seinem Stock auseinander. »Hier.« Im Nu fischt er das Teil zwischen den Blättern hervor und überreicht es mir triumphierend. »*Dèh, tei!*«

»Äh ...?«

»Das bedeutet ›Bitte sehr‹.«

»Okay.« Endlich traue ich mich, aufzuatmen. »Und wie sagt man ›Danke‹?«

»*Ghaan tangi fi.*« Er spricht es übertrieben deutlich aus.

»*Ghaan tangi fi*«, spreche ich ihm nach.

Ich wische mein Handy ab. Drei weitere verpasste Anrufe von Mama. Und eine Nachricht.

»Hast du da gerade mit deinem Freund telefoniert?«, fragt der Junge.

»Nö, das nicht ... mit meiner Mutter.«

Meine Wangen glühen. Zum Glück ist es dunkel.

Schnell überfliege ich Mamas Nachricht. Sie ist lang und das Wort »müssen« kommt sehr oft darin vor. Ich *muss* sagen, wo ich bin. Ich *muss* mich in Acht nehmen, vor allem vor Männern. Ich *muss* mir einen sicheren Ort suchen und ich *muss* dort bleiben, bis das Fernsehteam mich gefunden hat ...

Ich seufze.

Er hebt den Sack in die Höhe und deutet mit seiner Taschenlampe darauf. »Ich spare für ein Moped. Mit dem Geld für diese Schlange habe ich dann fast genug.«

»Okay«, sage ich. Der Sack raschelt. »Trotzdem tut mir die Schlange leid.«

»Nein, Unsinn. So machen es alle. Alle, die sich trauen, eine Schlange zu fangen.«

Wir bleiben beide stehen. Als würden wir auf irgendwas warten.

»Möchtest du einen Soft?«

»Was ist ein Soft?«

Er lacht. »Einen Softdrink. Cola oder Fernandes oder so was.«

»Ah, Cola mag ich.«

»Wie heißt du?«, fragt er.

»Eva. Und du?«

»Palu«, sagt er. Und ehe ich bis drei zählen kann, sprintet er ins Haus, um was zu trinken zu holen.

Palu

Alles o.k. hier, Mam. Nette Leute. Kann noch nicht zurück zum Team. Erkläre ich später. Sorry. Auch an Team. Noch ein paar Tage. Bin in der Nähe. Muss so sein. X

Es passt genau in eine SMS. Anrufen geht nicht, dann eben so. Eine superleichte Nachricht fliegt vielleicht besser durch die Luft: Dann braucht Mama sich keine Sorgen mehr zu machen. Nicht allzu viele, jedenfalls.

Auf der Terrasse klettere ich auf einen Pfahl und schwenke mein Handy hoch durch die Luft. *Nachricht verschickt*, sagt es endlich. Genau in diesem Moment kommt der Junge mit zwei Getränkedosen zurück. Schnell springe ich wieder auf den Boden. »Na ja, weißt du, ich hab hier nirgends Empfang.«

Er lacht übers ganze Gesicht. »Du sahst aus wie die Freiheitsstatue. Du weißt schon, mit dieser Fackel.«

»Hm.«

Er reicht mir eine Dose Cola.

»*Ghaan tang* ... Dingens. Danke«, sage ich, und ich nehme einen großen Schluck. In meinem Hals prickelt es. Die Tränen steigen mir in die Augen.

Er setzt sich auf einen Tisch und nimmt einen Schluck aus seiner Dose. Ich bleibe stehen und schiebe eine Hand in meine Hosentasche. »Wo ist die Schlange jetzt?«

»Och, die ist in Sicherheit.«

»Braucht die kein Futter?«, frage ich.

»Ich dachte, du hättest Angst vor dieser Schlange?«

»Ein bisschen«, sage ich. »Ich wusste ja nicht, dass sie noch klein ist. Und sie ist eigentlich auch sehr schön.«

»Das stimmt.« Palu grinst.

Eine Weile sagen wir nichts.

Ich nicke zum Haus. »Wohnst du hier, bei deinen Großeltern?«

»Manchmal. Und manchmal bei meiner Mutter im Dorf.« Er zeigt nach hinten.

»Hast du keinen Vater?« Sofort beiße ich mir auf die Lippen, als könnte ich es wieder herunterschlucken. Das ist genau so eine Frage, die ich hasse, wenn sie mir gestellt wird.

Aber Palu macht es nichts aus. »Der wohnt in einem anderen Dorf«, erklärt er. »Ein Stück weiter, am anderen Ufer.«

»Meine Eltern sind auch getrennt. Schon vor meiner Geburt.«

»Oh, aber mein Vater und meine Mutter sind nicht getrennt«, sagt Palu. »Sie haben beide ein eigenes Haus. Manchmal kommt mein Vater ein paar Tage vorbei.«

»Oh.«

»Er hat auch noch eine Frau in einem anderen Dorf. Ich erledige manchmal was für sie.«

Ich mache große Augen. »Heimlich?«

»Was ich für sie erledige?«

»Nein ... die andere Frau, weiß deine Mutter davon?«

Er zuckt die Achseln. »Ja.«

Meine Augen werden immer größer. »Und das findet sie in Ordnung?«

»Sie sind gute Freundinnen«, sagt Palu. »Meist geht es ganz gut.«

»Oh.« Ich spüre kein Kribbeln in meinem Zeh, also wird es wohl wahr sein. Trotzdem kann ich es mir kaum vorstellen.

»Dein Vater ... gehört also nur halb dir«, sage ich.

»Pardon?«

»Ich meine ... dass du deinen Vater teilen musst.«

Er lacht und schaut mich schräg an. »Du redest vielleicht komisch. Ein Vater ist doch nicht ... wie eine Banane, die man in Stücke schneidet? Er gehört mir nicht. Er ist da ... Und manchmal hilft er mir, oder bringt mir Sachen bei. Fischen oder wie man eine Schlange fängt, zum Beispiel.«

Ich nicke. Ich stelle mir vor, wie Rico mit mir am Ufer sitzen würde, morgens in aller Frühe, wir beide mit einer Angel. *Wenn einer angebissen hat, Eva, schnell einholen, sonst schnappen sich die Piranhas deinen Fisch.* In meinem Bauch spüre ich eine Art Heimweh. Heimweh nach einem Ort, an dem ich noch nie gewesen bin.

Ein Nachtfalter fliegt um Palus Kopf. Er schlägt ihn weg. »Aber am meisten habe ich von meiner Mutter gelernt, und natürlich von meinen Onkeln. Die wohnen ein paar Häuser weiter im Dorf. Mein Vater ist auch oft weg, um in der Stadt zu arbeiten. Und ich bin natürlich nicht sein einziger Sohn.«

»Nicht?«

»Ich habe acht Geschwister. Und du?«

Ich schüttele den Kopf, aber dann höre ich mich selbst »einen« sagen. »Ich habe einen Bruder: Luuk.« Mein Zeh kribbelt ganz leicht, als würde eine Feder ihn streifen.

»Einen nur?«, fragt Palu erstaunt.

Ich zucke die Schultern. »Einer reicht. Er ist der liebste Bruder auf der ganzen Welt.«

Mit seinen Flussaugen starrt er mich an und zieht einen Mundwinkel hoch. »Meine Brüder sind alle noch ganz klein.«

Wir nehmen beide einen Schluck. Genau gleichzeitig.

»Es könnte auch sein, dass ich noch mehr Brüder habe«, sage ich. »Oder Schwestern. Ich weiß nicht, ob mein Vater noch mehr Kinder hat. Ich bin hier ins Binnenland gekommen, um ihn zu suchen.«

»So was sagte mein Opa schon«, sagt Palu.

Und dann erzähle ich ihm von meiner Vaterexpedition. Von den Hinweisen, die ich habe, von der Spur, die sich hier verläuft. Er hört zu und blinzelt mit seinen großen Augen.

»Aber dann bist du ganz allein aus Holland hierher geflogen?«, fragt er.

»Nein, mit einem Fernsehteam.«

Seine Augen werden noch größer. »Bist du ein Filmstar? Also doch! Ich dachte schon, mit der ist etwas ...«

»Nein, Mann!« Ich muss laut lachen. Es dauert eine Weile, bis ich ihn wieder ansehen kann. Mein Hals glüht, meine Wangen glühen, sogar meine Ohren. Plötzlich weiß ich nicht mehr, wie ich normal auf zwei Beinen stehen soll, ich lehne mich gegen einen Pfahl. Palu schaut mich an. Nicht nur mein Gesicht.

Ich erzähle ihm von *Verlorene Zeit,* über das Screening und dass sie mich gern haben wollten. Ich gebe sogar ein wenig mit meiner Mutter an. Das mache ich sonst nie.

Palu stellt seine Dose mit einem Knall auf den Tisch. »Die wollten einen Film über dich machen, aber du wolltest nicht??«

»Keinen Film ... eine Folge in einer Fernsehsendung.« Ich schiebe mir eine Locke hinters Ohr. »Aber bei meiner Halbtante hatte ich plötzlich dermaßen die Nase voll von diesem Fernsehteam ... und sie hat auch nur blöde Dinge über meinen Vater erzählt. Da bin ich weggelaufen. Übrigens sagte meine Halbtante, er hätte Angst vor Kameras. Dann ist es jawohl besser, auf eigene Faust und ohne Kamerateam zu suchen, oder etwa nicht?« Wenn ich das so erzähle, klingt es schon ganz schön cool. Überhaupt nicht wie eine *Nixpedition.*

»Diese Fernsehleute wissen also nicht, wo du bist?«, fragt Palu.

»Hoffentlich nicht, nein.«

»Trotzdem schade«, sagt er grinsend. »Ich hätte dich gern im Fernsehen gesehen.«

Als ich nicht mehr kichern muss, schauen wir uns an. Eine Sekunde lang ist es, als würde er tiefer schauen. Als würde er in mir etwas sehen, was ich selbst nicht einmal weiß. Ich schlucke. »Möchtest du mir beim Suchen helfen?«

»Klar«, sagt er.

Ich frage, ob er dann morgen mit mir ins Dorf geht, um dort rumzufragen. Er stimmt zu.

Gerade als ich denke, dass dieser Abend noch stundenlang

so weitergehen könnte, dass es nichts und niemanden gibt, der sagt, ich müsse jetzt ins Bett, ruft seine Oma Palu ins Haus. Er steht auf.

Ich sage, dass ich dann wohl auch mal schlafen gehe.

»Soll ich dich zu deiner Hütte bringen?«, fragt er.

»Nein, nicht nötig«, sage ich. Aber die Stecknadeln in meinem Zeh sagen etwas ganz anderes.

Das Tier

Der Urwald schläft nicht. Er zirpt, zischt, brüllt, pfeift und surrt, als wolle er mich absichtlich wach halten. Eine Mücke prallt gegen mein Moskitonetz, als wäre sie betrunken. Todmüde bin ich, und trotzdem liege ich hier mit weit geöffneten Augen. Vor ein paar Stunden schien alles verloren, jetzt kribbelt mein ganzer Körper, als hätte ich morgen Geburtstag.

Plötzlich rennt etwas übers Dach. Etwas Großes. Es raschelt und kratzt, als würde es mit seinen Klauen oder womit auch immer die Reetstängel zertreten. Ich krieche tiefer unter das Laken und versuche, mir nicht vorzustellen, was es ist. Und ob es haarige Pfoten hat. Oder scharfe Zähne. Genauso plötzlich hört das Kratzen wieder auf. Ich spitze die Ohren. Vielleicht läuft es jetzt über die Wand und lauert durch einen Spalt ins Zimmer.

Wieder ein Wummern. Ich spüre, wie ein Schrei in mir aufsteigt; wie ein Ballon in meiner Brust, der sich schnell aufbläst, ein Ballon voller Panik und Schreie und, und ... Schnell schiebe ich einen Arm aus dem Moskitonetz und drücke auf den Lichtschalter.

Die Birne an der Decke geht an. Nichts zu sehen. Keine Löcher im Dach oder Pfoten, die durch irgendwelchen Spalten ragen. Ich atme aus. Die Tür habe ich sorgfältig geschlossen, den Riegel vorgeschoben

Ich lege mich wieder unter das Laken, unter das Moskitonetz. Der Urwald surrt und zirpt und rattert weiter, aber das Tier höre ich nicht mehr. Etwas in mir will nach draußen, um nachzusehen, was für ein Tier es ist. Ich kann es nicht ausstehen, dass ich es nicht weiß. Trotzdem bleibe ich liegen.

Mein eigener Vater schläft jede Nacht in diesem Urwaldlärm. Bestimmt hat er keine Angst vor Schlangen oder Rascheltieren oder der Dunkelheit. Warum bin ich dann so ein Angsthase? Ich starre auf meine Hände im blassen Licht der Lampe. Halbsurinamische Hände. Braun von außen, weiß von innen. Etwas in mir ist surinamisch. Aber was denn? Es muss mehr sein als nur meine Haut und meine Haare. Die Hälfte meines Blutes? Meine Knochen? Sitzt nicht irgendwo in diesem Körper eine Art Kraft, die dafür sorgt, dass ich keine Angst vor dem Urwald habe? Wie eine Art Superkraft, die ich von meinem Vater geerbt habe … Eine Superkraft, von der ich nichts wusste, weil ich sie noch nie gebraucht habe, und die erst da ist, wenn ich im Dschungel bin, wenn ich den Gefahren ausgesetzt werde. Genau wie Spiderman und der Hulk ihre Kräfte erst entdeckten, als sie in Gefahr gerieten, als sie Angst verspürten, echte Angst.

Plötzlich erklingt ein trockenes Klicken und das Licht geht aus. Die Dunkelheit fällt über mich, noch dicker als vorher. Ich schnappe nach Luft. *Nicht schreien,* ermahne ich mich selbst. Alles ist in Ordnung, es ist zehn Uhr, dann schaltet sich die Elektrizität aus, Kapitän Boots hat es mir erklärt. Ich schließe die Augen, um die Dunkelheit nicht zu sehen. Das hilft.

Mitten in der Nacht schrecke ich auf von sehr lautem Geprassel auf dem Dach. Regen. Noch immer liegt die Dunkelheit wie eine Decke über mir, es ist egal, ob ich die Augen geschlossen habe oder nicht. Und plötzlich weiß ich, dass es nicht die Dunkelheit ist, vor der ich Angst habe. Was, wenn ich morgen keinen Schritt weiterkomme? Was, wenn mein Geld alle ist? Was, wenn mein Vater wirklich unauffindbar ist? Natürlich hat Mama das schon ein paar Mal gesagt, aber trotzdem ... Immer habe ich irgendwo im Hinterkopf gedacht: Ja ja ... das klappt schon. Bis heute. Bis jetzt. Und während der Regen auf das Dach trommelt, dringt zu mir durch: Es kann auch sein, dass ich mein Leben lang mit einem quälenden Fragezeichen leben muss.

Mit einem Loch im Herzen.

Das Dorf

Reis und Fisch mit grauer Banane. Das ist das Frühstück.

»Ich hab nicht so viel Hunger«, versuche ich noch, aber Palus Oma lacht so nett, dass ich doch mal ein bisschen davon nehme. Und dann noch ein wenig. Es schmeckt besser, als ich dachte.

Palu grinst breit, als er sich mir gegenüber an den Tisch setzt. Ich schlage die Augen nieder.

Während des Frühstücks sagen wir nichts. Ab und zu lächelt er mich an. Meine Haare sind noch nass vom Duschen und tropfen auf mein T-Shirt. Ich bin froh, dass ich noch ein sauberes in meinem Rucksack hatte.

»Wollen wir los?«, frage ich, als ich fertig bin.

Er springt auf. »Let's go.«

Die Sonne scheint schon heftig. Die Dunkelheit der vergangenen Nacht ist weit weg.

Im Vorbeigehen schaue ich zum Dach meiner Hütte, aber ich sehe nirgends Beschädigungen oder Löcher von dem Tier, das darübergestampft ist. Ich frage mich, ob ich das wirklich gehört habe.

Wir folgen einem Pfad aus roter, fest getretener Erde zwischen den Bäumen hindurch. Unterwegs sagt Palu nicht viel, außer, wenn wir einen Vogel hören. »*Waldtaube*«, sagt er dann. Oder »*Grietjebie*« oder »*Wakago*«, und dann entdeckt er sofort einen Vogel in den turmhohen Bäumen und zeigt darauf. Ich wollte, mein Vater ließe sich auch so leicht finden.

An einem dicken Baum gabelt sich der Pfad und führt zu beiden Seiten darum herum.

»Nein«, sagt Palu. »Du musst den anderen Pfad nehmen.«

»Warum?«

»Frauen müssen rechts um den Baum rum.«

»Das ist doch egal? Niemand sieht, wenn ich hinter dir hergehe?«

»Doch, die Geister.« Er sagt es völlig ernst.

Ich zucke die Achseln und gehe rechts um den Baum herum. Ich bin eine Frau. Ich muss mich sehr anstrengen, nicht loszukichern.

Hinter einem Steg, der über schlammigen Boden führt, fängt das Dorf an. Hier und dort stehen Holzhäuser. Immer haben sie ein hohes Spitzdach aus Wellblech oder Palmblättern, wie ein Riesenhut auf den niedrigen Wänden. Die Türen sind oft wunderschön mit verschnörkelten Schnitzereien verziert. Um die Häuser herum liegen Sachen wie Pfannen, Tonnen, Besen, Plastikstühle. Manchmal sehe ich eine große Eidechse weghuschen.

Nirgends stehen die Häuser in steifen Reihen, wie bei uns. Nirgends sind die Pfade gerade. Nirgends gibt es Autos oder Ampeln oder Verkehrsschilder oder hohe Gebäude. Ich seufze und bleibe kurz stehen.

Ein Stück weiter entfernt sitzt vor einem Haus eine Frau auf einem Hocker. Sie trägt eine Kette, ansonsten ist ihr Oberkörper nackt. Über einer großen Schüssel siebt sie eine Art Mehl. Die Frau grüßt uns und fragt Palu etwas. Er lacht ein wenig dümmlich und hebt die Schultern.

»Was sagt sie?«

»Äh ... nichts Besonderes«, murmelt Palu.

»Könntest du sie fragen, ob sie mal von einem Rico Vrede gehört hat, oder von einem Mann mit elf Zehen?«

Palu fragt sie. Die Frau zuckt die Achseln.

Gegen das Geländer einer kleinen Brücke lehnen drei kleine Jungen. Sie singen ein Lied und müssen zwischendurch ständig laut lachen.

Ganz von selbst muss ich auch lachen. »Was singen sie?«

»Äh ... *Da wurde ein Tapir erschossen*«, übersetzt Palu, »*aber nicht gerecht geteilt ... mit dem Dorf ... Wer hat es für sich selbst behalten? Wem kann man nicht vertrauen?*«

»Jako! Jako!«, rufen zwei Jungen triezend. Der andere fängt an, sie zu schubsen. Lachend springen sie zur Seite.

»Warum macht er das?«, frage ich erstaunt.

»Jako, das ist sein Vater ...«, erklärt Palu.

Wir fragen sie nach Rico, aber sie kichern bloß ein wenig und schütteln den Kopf. Ich hole die blaue Feder aus meinem Rucksack und frage sie, ob sie schon mal einen Papagei gesehen haben der *i nya makpa* rufen kann, aber dann kriegen sie sich überhaupt nicht mehr ein. Fast rollen sie vor Lachen von der Brücke.

So gehen wir kreuz und quer durch das Dorf und fragen überall nach meinem Vater.

Wir fragen auch einen Mann, der eine Pflanze umhackt. Wir fragen es Palus beide Cousinen, die im Schatten eines Cashewbaums sitzen. Wir fragen es eine Frau mit einem Äffchen in einem Käfig. Wir fragen es in einem winzigen Lädchen, in dem man alles Mögliche kaufen kann, sogar Tierschädel, aber neue Informationen über meinen Vater haben sie nicht.

Palu ist unermüdlich und spricht mit allen. Leute sehen mich neugierig an. Ich lächle ein wenig und schaue auf den Boden oder zu Palu. Zu seinen dunkelgrünen Augen.

Aber mit unseren Ermittlungen kommen wir nicht viel weiter. Irgendwer kennt eine Frau mit elf Zehen. Ein anderer kennt einen Jungen mit zwölf Fingern. Und drei Leute flüstern, dass Kapitän Boots zwölf Zehen hat, aber das wussten wir natürlich schon.

Wir ruhen uns im Schatten aus, nicht weit vom Fluss entfernt. Ich habe uns was zu trinken gekauft.

Ich wische mir den Schweiß von der Stirn. »Das wird ganz schön schwierig ... könnte sein, dass mich das Kamerateam findet, bevor ich meinen Vater gefunden habe.«

»Und dann?«, fragt Palu.

Ich beiße mir auf die Lippen. »Dann werden sie wütend sein. Ich habe die ganze Sendung verdorben ... Und meine Mutter, die hat bestimmt gebettelt, ob sie mich bitte so schnell wie möglich finden und sofort nach Hause bringen.«

»Das wäre sehr schade«, sagt er leise.

Ich nicke. Eine Waldtaube singt kläglich *Uuwuu ... uuwuu ...*

Über Palus Augen ist ein Schatten gefallen. Er späht um

sich her. »Vor ein paar Jahren hatte sich mal ein *tigri* ins Dorf verirrt.«

»Ein Tiger?«

»Nein, wie nennt ihr ihn noch mal ... Ein Jaguar. Ich habe ihn nie gesehen, aber manchmal spürte ich, nein *wusste* ich einfach, dass er ganz in der Nähe war ...«

»Und was hast du da gemacht?«

»Weitergelaufen.« Er springt auf. »Komm. Wir sind noch nicht am Fluss gewesen.«

Eine neue Spur

Von: evaloks@mail.nl
An: luukdejong@net.nl
Betreff: Tag 3

Expeditionstag 3, Nachmittag
Ort: Haus von Kapitän Boots

Lieber Luuk,

ich habe wieder eine Spur!
    Heute Morgen habe ich eine Reihe von Leuten nach meinem Vater gefragt. Zum Glück war Palu dabei, um zu übersetzen, weil die meisten Leute hier gar kein Niederländisch sprechen. Palu, das ist der Enkel von Kapitän Boots. Ein netter Junge, der mir ein wenig hilft.

Den ganzen Morgen sind wir in der Affenhitze durch das Dorf gelatscht, aber keiner hatte je von Rico Vrede oder einem Mann mit elf Zehen gehört.
    Es war schon nachmittags, als wir beschlossen, am Fluss entlang zurückzugehen. Unterwegs trafen wir einen »Onkel« von Palu. (Er ist ein Cousin seiner Mutter, aber das zählt hier auch als Onkel.) Er baute gerade mit einem Freund zusammen

ein Korjal, so werden hier diese Boote genannt, die aus dicken Baumstämmen gemacht werden. Er hörte auf zu hämmern, dachte totaaaaaal lange nach und erzählte dann, er habe als kleiner Junge mit einem Jungen mit elf Zehen Fußball gespielt. Aber bestimmt bringt uns das nicht weiter, sagte er, denn er hat gehört, dass dieser Junge schon vor vielen Jahren nach Holland gezogen war.

Ich sprang auf: Das musste er sein! Kann es sein, dass er später wieder zurückgekommen ist? Das wusste der Bootsbauer nicht. Aber dieser Junge mit den elf Zehen hieß, soweit er sich erinnerte, nicht Rico, sondern Gabian (das bedeutet Habicht). Jedenfalls nannten ihn alle so.

Dann mischte sich der andere Bootsbauer auch ein. Gabian? Diesen Namen hatte er schon mal gehört. Er hatte mal ein Boot für einen Gabian repariert. Er wusste schon noch, auf welcher Insel der wohnte, ein gutes Stück den Fluss hinunter. Dort sollten wir noch mal weiterfragen.

Wir wissen jetzt also seine Insel und seinen Spitznamen! (Jedenfalls, wenn er es wirklich ist.) Wieder ein Schritt weiter!

Wir bedankten uns bei den Bootsbauern und gingen zurück zum Haus vom Kapitän. Da bin ich jetzt.

Palu will mich heute Nachmittag mit dem Korjal zu dieser Insel bringen. Es ist nicht sehr weit. Die Chancen stehen gut, dass wir ihm dort auf die Spur kommen ...

Alles Liebe,
Eva

Der weiße Sack

»Du bist die ganze Zeit mit deinem Handy beschäftigt«, sagt Palu. Er sitzt mir gegenüber an dem langen Tisch unter dem Schutzdach. »Ja, tut mir leid«, sage ich. Ich werfe noch einen Blick auf mein Handy, aber hier ist wirklich null Komma null Empfang, also ist verschicken sinnlos.

Nachdem wir aus dem Dorf zurückgekommen waren, hat seine Oma uns Reis mit Huhn gemacht. Mein Teller ist nur halb leer, es war so scharf, dass mir die Flammen aus den Ohren schlugen.

Von dem vielen Laufen tun mir die Füße weh. Ich ziehe meine Schuhe aus. An meiner Ferse ist eine Blase.

Palus Oma kommt aus der Küche. Sie hat eine Flasche Wasser dabei und schenkt unsere Gläser wieder voll.

»*Ghaan tanig fi*«, sage ich.

»*Na sondi oe tangi*«, sagt sie lachend.

Plötzlich zeigt sie auf meine Füße. Begeistert fängt sie an zu reden.

»Was sagt sie?«, frage ich Palu.

Er beugt sich zur Seite und sieht sich meinen Fuß jetzt auch an. »Du hast einen Extra-Zeh!«, sagt er grinsend.

Schnell verberge ich meinen Fuß unter dem Tisch. »Nicht lachen!«

»Nein, nein, ich meine ...«, sagt Palu schnell, »ein Extra-Zeh ist gerade gut. Dein Zeh hat Obia … Magische Kräfte, das sagt meine Oma.«

Verblüfft starre ich Palus Oma an. »Woher … Woher wissen Sie das?«

Sie nickt heftig. »Sehr viele Leute mit lekeleke finga haben magische Kräfte«, übersetzt Palu. Er zuckt die Schultern, er findet das nicht weiter seltsam.

»So«, sagt er. »Ich muss noch ein wenig Benzin holen, damit wir zu dieser Insel von deinem Vater können, Aguja Paati.«

»Okay. … Ist es weit?«, frage ich.

»Geht so. Ein wenig vor der Aguja Sula.«

»Was ist das?«,

»Eine *Sula* ist eine Stromschnelle«, erklärt Palu.

»Aguja Sula?«, fragt seine Oma, und sie sagt in strengem Ton noch etwas zu ihm. Er verdreht die Augen.

»Was sagt sie?«, frage ich neugierig.

»Dass wir in der Nähe von Aguja Sula nicht ins Wasser gehen sollen, weil da ein *Wenti* haust.«

»Ein *Wenti*?«

»Ein Wassergeist«, sagt Palu.

»Ein was?«

»Na ja, viele Leute glauben, dass in manchen Bäumen oder Felsen Geister wohnen, und auch in bestimmten Teilen des Flusses.«

Ich setze mich aufrecht hin. »Und wie sieht so ein Wassergeist aus?«

Palu fragt seine Oma. Sie stellt sich zu uns an den Tisch und fängt an zu erzählen. Sie wedelt anmutig mit den Händen, ihre Augen werden größer und feuriger und manchmal ist es, fast, als würde sie singen. Ich verstehe nichts und trotzdem begreife ich, dass es ein Geist ist, mit dem sich nicht spaßen lässt.

»Sie hat lange blonde Haare«, übersetzt Palu, »blasse Haut und einen Schwanz.«

»Eine Meerjungfrau?«

»So was in der Art, ja. Sie kann Glück bringen, aber wenn man zum Beispiel Abfall in die Sula wirft, kann sie das wütend machen.«

»Aha.« Ich nicke Palus Oma zu, um zu sagen, dass ich es verstehe. Sie lächelt und geht wieder in die Küche.

»Ich wusste gar nicht, dass ihr hier auch Meerjungfrauen habt«, sage ich zu Palu.

»Oh, ja sicher«, sagt er ohne zu lachen. »Apropos Meerjungfrauen ... Ich gehe baden. Kommst du mit?«

»Was?«

Er zeigt zur Seite. »Hier, im Fluss.«

»Du meinst schwimmen?«

Er lacht. »Du kannst doch wohl schwimmen?«

»Ja, klar. Aber wir wollten doch zu dieser Aguja-Insel?«

»Später. Wir müssen doch warten, bis Opa mit dem Korjal wieder da ist. Genug Zeit für ein schnelles Bad. Komm.« Er steht vom Tisch auf.

Ich schaue zu dem dunklen Fluss. Träge strömt er vorbei. Manchmal hört sich das Rauschen an wie ein Knurren. »Nein, ich kann nicht«, sage ich. »Ich habe kein Badezeug dabei.«

Er zuckt die Achseln. »Ich hab hier auch keine Badehose. Ich schwimme einfach in meiner Unterhose.«

»Ich nicht«, sage ich schnell.

»Oh. *Aay.*« Er kratzt sich den Kopf unter seiner Kappe. »Ich suche mal drinnen für dich. Vielleicht liegt in einem Schrank noch ein Bikini oder so was. Die Touristen vergessen manchmal etwas.«

»Nicht nötig«, sage ich. »Ich hab nicht so viel Lust. Geh du nur allein.«

»Schwimmst du nicht gerne?«, fragt er. »Hier sind keine Wenti, weißt du.«

Seine dunkelgrünen Augen schauen mich fragend an. Es ist, als würde eine kühle Brise durch meinen Kopf wehen. Ich stelle mir vor, wie er in seinen Boxershorts von der Ufermauer springt. Vielleicht traue ich mich ja doch, wenn er bei mir ist.

Ich zucke die Schultern. »Also gut.«

Er schnellt auf, und mit ein paar Sätzen ist er schon in der Küche.

»Warte …« Ich folge ihm. Ich will gerade reingehen, als mein Blick auf ein Ding an der Wand fällt.

An einem Nagel in einem Balken hängt der Sack. Der weiße Sack. Er windet sich nicht mehr.

»Palu!«

»Ja?«, ertönt es aus dem Haus. Einen Moment später kommt er raus, einen violetten Badeanzug in der Hand.

Ich zeige auf den Sack. »Hast du sie die ganze Zeit darin gelassen?«

»Ja …?«
»Das ist doch schrecklich!«
»Warum?«
»Bekommt sie denn genug Luft? Und Essen?«
Er zieht die Augenbrauen hoch.
»Äh … Das ist eine Schlange. Die kann wochenlang ohne Futter auskommen. Und ich habe Luftlöcher in den Sack gemacht.«
»Wann darf sie da raus?«
Er sieht mich an, als würde er mich nicht so ganz verstehen.
»Wenn ich sie verkauft habe. In der Stadt.«
»Du musst also noch bis nach Paramaribo?«
»Da bin ich schon in zwei Tagen.«
»In zwei Tagen?! Muss sie zwei Tage in diesem stickigen Sack bleiben?«
Er grinst ein wenig, als würde ich rumscherzen. »Das machen alle so«, verteidigt er sich. »So macht man *Moni*. Wie soll ich sonst Geld verdienen? Das ist nicht leicht hier im Binnenland.«
»Du verstehst es nicht«, sage ich. »Das ist doch gemein!«
»Wie kommst du denn an Geld in Holland?«
»Ich? Ich bekomme Taschengeld.«
»Und was musst du dafür machen?«
»Was hat denn das damit zu tun?«
Palu schüttelt den Kopf.
Der Sack wackelt kurz, danach hängt er wieder still.
»Lass sie frei, Palu.«

»Kaufst du sie dann?«, fragt er scharf. »Von deinem Taschengeld?«

»Erzähl nicht so einen Stuss!« Es ist, als würde ich wieder dieses scharfe Huhn essen, die Flammen steigen mir aus den Ohren. »Diese Schlange gehört in den Urwald. Wenn du sie nicht freilässt, tue ich es!« Es ist mir herausgerutscht, bevor ich nachgedacht habe.

Er hält den Kopf schief und ein fieses Lachen taucht um seinen Mund auf. »Das traust du dich doch nicht mal.«

Sein Lachen macht mich rasend. »Und wieso nicht?«

»Gestern Abend warst du so steif wie ein Brett, so viel Angst hattest du!«

»Hör auf, so doof zu lachen!«, schnauze ich.

Palu schlendert kopfschüttelnd weg, den Pfad hinunter. Ich koche von innen.

Ich schaue zu dem Sack an dem Balken. Es kann nicht so schwierig sein. Den Sack vom Nagel nehmen, das Tau lösen. Aber wie verhindere ich, dass die Schlange mir sofort in die Hand beißt?

Ich hole tief Luft. Meine Hand wandert schon zu der Schnur. Palu schaut sich nicht einmal um, er schlendert einfach weiter. Irgendwie macht mich das noch wütender.

Der Sack hängt hoch, ich muss mich auf die Zehenspitzen stellen. Fast berührt mein Arm den Sack. Ich versuche, nicht an die Zähne der Schlange zu denken, nicht daran, wie sie durch den Sack hindurchbeißen. Sie ist noch jung, sage ich zu mir selbst. Vielleicht ist sie nicht einmal giftig. Ein Ruck am

Ende der Schnur müsste reichen. Ein einziger Ruck und dann ganz schnell wegrennen.

Ich strecke mich aus und meine Finger greifen nach der Schnur. »Hey!«, schreit Palu. Ich erschrecke, gerate ins Wanken und mein Arm stößt gegen den Sack. Der fällt auf den Boden.

Stocksteif bleibe ich stehen. Ich sehe, wie sich die Schlange durch die Öffnung hinauszwängt und wie ein hellroter geschlängelter Blitz über den Betonboden wegflitzt, weiter durch das Gras, ab ins Gebüsch.

Palu rennt mich fast über den Haufen, er grapscht den Sack vom Boden und lässt ihn wieder fallen. »Wo ist sie hin? In welche Richtung?«

»Nach Hause«, sage ich, ohne ihn anzusehen.

Palu schnappt sich einen Besen, der an der Wand lehnt, und fängt an im Gras zu wühlen, und in den Sträuchern dahinter. Schon bald gibt er auf. Die Schlange ist frei.

Palu dreht sich zu mir, die Nasenlöcher weit aufgesperrt, seine Augen dunkelgrün, fast schwarz. Er beißt die Zähne zusammen und sagt etwas in seiner eigenen Sprache. Es zischt und schleift. Ich trete einen Schritt zurück. »Sieh nur zu, wie du zurechtkommst«, beißt er mir zu. »Ich bringe dich nicht nach Aguja Paati. Ich bringe dich nirgends mehr hin.« Er wirft den Besen gegen die Wand und stampft über den Pfad weg.

»Brauchst du auch nicht!«, rufe ich ihm nach. »Du Tierquäler!«

Ich bleibe allein unter dem Schutzdach zurück. Die Sträucher rühren sich nicht. Eine lila Blume ist abgebrochen. Die Schlange ist bestimmt schon weit weg, ab in den Wald. Zurück zu ihrer Mutter.

Palu ist nirgends mehr zu sehen. Mit dem Geld für diese Schlange hätte er sich fast sein Moped kaufen können. Das habe ich ihm verdorben. Er hat mir schon so viel geholfen und dann mache ich so was …

Ich lasse mich auf einen Stuhl plumpsen. Ohne Palu wird alles zehn Mal so schwierig.

Krisenbesprechung

Nun gut. Wie komme ich jetzt nach Aguja Paati?

Hier fahren keine Busse. Ob ich zu Fuß dahin kann? Wie weit ist es eigentlich? Ich gehe zu dem Ufer, wo ich gestern an Land gekommen bin, aber nirgends entdecke ich ein Informationsschild oder eine Karte.

Ich gehe wieder zurück zu dem großen Haus. »Hallo? Ist hier jemand?« Ein Vogel kreischt. Und ich höre etwas, das sich anhört wie eine Art pfeifender Frosch. Und natürlich Grillen, Heuschrecken, was weiß ich. Aber Kapitän Boots und seine Frau sind nicht da.

Über den Pfad kommen zwei Frauen angelaufen. Oben an der Steintreppe bleiben sie stehen und unterhalten sich, im Schatten eines Baumes. Ich gehe zu ihnen »Pardon?« Endlich schauen sie mich an. »Äh ... Aguja Paati, wie komme ich da hin?«

»Aguja?«, sagt die eine, eine schlanke Frau mit einem hübschen Gesicht und einem roten Tuch um den Kopf.

»Aguja Paati«, wiederhole ich.

Die andere Frau, die einen großen leeren Eimer trägt, zeigt nach rechts, weiter flussaufwärts. Aber die hübsche Frau schüttelt den Kopf und zeigt genau in die andere Richtung. Sie kabbeln sich, bis die hübsche Frau recht bekommt »*Two*«, sagt sie ein paar Mal, und »*boto*«. Wenn ich es recht verstehe, kommt um zwei Uhr ein Boot, das mich nach Aguja Paati bringen kann. Dann muss ich noch fast eine Stunde warten.

Ich schaue in mein Portemonaie. Nur noch ein Geldschein und ein paar Münzen. Eigentlich hätte ich nichts zu trinken für Palu und mich in dem Lädchen kaufen dürfen. Nach einer Weile ertönt das Tuckern eines Außenbordmotors. Aber es kommt aus der falschen Richtung, aus der Richtung von Atjoni. Ich halte eine Hand schützend über meine Augen und spähe den Fluss hinab. Ein kleines, hellblaues Korjal nähert sich. Mein Atem stockt, als ich ein paar weiße Menschen unterscheiden kann. *Die Fernsehleute,* schießt es mir durch den Kopf. Sofort verkrieche ich mich hinter einem Baumstamm. *Wissen sie, dass ich hier bin?* Aber als das Korjal noch näherkommt, sehe ich, dass zwei der weißen Passagiere junge Mädchen sind. Hinter ihnen sitzen ein Mann und eine Frau mit blonden Haaren, und ganz hinten beim Bootsmann sitzt Kapitän Boots. Das muss die Familie Vink sein. Trotzdem bleibe ich sicherheitshalber hinter meinem Baum stehen.

Das Korjal fährt in einem Bogen zum Kai. Kapitän Boots zeigt nach oben, zu seinem Häuschen. Er stiefelt über den steinernen Steg und hilft seinen Gästen an Land.

Ich sollte ihnen besser nicht begegnen. Bestimmt würden sie denken: Aha, ein niederländisches Mädchen so ganz allein auf Reisen, das kann gar nicht sein, und dann schlagen sie Alarm. Es ist, als könnte so eine Familie, so ein Stückchen Heimat, mich sofort durchschauen. Ich verberge mich hinter einem Holzgestell mit einem großen schwarzen Wassertank.

»… wollt ihr erst etwas trinken, bevor wir ins Dorf gehen?«, höre ich Kapitän Boots' Stimme. Ich luge durch einen Spalt zwischen zwei Brettern hindurch und sehe sie vor einem der Häuschen stehen.

»Gibt's hier auch WLAN?«, fragt eine der Töchter.

Kapitän Boots legt sich eine Hand über die Augen und schaut nach oben. »Ich glaube schon. Wenn es nicht bewölkt ist, haben wir genug Strom von den Solarplatten. Ich schalte es gleich für dich ein, dann werden wir sehen.«

Ich schnelle auf. Hier gibt's also doch WLAN. Warum habe ich bloß nicht danach gefragt? Dann kann ich es gleich ausprobieren, um Luuk zu mailen.

Ich lausche, ob das Zwei-Uhr-Boot schon kommt, aber ich höre nur das Rauschen des Flusses und das Lachen und Schwatzen der Familie. Hinter diesem Tank ist es bullig heiß, es gibt kaum Schatten. Schweißtropfen rinnen über meinen Rücken. Unter meinem Rucksack klebt mein T-Shirt.

Wenn das Boot gleich kommt, muss ich mich zum Ufer schleichen, ohne dass die Familie mich sieht. Aber es ist einfach zu doof, diesen Ort hier zu verlassen, ohne mich bei Kapitän Boots und seiner Frau zu bedanken. Ein paar Sekunden dachte ich wirklich, er sei mein Vater. Ein paar Sekunden lang *war* er mein Vater. Nie war ich näher dran.

Wieder schaue ich durch den Spalt und sehe, dass sich die Familie auf die Terrasse gesetzt hat, ihre Handys vor sich auf dem Tisch. Es ist seltsam. Sie sprechen genau wie ich, sie tragen dieselbe Art Kleidung wie ich, und trotzdem gibt es etwas, wodurch sie ganz anders und unerreichbar sind. Zwischen ihnen und mir befindet sich eine Art unsichtbare dicke Glasplatte.

Kapitän Boots sagt, dass er das WLAN einschaltet, und geht ins Haus.

Ich hole mein Handy aus der Tasche. Nur noch 7 Prozent Akku, hoffentlich reicht das. Mein Handy findet eine Verbindung und kurze Zeit später bin ich online. Meine noch nicht versandten Mails fliegen jetzt weg, über die halbe Welt, zu Luuks Zimmer, zu seinem Computer. Vielleicht spielt er gerade ein Game, *Swordsnight* wahrscheinlich, und er springt auf, wenn er die Mail sieht.

Es ist Viertel vor zwei, Zeit genug, Luuk schnell noch zu schreiben, bevor das Boot kommt. Aber dann sehe ich, dass ich selbst auch eine Mail bekommen habe.

Von: luukdejong@net.nl
An: evaloks@mail.nl
Betreff: Re: Re: Re: Tag 2 mir reicht's

Hey Evi,

bist du noch da? Du hast geschrieben, du würdest in Atjoni ein Boot nehmen, aber danach habe ich nichts mehr gehört. Wie geht es dir?

Heute Nacht hat mich mein Vater geweckt. Ich dachte erst, er würde feststecken bei Swordsnight, dann muss ich ihm schon mal helfen, aber dann hörte ich eine andere Stimme. Das war deine Mutter. Sie sah aus wie ein ertrunkenes Eichhörnchen. Große, runde Augen, die Haare zu allen Seiten abstehend, die Finger wie Klauen um ihr Handy geklammert. Sie sagte, du seist weggelaufen, und sie fragte, ob ich vielleicht etwas von dir gehört habe.

Da habe ich erzählt, was ich wusste. Ja, Evi, es tut mir leid, ich weiß, dass du mir das verboten hast, aber ich hatte dir ja gesagt: Ich werde nicht lügen. Ich hab versucht, sie zu beruhigen: Ich hab ihr gesagt, dass es dir sehr gut geht, dass du deinem Vater auf der Spur bist im Dschungel und dass du in einem Kanu auf dem Fluss unterwegs warst. (Es ist seltsam, dass manche ganz normalen Wörter auf Mütter wirken wie 1000 Volt-Stromstöße.) Ein KANU??! rief sie, mit einem KANU durch den DSCHUNGEL???!

Mindestens fünfmal musste ich erzählen, was ich alles weiß, was ja nicht sehr viel war.

Ich konnte es wirklich nicht alles für mich behalten, Evi. Verzweifelte Erwachsene, die auf dich einreden, puh, das ist eine Art Flutwelle, da kam ich nicht gegen an. Plötzlich machte ich mir auch furchtbare Sorgen um dich, davor ging's eigentlich. Eine Weile später saßen wir unten und tranken Tee. Mein Vater und meine Mutter und Silla, und ich. Krisenbesprechung, nannte mein Vater es.

Silla ließ uns die SMS lesen, die du gerade geschickt hattest, und sie erzählte, sie habe ganz kurz am Telefon mit dir gesprochen, konnte dich aber kaum verstehen. Sie sagte, du hättest dich vielleicht an den Händen verletzt. (Stimmt das?) Mein Vater hat gefragt, ob du da panisch geklungen hast. Nein, das nicht, sagte sie. Das Fernsehteam hatte ihr am Telefon erzählt, du wärst bestimmt ganz schnell wieder da, aber Silla hatte sicherheitshalber trotzdem schon die Polizei von Paramaribo angerufen. Die halten die Augen und Ohren weit offen, und wenn das Fernsehteam dich nicht schnell findet, helfen sie bei der Suche. Der Polizist hatte empfohlen, zunächst Freunde zu fragen, ob die vielleicht mehr wissen. Darum war sie zu mir gekommen.

Dann hat sie das Fernsehteam angerufen und gefragt, wie um Himmels willen sie dich mutterseelenallein in den Dschungel haben gehen lassen können. In den Dschungel?? Das war ihnen auch neu. Silla ist völlig ausgeflippt. Irgendwann hat sie meiner Mutter ihr Telefon in die Hände gedrückt: Erklär du's ihnen, mit diesen Menschen kann ich nicht reden. (Da war ich ganz ihrer Meinung. Was sie da machte, ähnelte eher Feuerspeien.)

Mein Vater fragte mich, ob ich vielleicht wüsste, warum du einfach so weggelaufen bist. (Nicht einfach so, sagte ich sofort.) Und er fragte, wie wir dich überzeugen konnten, zu sagen, wo du bist. (Ich zuckte die Achseln. Ja, wenn du ihnen nicht sagen willst, wo du bist, wirst du dafür bestimmt einen guten Grund haben, oder etwa nicht?)

Und ob ich dann wenigstens in meinen Mails fragen könnte, wo du steckst.

Mein Vater und meine Mutter haben versucht, Silla zu beruhigen. Ich muss dahin, zu Hause werde ich verrückt!, rief deine Mutter ständig. Warte noch einen Tag ab, sagten meine Eltern, Eva hat doch gerade erst angerufen und eine SMS geschickt, sie ist aktuell nicht in Gefahr, und bestimmt ist es frustrierend, aber das Fernsehteam ist vor Ort, die können viel mehr ausrichten. Dank Luuk wissen die Leute jetzt, dass sie nach Atjoni müssen, und dort kommen sie ihr bestimmt auf die Spur ...

Ich scrolle nicht mehr weiter. Plötzlich kann ich kaum noch atmen. Die Luft blubbert wie ein heißer, dicker Pudding um mich. Das Fernsehteam ist mir wirklich auf der Spur. Tosca, Violène und Stef sind unterwegs. Ich beiße die Zähne zusammen. Ich bin wütend, aber nicht auf Luuk. Nicht wirklich. Vielleicht eher auf mich selbst. Ich hätte besser erklären sollen, warum das Fernsehteam nichts wissen darf. Ich hätte meine Mutter beruhigen sollen, ich hätte noch zehnmal versuchen sollen, sie zu erreichen. Ich hätte ...

Mein Blick schießt zum Fluss, in die Richtung von Atjoni. Von dort wird das Fernsehteam kommen. Wie lange wissen sie schon, dass ich hier im Binnenland bin? Wie lange brauchen sie, um von Paramaribo bis hierher zu gelangen? Wie viel Zeit habe ich noch?

Ich beuge mich wieder über mein Handy, um das letzte Stück zu lesen.

Das war alles heute Nacht. Jetzt, während ich das hier tippe, ist es Morgen. Natürlich habe ich sofort gecheckt, ob du eine Mail geschickt hast, aber nein. Vielleicht kannst du dort im Dschungel ja gar nicht mailen. Aber vielleicht kannst du mich anrufen? Ich muss einfach wissen, ob alles okay ist bei dir.

Liebe Grüße,
Luuk

Ja, Luuk, ich möchte auch mit dir reden. So wahnsinnig gerne. Noch fünf Prozent Akku. Vielleicht gerade genug, hoffe ich. Jetzt nur noch Empfang finden …
Ich spähe durch die Bretter. Die Familie sitzt noch immer am Tisch, über ihre Handys gebeugt. Kapitän Boots bringt ihnen gerade was zu trinken. Sie prosten sich zu und lachen. Die Mutter schlägt die Arme um ihre Töchter neben sich.
Meine Mutter ist Tausende Kilometer weit weg. Meine Mutter ist ein einziges Nervenbündel. Und sogar Luuk macht sich Sorgen. Ich muss sie wissen lassen, dass mit mir alles in Ordnung ist … Aber das habe ich ja gerade gemacht, ich habe gerade zwei Mails verschickt. Sie wissen also, dass ich mit meiner Expedition schon sehr weit bin. Dass ich bald wieder nach Hause komme. Zu meinem eigenen Bett. Unserem weichen Kuschelsofa. Dass ich mich ganz bald wieder an sie drücke …
Nein. Nicht an Mama denken. Ich wische mir die Augen trocken. Luuk anrufen, das werde ich jetzt machen.
Ich schleiche weg, in Richtung Wald mit der Schlange, wo ich gestern noch ein wenig Empfang hatte. Allerdings muss

ich mit einem großen Bogen durch den Dschungel, um nicht gesehen zu werden. Vorsichtig trete ich auf und spähe den Boden ab nach Spinnen und Schlangen. Zwischen den Bäumen hindurch kann ich das Ufer noch gerade eben sehen. Zwei alte Männer stehen oben an der Steintreppe. Das Boot ist noch immer nicht da.

Wieder schaue ich auf das Display meines Handys. Endlich ein Balken Empfang. Schnell suche ich nach *Luuk zu Hause* und drücke mir das Handy ans Ohr.

Mach dir keine Sorgen, das werde ich ihm sagen, und dass er nichts mehr weitererzählen darf, vor allem nicht dem Fernsehteam.

Das Telefon geht. Zweimal, dreimal. Dann ein Klicken, Rumoren und ohrenbetäubende Schnäuzgeräusche. Als würde ein Rüssel mein Ohr leer saugen. »*Hallo!*« Es ist eine von Luuks Schwestern. »*Hier ist Iris!*«, sagt sie fröhlich. Die Verbindung knackt, aber sie ist viel besser als gestern Abend.

»Hier ist Eva. Ist Luuk da?«

»*Eeevaaa?*«, sagt sie langsam. »*Aber du warst doch im Dschungel verschwunden? Sind da auch Nilpferde?*«

»Nein. Aber gib mir Luuk erst mal.«

»*Und Tiger?*«

Im Hintergrund höre ich Luuks andere Schwester: »*Jetzt ich!*«

»*Nein, sie hat mich zuerst angerufen ...*«

Siri ist offensichtlich anderer Meinung, ich kann sie nicht gut verstehen.

»*Aua!*«, klingt es laut an meinem Ohr.
»Iris? Iris, gib mir Luuk kurz, bitte, es ist wichtig.«
»*Mensch, ich bin doch nicht Iris, ich bin Siri!*«
»Oh, sorry. Wo ist Luuk?«
»*Da.*«
»Gib ihn mir mal kurz.«
»*Nein, da. Oben.*«
»Könntest du ihn schnell rufen? Mein Akku ist gleich leer.«
»*Was sagt sie da alles?*«, fragt die andere Schwester.
»*Dass ich Luuk rufen soll*«, sagt Siri, und sie brüllt aus voller Brust: »LUUUUK!!« Ich halte das Handy ein Stück von meinem Ohr entfernt.

»Hört der nicht«, sagt Iris. »*Ich kann viel lauter. So: LUUUU–*«

Abrupt schweigt mein Handy. Das Display ist schwarz. Akku alle.

Pingo

Ich drücke wie wild auf die Tasten, aber mein Telefon gibt keinen Mucks mehr von sich. Der gigantische breite Fluss strömt unbeirrt weiter. Jetzt, da mein Akku leer ist, fühlt es sich an, als sei meine letzte Verbindung nach Hause abgebrochen. Jetzt bin ich wirklich allein.

Schweiß tropft an meinen Schläfen entlang. Das Fernsehteam ist mir auf der Spur. Wenn sie mich nicht schnell finden, kommt sogar die Polizei hinzu, wer weiß, vielleicht suchen die sogar schon. Steifbeinig stehe ich da, ich will rennen, weiß aber nicht, wohin. *Luuk, was soll ich nur tun?*

In ein paar Minuten steige ich in ein Boot, das mich zur Insel meines Vaters bringen wird, ich müsste jubeln, ich bin so nah. Aber stattdessen stehe ich hier am Ufer, und ich spüre den heißen Atem des Fernsehteams schon im Nacken.

Plötzlich höre ich Stimmen. Immer mehr Leute gehen zum Ufer. Bestimmt kommt das Boot gleich. Endlich.

Ich spähe zur Terrasse. Die Familie ist gerade vom Tisch aufgestanden und folgt Kapitän Boots Richtung Dorf. Das ist meine letzte Chance, vielleicht sehe ich ihn nie wieder. Ich eile zwischen die Bäume hindurch, über den Rasen. Die Familie schaut mich erstaunt an, und ich bleibe kurz stehen. Ich bin nicht mehr unsichtbar. Ich bin ein seltsames Mädchen, das urplötzlich aus dem Wald auftaucht.

Kapitän Boots sieht mich und hebt eine Hand. Ich auch. Und dann renne ich plötzlich doch zu ihm und schlinge meine Arme um seinen großen Bauch. »*Ghaan tangi fi*«, sage ich leise.

Er legt mir eine Hand auf den Rücken. »*Na sondi oe tangi.*«

Ich lasse ihn los. »Wenn Sie Palu sehen, sagen Sie ihm bitte, dass ich, dass ich …«

»Hey, kommst du auch aus Holland?«, ruft Vater Vink.

Ich erschrecke, als hätte man mich bei irgendwas erwischt, und schüttele den Kopf. »Halb«, murmele ich. Und bevor die Familie noch mehr Fragen stellen kann, renne ich schon wieder weiter, zur Anlegestelle.

Das Dröhnen des Außenbordmotors ist schon gut hörbar, die Leute zeigen und winken zu dem Korjal, das aus dem Süden angefahren kommt. »Pingo!«, rufen ein paar Frauen.

»Ist das äh … das Boto nach Aguja Paati?«, frage ich eine Frau mit einem Korb. Sie sagt auch etwas mit »*Pingo*« und geht die Treppe hinunter.

An Bord des Bootes sitzen ein paar Männer und Frauen und ein paar Kinder, und in der Mitte liegen mehrere dunkelgraue Müllsäcke. Die Passagiere winken und rufen ausgelassen. Es klingt, als hätte jemand Geburtstag. Pingo, vielleicht?

Ich ströme mit den Leuten runter zum Steg. Sobald das Boot angelegt hat, fangen ein paar Männer an, die schweren Säcke auszuladen. Einer fällt offen hin. Etwas Langes ragt heraus. Ich erschrecke, als einer der Männer im Boot lachend ein riesiges Messer in die Höhe hält.

Auch wenn der Steg ziemlich breit ist, mit so vielen Leuten

entsteht doch ein wenig Gedränge. Ich wurstel mich zwischen den Leuten durch zum Boot. Dicht vor mir steckt eine Frau ihre Arme in einen Sack und holt ein großes, graues, haariges Ding hervor. Blut tropft daraus. Unsanft landet es auf dem Beton. Zwei weiße kleine Augen ohne Pupille starren mich an.

Es ist ein Schweinskopf. Seine Ohren sind abgeschnitten. Sein Maul steht offen, als wollte er noch etwas sagen.

Ich weiche zurück, stolpere über ein paar Beine, verliere das Gleichgewicht, falle halb gegen jemanden, rolle fast vom Steg ... Und dann greifen zwei Hände meinen Arm und ziehen mich wieder hoch. Eine Frau schaut mich mit großen, ernsten Augen an.

»Sorry ...«, stottere ich. »Ich ... dachte, das hier wäre das Boot nach ... Ich muss nach Aguja Dingens ...«

»*No No.*« Die Frau schüttelt den Kopf, und sie macht Handbewegungen, dass ich weggehen soll.

An den Menschen vorbei gehe ich im Zickzack zurück, die Treppe rauf. Als ich mich umschaue, sehe ich, dass der Mann mit dem Messer sich über den Schweinekopf beugt. Schnell wende ich mich ab. Mein Herz hämmert gegen meine Rippen.

Pingo hat nicht Geburtstag. Pingo wird geschlachtet.

Außer Atem bleibe ich oben an der Treppe stehen; ich stütze die Hände auf meine Knie. Mit viel Geknatter fährt das Korjal schon wieder weiter, ohne Passagiere. Auf einer der Bänke ist ein großer Blutflecken. War es dieses Boot, das ich hätte nehmen müssen?

Ich kann nichts anderes tun als warten. Immer wieder gehe ich zum Ufer, um zu schauen, ob noch ein weiteres Boot kommt, ein Boot, das mich nach Aguja Paati bringen kann. Ich frage es zwei alte Männer, die auch im Schatten sitzen, und sie nicken. »*Aay*«, aber ich stehe hier jetzt schon so lange – was, wenn das Boot erst heute Abend kommt? Kapitän Boots kann ich auch nicht fragen, der ist längst weg. Und inzwischen denke ich ständig an das Fernsehteam. Manchmal schaue ich auch in den Himmel: Vielleicht suchen sie mich sogar mit einem Hubschrauber, wer weiß.

Am liebsten würde ich unten am Steg warten, damit ich sofort an Bord eines Bootes springen kann, aber da sind sie noch immer mit dem Schlachten zugange und das will ich nicht sehen. Trotzdem wandert mein Blick immer wieder zu den Menschen, die den Fleischklumpen umringen. Zu dem Mann, der mit kräftigen Hieben Beine abschneidet. Und zu den Kindern, die daneben stehen und zuschauen. Sie sind jünger als ich, aber sie zucken bei dem Anblick nicht mit der Wimper.

Nach einer Weile fangen die Menschen des Pingofests mit dem Aufräumen an. So schnell wie der Steg vollströmte mit Menschen, so schnell leert er sich jetzt wieder. Eine letzte Frau schrubbt den Steg mit einem Besen.

Das Tuckern eines Motors lässt mich aufspringen. Die beiden alten Männer stehen auf und winken einem rosafarbenen Korjal zu, das aus dem Süden angefahren kommt. Das muss mein Boot sein. Ich haste die Steintreppe hinunter. Auf den Stufen verläuft noch eine Blutspur. Mit einem Satz steige ich ein und nehme meinen Rucksack auf den Schoß. Ein Schweißstrahl läuft mir den Rücken herunter.

Während der Bootsmann Vollgas gibt, schaue ich mich noch ein letztes Mal um. An dem Pfad zum Dorf, im Schatten einer stacheligen Palme, sehe ich plötzlich Palu stehen. Die Hände in die Taschen geschoben starrt er mir nach. Er lacht nicht.

In der Falle

Wir fahren stromabwärts Richtung Atjoni, eigentlich also wieder ein Stück zurück. Ich habe dem Bootsmann gesagt, ich müsse nach Aguja Paati. Es dauerte eine Weile, bis er mich verstand. Vielleicht spreche ich es nicht richtig aus.

Ich habe Aussicht auf die breiten Rücken der beiden Frauen auf der Bank vor mir. Über mir erstreckt sich der Himmel. Groß und weit, mit dunkelgrauen Schäfchenwolken. Der Vorhang aus Baumkronen ist hier, mitten auf dem Fluss, weiter aufgezogen.

Unruhig rutsche ich auf meiner Bank hin und her. Ständig habe ich das Gefühl, beobachtet zu werden. Von Augen zwischen den Bäumen. Von Augen unter Wasser. Hier mitten auf dem breiten Fluss ist alles so offen und weit.

Wir fahren an einem Dorf vorbei. Am Ufer stehen ein paar Leute und schauen zu uns. Ich verberge mein Gesicht mit den Händen und spähe durch meine Finger. Was, wenn das Fernsehteam schon in der Nähe ist. Was, wenn sie diese Leute hier gebeten haben, Ausschau nach mir zu halten.

Wenn Aguja Paati einfach eine Insel im Fluss ist, muss ich gestern schon daran vorbeigekommen sein. Stell dir vor, mein Vater hätte in diesem Moment zufällig am Ufer gestanden. Hätte er mich dann nicht erkannt? Er hat nur ein Babyfoto von mir gesehen, aber trotzdem. Wäre da nicht etwas, ein Gefühl, eine Art Blitz, in dem ihm klar wird: *Das ist mein Kind!* Kann man ein Blutsband *spüren?*

Luuk ist eine Art Bruder. So fühlt es sich an. Ein wenig. Immer mehr. Kann ein Blutsband wachsen? Ich meine, kann jemand allmählich dein Bruder werden? Vielleicht ist es auch egal, wie ich ihn nenne, aber »Freund« ist nicht genug. Luuk ist mehr als das.

Zwei Jungen in einem kleinen Boot paddeln ans linke Ufer. Dort, verstrickt zwischen ein paar Baumwurzeln und Zweigen, liegt etwas und zappelt. Als wir näher kommen, sehe ich, dass es ein kleines Schwein ist, ein Mini-Pingo. Seine Schnauze und die beiden runden Öhrchen ragen aus dem Wasser. Die Jungen sind jetzt nur noch ein paar Meter von ihm entfernt. Einer hebt sein Paddel in die Höhe. Das kleine Tier windet sich und strampelt, aber es kommt nicht weg. Ich wende den Kopf ab. Vielleicht wollen die Jungen ihn ja nur befreien und dann wieder im Wald loslassen.

Ich schaue mich nicht um, ich schaue zu den breiten Rücken vor mir. Und in den Himmel.

Die Wolkendecke wird immer dicker und dunkler. Bestimmt fängt es gleich an zu regnen.

Wir fahren wieder an dem Felsen mit den Schusslöchern vorbei, von dem Palu mir erzählt hat, der Stein des geflohenen Sklaven. Das war das Erste, was Palu zu mir sagte. Ich spüre einen Stich im Bauch, wenn ich daran denke, wie er mir da gerade am Ufer nachstarrte, ohne zu winken, die Hände in den Hosentaschen.

Die schwüle Luft und das Dröhnen des Motors machen mich schläfrig. Ab und zu schließe ich die Augen. Nicht mehr lange, und ich komme auf der Insel meines Vaters an. Geschickt steuert der Bootsmann durch eine Stromschnelle. Danach gleitet das Boot in ruhigerem Wasser weiter.

Und dann sehe ich es. Das, woran ich fast nicht mehr gedacht habe.

Etwa hundert Meter vor uns kommt ein knallgrünes Korjal um die Ecke gerast. Der Bootsmann sitzt vornübergebeugt und lässt den Motor superlaut brummen. In dem Boot sitzen nur drei Passagiere: ein großer Mann, eine blonde Frau mit einem weißen Hut und eine kleine, kräftige Frau mit knallrotem Gesicht. Das Fernsehteam.

Ich rühre mich nicht.

Ich sitze in der Falle. Es ist vorbei. Jetzt muss ich winken, jetzt muss ich rufen: »*Hier bin ich.*«

Ja. Das ist am vernünftigsten.

Aber ich will nicht vernünftig sein. Ich will meinen Vater finden.

Bumm ... Ich lasse mich auf die Knie fallen und ducke mich hinter den Rücken vor mir, meinen Rucksack gegen den Bauch gepresst. Zwischen den Bänken ist kaum genug Platz. Eine niedrige Schicht Wasser bedeckt den Boden, lauwarmes, trübes Wasser. Meine Beine werden nass, aber das ist mir egal. Ich muss unsichtbar werden.

Oder haben mich die Fernsehleute schon gesehen? Ich lausche, ob sie vielleicht rufen, aber nein. Die Frauen vor mir schauen sich kurz erstaunt um, beachten mich dann aber zum Glück nicht weiter. Ihre Rücken bieten mir zusätzliche Deckung.

Ich versuche, mich noch kleiner zu machen. Ich kauere mich zusammen, bis ich so klein bin wie ein Baby und unter dem Bootsrand bleibe. Das Fernsehteam rast inzwischen im Mordstempo vorbei; hohe Wellen schieben unser Boot hin und her, das laue Wasser schwappt gegen meine Beine und meine Seite, ich muss aufpassen, dass mein Rucksack nicht nass wird.

Erst als sie vorbei sind, traue ich mich, vorsichtig über den Rand zu spähen. Sie sind es wirklich: Violène, die sich ihren Hut auf den Kopf drückt. Tosca mit einem Handy in der Hand. Und Stef, der gerade eine Kamera schultert, um die Stromschnelle zu filmen.

Sie haben mich nicht gesehen. Noch nicht.

Aber sie werden überall nach mir fragen. *War hier ein Mädchen, das auf der Suche war nach einem Mann mit elf Zehen?* So sind sie vielleicht zu Kapitän Boots geschickt worden. Und dort wird jemand sie wieder weiterschicken nach Aguja Paati. Vielleicht Palu. Er weiß es, er könnte es verraten. Und er hat noch ein Hühnchen mit mir zu rupfen.

Eile

Eile ist ein kleines Tier. Ein Tier, das wild in mir hin und her rast. Die anderen Passagiere sind die Ruhe selbst: Sie starren übers Wasser oder schwatzen, während das Korjal gemächlich weitertuckert. Kann dieser Bootsmann nicht einen Zahn zulegen?

Inzwischen ist die Wolkendecke überall dunkelgrau.

Endlich legen wir an der Ufermauer eines Dorfes an. Die beiden Frauen auf der Bank vor mir steigen aus, und der Bootsmann auch. »Aguja Paati?«, frage ich ihn. Er schüttelt den Kopf. Ich hoffe, dass wir sofort wieder weiterfahren, aber er bleibt am Kai stehen und zündet sich eine Zigarette an.

Ich steige aus. »Äh ... Hallo ...«, fange ich vorsichtig an. »Ich muss so schnell wie möglich nach Aguja Paati.« Ich klopfe auf mein Handgelenk, auf meine imaginäre Armbanduhr.

Er murmelt etwas und zeigt auf seine Zigarette.

»Aber es ist wichtig. *We have to go now.*«

Er runzelt die Stirn und nimmt einen Zug. Er lässt sich nicht von einem Mädchen wie mir aufscheuchen.

Ich hole mein Portemonaie aus meinem Rucksack und angele den letzten Geldschein heraus. Es ist nicht viel, aber wer weiß, vielleicht hilft es ja. »Bitte?« Aber er würdigt ihn kaum eines Blickes. Es macht ihn nur noch gereizter. Er wirft die Kippe in den Fluss und zündet sich eine neue Zigarette an.

Ich setze mich wieder auf meine Bank ins Boot. Die wilden Tierchen rennen eine Runde nach der anderen in mir.

Nach siebzehn Zügen ist der Bootsmann endlich fertig mit seiner Zigarette und er startet den Motor. Wir sind gerade erst abgefahren, als es anfängt zu regnen. Die meisten Passagiere halten sich eine Tasche über den Kopf. Ich nicht, sonst wird meine Projektarbeit noch ganz nass. Der Bootsmann mag anscheinend keinen Regen: Er lässt den Motor laut dröhnen und blitzschnell schießen wir übers Wasser. Es geht also doch.

Wir fahren rechts an einer Felsengruppe vorbei und dann plötzlich drosseln wir das Tempo. Der Bootsmann hat sich hingestellt, einen Arm über dem Kopf, um sich vor dem Regen zu schützen. Wir gleiten ein paar Meter weiter, dann kehren wir mit einer scharfen Rechtskurve um. Offensichtlich sind wir zu weit gefahren. Der Bootsmann manövriert unser Korjal ans Ufer. Sobald wir nah genug sind, greift er nach ein paar Baumwurzeln und bringt das Boot zum Stoppen. Es gibt keine echte Anlegestelle, keinen Kai und nirgends ist ein Dorf zu sehen. Nur Bäume und Pflanzen. »*Aguja Paati*«, ruft der Bootsmann. Den Motor lässt er laufen.

»Was? Hier?«

»*Aay.*« Er zeigt auf einen der Bäume. Daran hängt ein mit Moos und Algen bewachsenes Schild. *Aguja Paati* kann man gerade eben noch lesen. Ich halte mich an einem herausragenden Ast fest und stehe vorsichtig auf. Ein Stück weiter, hinter einem überwucherten Hügel, entdecke ich jetzt die Spitzen einiger Dächer. Das muss es sein. Die Insel meines Vaters.

Inzwischen regnet es immer heftiger. Der Bootsmann ruft etwas und gebärdet, ich solle aussteigen, aber etwas hält mich zurück. Sogar das gehetzte Tierchen in meinem Bauch sitzt betreten still.

»Er sagt, dass es 20 Surinamische Dollar kostet«, übersetzt die Frau hinter mir. Sie hält sich eine blaue Tasche über den Kopf. »Aber musst du nicht zum Touristenresort?«

»Nein, nein, ich bin keine Touristin. Ich muss wirklich hierher.«

»Ganz sicher?«, fragt sie.

»Ja.« Ich nehme meinen Rucksack auf den Rücken und hole einen Geldschein aus meinem Portemonaie. Meinen letzten. Ich gebe ihn ihr, und sie gibt ihn weiter an den Bootsmann. Wieder wedelt er mit den Händen: Aussteigen.

Ich klettere an Land. Das Ufer ist glitschig und ich muss mich an ein paar Ästen hochziehen. Sobald ich beide Füße auf den Boden gestellt habe, gibt der Bootsmann Vollgas und fährt weiter.

Hier unter den Bäumen regnet es viel weniger. Hoch oben auf einem Zweig huscht eine Eidechse weg. Ein Vogel kreischt und ich schnelle auf ...

Dieses Kreischen kenne ich.

Dann sehe ich, woher es stammt: ein rot-blauer Papagei fliegt zwischen den Ästen weg. Es ist genauso einer wie Eddi, der alte Papagei meines Vaters.

Die Insel

Es gibt nichts, das einem Pfad ähnelt. Das Ufer ist eine steile Böschung, bewachsen mit sich windenden Wurzeln. Sie glänzen vom Regen. Ich muss mich an ein paar kleinen Bäumen hochziehen, um raufklettern zu können. Oben angekommen sehe ich zwischen den Bäumen hindurch ein Feld mit ein paar Holzhütten. Das Gras dort steht sehr hoch.

Obwohl ich nur ein paar Meter geklettert bin, hämmert mein Herz wild in meiner Brust. Mein Hals ist staubtrocken und ich kann kaum schlucken. Angenommen, ich finde ihn gleich, in einer dieser Hütten, was wird er dann sagen? Ich sehe furchtbar aus. Tropfende Haarsträhnen kleben an meiner Stirn und in meinem Nacken, meine Kleider sind nass und stinken.

Ich bahne mir einen Weg zwischen den Bäumen hindurch. Ich steige über hohe Wurzeln und achte darauf, nicht aus Versehen auf eine Schlange oder ein anderes Tier zu treten. Der Regen rast, mein Herz hämmert. »Rico?«, formen meine Lippen schon leise, als würde ich üben. Oder soll ich ihn Gabian nennen?

Wieder überkommt mich das seltsame Gefühl, das alles hier sei ein Film. Aber es ist kein Film. Ich bin wirklich hier. Ich rieche den fauligen, nassen Urwaldboden, ich höre den Regen und sehe die Zweige und Blätter nervös auf und ab wippen, wenn Tropfen darauf trommeln. Er muss da sein. Ich hoffe es so sehr. Ich hoffe es so sehr, dass es wehtut.

Die Bäume weichen weiter auseinander, das graue Licht bricht zwischen den Blättern hindurch. Über das Feld verteilt stehen dort drei Hütten. Sie ähneln ein wenig denen von Kapitän Boots; Holzhäuser auf Pfählen, mit einer kleinen Leiter. Bloß haben diese Häuser hier keine Dächer aus Reet, sondern aus verrostetem Wellblech. In einem der Dächer befindet sich ein großes Loch, durch das es hineinregnet.

Ich renne zu dem ersten Häuschen. Das Gras sticht an meinen Beinen. Regen strömt an meinem Nacken entlang.

»Hallo?«, rufe ich, als ich in der Nähe bin. »Hallo?«

Ich bleibe stehen und lausche, aber es kommt keine Antwort. Ich renne weiter zum nächsten Häuschen. Da ist auch niemand. Nur ein paar Eidechsen, die rasch unter die Treppe flüchten.

Das dritte Haus ist ein wenig größer und hat eine Veranda. »Ist da jemand?«, rufe ich. Ich klettere auf die Veranda und klopfe an die Tür. Hier bin ich im Trockenen. Das Geländer ist kaputt, zwei Balken sind zerbrochen. Ich klopfe ein wenig fester, und die Tür gibt nach. Der Geruch von Schimmel weht mir entgegen.

Im Halbdunkel kann ich zwei ausgefranste Hängematten und einen Stuhl erkennen. Ansonsten ist der Raum leer.

Ich gehe wieder raus und schaue mich um. Häuschen, ein Feld und ein Stück Wald, mehr sehe ich nicht. »Hallo!«, rufe ich noch einmal. Meine Stimme geht im Prasseln des Regens unter.

Ich renne von der Terrasse runter und erkunde die Insel. Meine Sachen sind sowieso schon patschnass.

Meine Schuhe quatschen durch das sumpfige Gras. Schon bald sind auch sie völlig durchgeweicht.

Das Feld endet an einem steilen Ufer, wo der Regen den Fluss strudeln und schäumen lässt. Ich folge dem Uferlauf. Ich gehe durch Gras, ein Waldstück, an dem Holzschild und der Stelle vorbei, wo ich an Land gekommen bin. Und dann bin ich wieder da, wo ich angefangen habe. Es ist eine winzig kleine Insel. Es gibt keine anderen Gebäude.

Ein letztes Mal noch versuche ich es bei den Hütten. Ich rufe, ich klopfe, ich drücke die Türen auf (sie sind nicht mal abgeschlossen), aber außer ein paar leeren Bierflaschen, vier weiteren alten Hängematten, ein paar Tellern, einem Eimer und einem Holzflugzeug finde ich nichts und niemanden. Es wirkt, als sei hier seit Monaten kein Mensch mehr gewesen.

Die Insel meines Vaters ist verlassen.

Ich gehe noch einmal zu dem Holzschild am Ufer, aber da steht wirklich unter der grünen Algenschicht: *Aguja Paati*. Haben die Bootsbauer sich getäuscht? Sie wirkten sehr überzeugend: Ein Junge mit elf Zehen, der nach Holland gegangen war und jetzt auf Aguja Paati wohnt.

Ich lege eine Hand an das Schild. Mit der Faust schlage ich dagegen. Eine Algenschicht heftet sich wie Farbe an meine Hand. Auf dem Schild bleibt ein krummer, weißer Flecken zurück, ein wenig in Form eines Fragezeichens. Mit dem Finger male ich einen Punkt darunter und schreibe vier Buchstaben davor, bis da RICO steht. Sofort streiche ich es durch. Vielleicht heißt er jetzt ja Gabian.

Ich drehe mich zum Fluss. Das Wasser ist fast schwarz, der Himmel dunkelgrau. Eine einsame Plastikflasche treibt vorbei und gerät fast unter Wasser. Regen prasselt unaufhörlich auf das Blätterdach über mir, ab und zu gleitet ein dicker Tropfen meinen Nacken hinab.

Hier, wo meine Expedition zu Ende hätte sein sollen, hier verläuft sich die Spur auf einer verlassenen Insel.

Ich brauche nicht zu weinen. Das macht der Regen schon für mich.

Mama hatte recht; ich werde mit leeren Händen nach Hause zurückkehren. Wenn ich jemals noch nach Hause komme. Wäre sie nur hier. Wäre Luuk nur hier. Würde er jetzt nur einen Arm um mich legen. Er würde sagen, ich solle nicht aufgeben. Wir würden uns schon was einfallen lassen, zusammen.

Aber Luuk ist nicht hier, und mein Geld ist alle, und ich bin es auch.

In der Ferne kreischt der Papagei wieder, als würde er mich auslachen, und ich muss an Eddi denken. *I nya makpa*. Glatt daneben.

Hier wohnt niemand. Vielleicht ist mein Vater niemand. Ich glaube das immer mehr. Vielleicht sind es lauter Geschichten, vielleicht ist der Mann mit den elf Zehen ja ein Geist, genau wie der Wenti, die Meerjungfrau.

Ich will nach Hause.

Ich gehe in die Hocke. Soll das Fernsehteam nur kommen. Holt mich nur. Meinen Vater gibt es gar nicht und damit muss ich mich eben abfinden.

Und plötzlich hört der Regen auf.

Es ist, als hätte jemand den Duschhahn zugedreht. Noch ein paar Tropfen, dann ist es vorbei.

Jetzt, ohne das ohrenbetäubende Geprassel, hört man die Geräusche des Flusses und des Urwaldes wieder. Grillen fangen wieder an zu zirpen. Zögernd pfeift ein Vogel eine Melodie und plötzlich höre ich noch ein Geräusch. Weit weg, von der anderen Seite der Insel, wehen Musikfetzen zu mir herüber. Leichte, fröhliche Musik.

Ich gehe zwischen den Bäumen hindurch und an den Hütten vorbei in Richtung des Geräusches. Die Sonne ist durchgebrochen und die Hitze lodert wieder auf. Schwer und dampfend. Meine nassen Sachen kleben an meinem Körper. Mein Rucksack hängt klamm und tropfend an meinen Schultern.

An dem steilen Ufer bleibe ich stehen. Die Musik kommt von der anderen Seite des Wassers. Ungefähr dreißig Meter entfernt liegt dort die nächste Insel. Das Ufer ist von einer dichten Reihe Bäume umsäumt. Ich höre das Geklimper einer Gitarre, ein paar Trompeten und Trommeln. Die Musik knistert ein wenig, sie muss aus einem Lautsprecher kommen, dort irgendwo hinter dieser Mauer aus Bäumen, Wurzeln und Lianen.

»Hallo?«, rufe ich. »Hallo?« Meine Stimme klingt heiser und wird halb vom Fluss übertönt.

Ein Schauder läuft mir über den Rücken. Trotz der Hitze habe ich Gänsehaut. »Hallo?«

Keine Antwort.

Ein Stück weiter nach links sehe ich zwei Stränge, die von den Bäumen bis ins Wasser hängen. Es sind keine Wurzeln oder Lianen, sondern Taue. Gegenüber am anderen Ufer entdecke ich auch so ein Tau, das um einen dicken Baum geknotet ist. Es hängt schlaff ins Wasser. Das müssen die Reste einer Hängebrücke sein.

Ich gehe dorthin und klettere vorsichtig den steilen Hang hinab bis zu dem dicken Baum.

Plötzlich hört die Musik auf. Aus dem Lautsprecher ertönen ein Rauschen und ein hohes Piepsen, und dann eine Stimme. *»Liebe Gäste, für die Kaimane-Exkursion heute Abend sind noch ein paar Plätze frei. Anmeldungen bitte an der Bar.«*

Mein Atem stockt. Das ist seine Stimme.

Ich bin mir sicher. Ich erkenne die Stimme von der Kassette. Rau und flüssig gleichzeitig. Dort am anderen Ufer, da muss mein Vater sein.

Bis zum Nabel

Nach dieser Mitteilung spielt die Musik wieder fröhlich weiter, unbeirrt.

Mit den Händen forme ich einen Trichter um meinen Mund: »Rico?!« Meine Stimme überschlägt sich. »Oder ... Gabian?!«

Niemand antwortet. Ich rufe noch ein paar Mal, aber mein Hals ist wie zugeschnürt. Der Fluss rast, die Musik spielt. Meine Stimme ist kaum hörbar.

Von der Seilbrücke ist noch ein einziger Strick heil. Er hängt halb im Wasser. Die Strömung zieht ihn im Bogen seitwärts. Solange ich diesen Strick nicht loslasse, muss ich es schaffen, ans andere Ufer zu gelangen.

Ich ziehe meine nassen Schuhe und Socken aus. Meine Füße sind bleich und runzlig. Mein elfter Zeh ragt eigensinnig in die Höhe. »Das war die Stimme meines Vaters«, sage ich laut. Mein Zeh kribbelt nicht. Er beugt sich, und es ist, als würde er nicken.

Mein T-Shirt und meine kurze Hose behalte ich an. Viel nasser können sie nicht werden. Mein Handy stopfe ich in meinen Rucksack und den hänge ich an einen Ast.

Der Fluss scheint jetzt – nach dem Regenschauer – noch wüster zu strömen. Er strudelt und prustet und donnert. Als würde er versuchen, mir etwas zu sagen.

Ich setze mich ans Ufer, neben das Tau, und spähe hinab.

Ich kann nicht sehen, wie tief es ist. Ich lasse die Beine ins Wasser. Einen Moment schnappe ich nach Luft, es ist nicht sehr warm. Die Strömung zieht meine Füße zur Seite. Ich spüre keinen Boden. Auch keine knabbernden Fischzähne. Noch nicht.

Mit einer Hand greife ich nach dem Strick und lasse mich tiefer ins Wasser sinken ... Bis der schlammige Boden meine Füße berührt und zwischen meinen Zehen hochkriecht.

Ich versuche, nicht an Kaimane zu denken. Oder an Piranhas. Und auch nicht an Wassergeister. Nur ans andere Ufer denken. Es ist nicht weit.

Bis zur Taille stehe ich im strudelnden Wasser, meine Hände umklammern das Tau. Der letzte Rest der Seilbrücke. Der Fluss zieht und zerrt an mir. Vögel übertönen kreischend das Getöse, als würden sie mich ermutigen: Los, Eva, du schaffst es!

Das andere Ufer. Da muss ich hin. Da ist er. Irgendwo hinter dieser Wand aus Blättern, Baumstämmen, Schilf und Lianen.

Ich mache einen Schritt, tiefer hinein in den Fluss. Das Wasser reicht mir bis zum Nabel und reißt mich schon fast mit. Aber dann wollen meine Füße nicht mehr weiter. Das Tau scheuert in meinen Händen, meine Armmuskeln fangen an zu zittern. Tausende Kilometer habe ich zurückgelegt, und jetzt, so nah, traue ich mich nicht mehr.

Noch ein letztes Mal schaue ich mich um. An einem Ast hängt mein Rucksack mit meinem Handy und meiner Projektarbeit, mit der alles vor ein paar Wochen anfing. Hätte ich ein anderes Thema gewählt, würde ich jetzt nicht hier stehen. Dann säße ich ganz normal in der Klasse, neben dem leeren Aquarium, hinter Luuk.

Ich nehme meinen ganzen Mut zusammen. Als ich gerade einen Schritt machen will, glitscht etwas an meinen Beinen entlang. Vor Schreck lasse ich das Tau fast los. Schnell trete ich einen Schritt zurück, und dann noch einen.
  Vielleicht ist das hier wirklich verrückt. Vielleicht sollte ich lieber warten, bis die Strömung nachlässt.
  Genau in diesem Moment höre ich einen Außenbordmotor. *Tuck tuck tuck tuck.* Ich kann es kaum glauben. Ein Boot, das mich vielleicht zur anderen Seite des Flusses bringen kann ...
  Ich spitze die Ohren.
  Das Tuckern verstummt und ich höre Stimmen, ein Stück hinter mir, auf der anderen Seite der Insel. Und dann plötzlich schallt mein Name über die Insel. Laut und schrill. »Eeeva ...!«
  Das ist Toscas Stimme.

Verschwinden

»Eeeva …?«, schallt Toscas Stimme erneut über die Insel. Ich kann sie nicht sehen. Das hohe Ufer bildet eine Mauer und nimmt mir die Sicht. Aber dann kann sie mich auch nicht sehen.

Eine Sekunde später höre ich auch die Stimmen von Violène und Stef. »Eva …? Bist du hier? Eva …?«

Keine Zeit zu verlieren.

Ich konzentriere mich auf die andere Flussseite.

Umklammere das Tau. Mache mich bereit.

Und dann ziehe ich mich vorwärts. Meine Füße lösen sich vom Boden. Sofort schlägt der Fluss seine dicken Wasserarme um mich. Ich halte mich noch an dem Tau fest, aber der Fluss zieht mich mit, horizontal. Und so hänge ich da, wie eine Fahne im Wind. Wasser strömt mir ins Gesicht, in den Mund. Mit der allergrößten Mühe ziehe ich mich hoch, den Kopf über Wasser.

Wieder höre ich meinen Namen. Ich muss mich weiterhangeln, ich spanne meine Muskeln an, ganz kurz lasse ich eine Hand los, versuche das Tau an einer anderen Stelle zu … Daneben.

Und dann ergreift der Fluss seine Chance.

Schnappt sich mir.

Meine Hand rutscht ab …

… und tobend reißt er mich mit.

Meine Arme pflügen durch das Wasser, meine Beine treten, ich versuche, mich ans andere Ufer zu kämpfen, aber ich rutsche nur mit dem Strom mit, immer schneller. Ich versuche, quer gegen den Strom zu schwimmen, aber dann komme ich überhaupt nicht vorwärts. Der Fluss spritzt mir Wellen in die Augen und die Nase und er schiebt mich zurück. Das Tau und der dicke Baum mit meinem Rucksack geraten schnell außer Sichtweite.

Ein Duell. Der Fluss und ich. Manchmal zerrt er an mir mit aller Macht, dann wieder lässt er kurz los und ich kann ein paar Züge schwimmen, bis er mich wieder umarmt und mitführt, weg vom Ufer. Ich gebe nicht auf, ich sehe das andere Ufer, ich bin schon auf der Hälfte. Ich muss mich beeilen, ich muss weiter, ich darf nicht schlappmachen. *Patsch!* Er schlägt mir eine große Welle ins Gesicht und wieder schlucke ich Wasser. Ich pruste, schwimme aber weiter, meine Arme fuchteln wie Windmühlenflügel durch das Wasser. Der Fluss macht eine Biegung und einen Moment lang schiebt er mich näher ans Ufer, um mich dann wieder neckisch von ihm wegzuziehen. Der Strom wird breiter und mündet in den großen Fluss. Noch immer schwimme ich mit aller Kraft, aber das Ufer rückt nicht näher. Zwischen den Bäumen und Lianen hindurch kann ich jetzt ein Häuschen sehen. Ein Häuschen mit einem Flachdach aus hellem Holz und großen Fenstern, und ein Stück weiter sehe ich genau noch so ein Häuschen, und dann ein riesiges Holzschild, noch größer als die Häuschen: *Aguja Paati Resort* steht da in kräftigen blauen Buchstaben, dahinter drei Sterne.

Ein neuer Energiestoß durchströmt meinen Körper. Da muss ich hin. Das ist Aguja Paati, das echte Aguja Paati. Keine verlassene Insel, sondern wirklich da, genau wie mein Vater. Ich feuere meine Muskeln an. Ich achte nicht auf die Schmerzen und den Krampf. Aber sosehr meine Arme und Beine auch arbeiten, der Fluss schiebt mich unerbittlich weiter und ich treibe an den Häuschen vorbei, dem riesigen Schild, an einem Feld, einem Ständer mit Solarzellenplatten, an einer Schaukel. Ich schwimme und schwimme und dann sehe ich schon das Ende der Insel. Sie gleitet an meiner Nase vorbei.

Meine Muskeln werden schwer, immer öfter schlucke ich Wasser, immer öfter zieht der Fluss mich herunter. Ich kämpfe mich wieder rauf und lasse meine Arme und Beine einen Moment ruhen. Nur ganz kurz. Ganz kurz lasse ich mich mitführen, ich kann fast nicht mehr.

Das Getöse des Wassers klingt plötzlich noch lauter. An drei, vier Stellen im Flussbett tauchen Felsen auf. Sie kommen schnell näher. Der Fluss bäumt sich donnernd auf.

Die Stromschnelle.

Jetzt muss ich alles geben. Meine letzten Kräfte sammeln. Mich nicht ergeben.

Aber der Fluss spielt plötzlich völlig verrückt, er scheint jetzt, da die Stromschnelle sich nähert, zehn Mal so wild zu werden. Wieder zieht er mich unter Wasser. Wüste, grünbraune Strudel tanzen vor meinen Augen. Eine Wasserrutschbahn ohne Wände, ohne Regeln, ohne Bademeister. Ich schramme seitlich an einem Felsen entlang, tauche auf, schnappe nach Luft und verschwinde wieder unter Wasser. Mein Bein knallt gegen einen Felsen. Ein scharfer Schmerz durchzuckt mein Knie. Wieder nach oben. Große runde Steine vor mir. Ich mache mich bereit, lege mir die Arme schützend um den Kopf. Knalle wieder gegen die Steine. Schmerzen in meinem Ellenbogen, meiner Schulter. Ich schlucke viel Wasser. Für den Fluss bin ich ein Spielzeug, ein Gummiball. Er tobt mit mir herum. Er wirft mich hoch und taucht mich unter. Und ich ...

Ich kann nicht mehr. Ich will nicht mehr.

Er hat gewonnen.

Ich lasse mich mitführen. Tiefer. Und tiefer.

Ich versinke in einer grünbraunen Welt.

Hier gibt es kein Getöse.

Hier ist es still.

Dunkle und helle Flecken tauchen auf und verschwinden wieder, Strudel trollen sich, Luftblasen schießen an mir vorbei.

Die Schmerzen lösen sich auf.

Alles löst sich auf.

Mein Körper fließt mit dem Strom. Meine Arme und Beine lösen sich auf und verwässern, so geschmeidig wogen sie mit, im Einklang mit dem Fluss. Ich bin Wasser und ströme weiter. Tiefer.

Dunkler.

Stiller.

Und in dieser Stille ertönt eine Stimme. Eine Stimme von

ganz tief, als käme sie aus meinem Kopf. Die Stimme säuselt meinen Namen.

Eva ...

In der grünbraunen Dunkelheit leuchtet etwas auf. Ein vager Flecken. Allmählich kommt er näher. Eine Wolke aus trägen, wirbelnden Schwaden. Haare. Die langen, hellen Haare einer Frau.

Eva ... säuselt sie.

Sie ist nackt. Ihre Haut ist weiß wie Marmor. Sie schwebt in der Tiefe unter mir. Ihre Haare treiben wie Fische träge um ihren Kopf, um ihre Schultern und Brüste. Sie breitet die Arme aus. Beine sehe ich nicht, ihr Unterleib ist ein dunkler Streifen in der Tiefe.

Und dann weiß ich, dass ich ihr Gesicht kenne.

Ich habe es schon Tausende Male gesehen. Die hellen Augen, die schmale Nase, die vollen Lippen. Es ist Mamas Gesicht.

Mama.

Und ich will zu ihr. Mein ganzer Körper will zu ihr, will in ihr verschwinden.

Ich lasse mich noch tiefer sinken. Zu ihr.

Sie lächelt. Aber ihre Augen lachen nicht, und sie schüttelt sanft den Kopf.

Ohne die Lippen zu öffnen, flüstert sie in meinem Kopf.

Ich bin nicht hier.

Und ich verstehe es nicht. Ich sehe sie doch, genau hier, unter mir in der Tiefe?

Wieder schüttelt sie den Kopf.

Nicht verschwinden, Eva ...

Sie singt es leise, ohne den Mund zu öffnen. Und langsam sinkt sie tiefer in das unendliche Wasser. Sie wird vager und vager, und dann ist sie weg.

Plötzlich bin ich wieder allein. So allein, wie ich es niemals war.

Ihre Stimme hallt noch in meinem Kopf. *Eva ... Eva ...* Immer mehr Stimmen ertönen, alle rufen meinen Namen. Ich höre die Stimme von Opa, und von Frau Gerling. Und von Luuk. Sogar von Palu. Alle echoen meinen Namen.

Eva ... Eva ... Eva ...

Ich zwinge mich, nach oben zu schauen. Nach oben, zum Licht.

Und ich spüre eine große Luftblase in mir, sie kriecht in meinen Hals und presst sich durch meinen Mund nach draußen. Sofort schlucke ich viel Wasser.

Die Schmerzen sind wieder da. Schmerzen in meinem Knie, meinen Armen, meiner Hüfte. Schmerzen in all meinen Muskeln.

Nach oben. Ich muss nach oben.

Woher ich die Kraft nehme, weiß ich nicht, aber irgendwie gelingt es mir, meine Beine zu bewegen und mit den Armen das Wasser wegzuschieben. Nach oben muss ich. Nach oben.

Ich weiß nicht, wie viele Schwimmzüge ich mache. Ich weiß nicht, ob es Sekunden dauert oder Minuten. Aber schließlich ist mein Kopf über Wasser und ich ringe nach Atem.

Luft.

Über Wasser

Mein Körper fühlt sich an, als wäre er aus Blei. Nur mit größter Mühe halte ich den Kopf über Wasser. Licht sticht mir in die Augen. Ich kann nichts unterscheiden. Ganz allmählich werden die Umrisse klarer. Braunes Wasser ... Und Bäume sehe ich, am Ufer ... Endlos viele Bäume, und Zweige, die wie lange Finger ins Wasser greifen. Der Fluss ist ruhig. Sanft treibe ich mit der Strömung.

Ich muss meine Beine bewegen, ich darf nicht aufhören zu schwimmen, über Wasser zu bleiben.

Immer wieder spüre ich einen beißenden Schmerz in meiner Hüfte, und flammende Stiche, wenn ich meinen Ellenbogen bewege. Außerdem dröhnt etwas in meinem Kopf. Es dauert eine Weile, bis mir klar wird, dass es ein Motor ist. Er kommt näher.

Ich sehe etwas Blaues. Ein kleines, hellblaues Korjal gleitet auf mich zu, bis es dicht neben mir fährt. Dann greifen mir zwei Hände unter die Achseln und ziehen mich hoch. Mein Rücken schrammt am Rand des Bootes entlang und es schaukelt heftig, aber schließlich liege ich darin, die Beine noch halb über dem Rand.

Ich will tief atmen, aber ich kann nur husten. Ich huste und huste, ich huste mir die Lunge aus dem Leib. Wasser und Schleim. Es kommt aus meinem Mund, meiner Nase. Ich würge, bis mir mein Hals wehtut und nichts außer seltsamen Geräuschen mehr herauskommt.

Keuchend liege ich auf dem nassen, harten Boden, die Augen geschlossen. Als ich sie öffne, sehe ich zwei dunkle Füße in Flipflops. Zehn Zehen. Ich schaue hoch und schaue in das Gesicht von Palu. Er sitzt auf der Bank und starrt mich verschreckt an. »Eva?«, stammelt er. »Hörst du mich? Eva? Bitte sag was. Irgendwas!«

»*Ghaan tangi fi*«, flüstere ich, und dann kommt schon der nächste Hustenanfall.

Lange Zeit schweigt Palu. Er sitzt mit einer Hand am Ruder da und lässt den Motor leise tuckern, ohne dass wir vorwärts oder rückwärts fahren. Zeit vergeht. Ich habe keine Ahnung, wie lange ich so da liege. Das Boot wiegt mich sanft hin und her. Die Sonne wärmt mich. Als ich wieder ein wenig ruhiger atmen kann, versuche ich, mich auf die Bank zu ziehen. Mein Knie ist aufgeschrammt. Ein wässriger Blutstrahl rinnt an meinem Schienbein herunter. Meine Shorts sind an meiner Hüfte gerissen. Durch den Stoff hindurch sieht man meine aufgerissene Haut. Mein Ellenbogen tut schon etwas weniger weh.

Palu starrt über das Wasser. Ich bin so froh, ihn zu sehen.

»Was machst du?«, schnauzt er mich plötzlich an. »Bist du besessen oder so was? Man schwimmt doch nicht in der Sula?«

»Das wollte ich ja auch nicht, ich wollte nur ... zur nächsten Insel«, erkläre ich.

Und holpernd und stockend erzähle ich alles. Über den blöden Bootsmann und den Regen, die verlassene Insel und die Lautsprecher am anderen Ufer, das Tau, das dorthin führte. »Klar habe ich mich gefragt, ob ich das wirklich machen soll, aber da kam das Fernsehteam und dann ...« Ich schlucke. Von der Erscheinung unter Wasser erzähle ich nichts.

»Idiotisch«, murmelt Palu und er schüttelt den Kopf. Mit seinen grünen Augen starrt er mich prüfend an. Wieder habe ich das Gefühl, dass er tief in mich hineinschaut. Ich habe deine Stimme unter Wasser gehört, will ich sagen, aber ich verkneife es mir. Palu erschlägt eine Mücke auf seinem Arm.

»Es tut mir leid wegen der Schlange«, sage ich. »Bist du noch wütend?«

»Nein«, brummt er. Aber obwohl ich wenig Gefühl in meinen ausgelaugten Beinen habe – mein elfter Zeh fängt sofort an zu kribbeln. Ich lege den Kopf schief. »Noch ein bisschen?«

Er zuckt die Schultern. »Ein bisschen.«

»Aber ... warum bist du dann hierhergekommen?«

»Ach, na ja, äh ...« Er kratzt sich den Kopf unter seiner Kappe. »Das ist Zufall.« (Wieder kribbelt mein Zeh.) »Ich wollte eh in diese Richtung«, erklärt er, »weil nämlich ein Dorf weiter ein Onkel von mir wohnt. Darum war ich hier in der Nähe. Und als ich am Aguja Paati-Resort vorbeikam, habe ich kurz Halt gemacht, um nach dir zu fragen. Aber da sagten sie, es sei überhaupt keine Eva da gewesen. Da bin ich ein paar Runden gefahren.«

Ich schnelle auf. »Du bist schon dort gewesen? Und? Wen hast du da gesehen?«

Palu hebt die Schultern. »Ein paar Touristen und ein Mädchen, das in der Bar arbeitet.«

»Und meinen Vater?«

Palu schüttelt den Kopf. »Ich war nur ganz kurz da, ich habe nur mit dem Mädchen gesprochen.«

»Aber wohnt er dort?«, frage ich. »Wohnt dort ein Gabian?«

Palu sagt nichts, aber er zieht etwas aus seiner Hosentasche und gibt es mir. Es ist eine zusammengefaltete Broschüre. Auf der Vorderseite sehe ich ein Foto von einer Hütte mit einer Hängematte zwischen ein paar Palmen. AGUJA PAATI-RESORT steht in blauen Buchstaben darauf, und darunter: *Im Dschungel zu Hause*. Es ist so eine ganz normale Broschüre für Touristen, mit Informationen über die Hütten und die Ausflüge, die man von der Insel aus unternehmen kann. Dann fällt mein Blick auf ein kleines Foto auf der Rückseite. Ein Mann mit einem großen Hut. *Ihr Gastgeber Gabian heißt Sie herzlich willkommen* steht darunter.

Das ist er. Breite Schultern. Eine ein wenig stumpfe Nase. Eine runde Brille. Ein Gesicht, das ich noch nie zuvor gesehen habe. Trotzdem weiß ich sicher, dass er es ist.

Meine nassen Finger kneifen in das Papier. Es gibt ihn. Hier. In meinen Händen, auf dem Foto. Er hat meine Augen. Und meine Wangen. Mit zitternden Fingern zeige ich auf das Foto.

»Hast du gefragt, ob er da ist?«

Palu nickt. »Das Barmädchen sagte, er würde gerade Touristen abholen … Später am Tag soll er wieder da sein. Aber das könnte noch eine Weile dauern.«

»Können wir schon mal ...«

»Bin schon unterwegs«, sagt Palu. Er gibt Gas und das Korjal schießt über das Wasser.

Mit einer Hand halte ich mich gut am Rand des Bootes fest. Wie ein Magnet wandert mein Blick immer wieder zu dem Foto von Gabian, aber wenn ich lange hinschaue, wird mir schlecht.

Als wir wieder an der Stromschnelle sind, wählt Palu die Route ganz nah am rechten Ufer entlang. Dort sind keine Strudel und Schaumkronen, wie auf der anderen Seite, wo ich in den Fluss gerissen wurde. Ich spähe in das dunkle Wasser, um einen Blick auf die Frau zu erhaschen, die ich gerade in der Tiefe gesehen habe. Oder zu sehen glaubte. Mama.

Plötzlich durchflutet es mich. Ich muss sie sprechen. Und wenn es nur ganz kurz ist.

Nicht weit von der Sula entfernt liegt die Insel. Das Resort mit den modernen Hütten, der Schaukel und den Solarzellenplatten. Und sofort danach kommt auch die andere Insel in Sicht, die verlassene Insel. Ich sehe meinen Rucksack hängen und noch ein Stück weiter, hoch auf dem Ufer, sehe ich drei Menschen stehen. Stef, Violène und Tosca. Tosca schaut durch ein Fernglas.

Mein Hals ist wie zugeschnürt. Ich ringe nach Luft, als wäre ich wieder unter Wasser, würde wieder in die Tiefe gerissen. Und plötzlich ist es, als hörte ich die Unterwasserfrau wieder, ihren flüsternden Singsang. *Nicht verschwinden ...*

Tosca hat mich schon entdeckt. Schnell lässt sie das Fernglas sinken und zeigt auf mich. Stef späht in meine Richtung, eine Hand über die Augen gelegt. Violène schlägt sich die Hände vor den Mund.

»Da sind sie …«, sage ich.

Palu bekommt einen Schrecken. »Das Fernsehteam?«

»Ja«, sage ich ruhig.

»Halt dich fest«, sagt Palu. »Ich weiß einen Platz, ich verstecke dich. Ich werde ….«

»Nein«, sage ich schnell. »Das ist nicht nötig.«

»Was?«

»Mein Vater ist doch noch nicht da. Fahr ruhig zu ihnen.«

»Bist du dir sicher?«

»Ja.« Ich setze mich aufrecht hin und hole tief Luft. »Ich flüchte nicht mehr.«

Keine Kameras

Palu fährt halb um die Insel herum und findet einen Platz zum Anlegen an dem verwitterten, mit einer grünlichen Schicht bedeckten Schild. Das durchgestrichene RICO? ist ein wenig verwischt, aber noch gut sichtbar. Das knallgrüne Korjal des Fernsehteams liegt auch dort. Palu legt dahinter an. Als er den Motor ausschaltet, höre ich ihre Stimmen schon.

Er klettert an Land und hilft mir beim Aussteigen. Bei jedem Schritt spüre ich wieder die Schmerzen in meinem Knie und in meiner Hüfte. Die feuchte Erde fühlt sich an meinen nackten Füßen weich an. Meine Beine zittern. Er reicht mir eine Hand. Zusammen klettern wir die Böschung hinauf und gehen ein Stück durch den Wald, den Stimmen entgegen.

»Eva …«, ruft Violène. Halb über die Wurzeln stolpernd eilt sie zu mir.

Tosca überholt sie. »Stef, beeil dich mit der Kamera!«, ruft sie über die Schulter. Sie greift nach ihrem Handy und fängt selbst schon mal an zu filmen. Sofort wende ich den Kopf ab. Meine Kleider kleben und tropfen, ich sehe mit Sicherheit schlimm aus. Es fühlt sich an, als würde Tosca mich mit diesem filmenden Handy unter Beschuss nehmen, als wäre es ein Gewehr.

Palu schaut unglücklich. Ich zwinge mich, wieder nach vorn zu sehen. Zu Tosca mit ihrem Telefon. »Ich bin wieder da«, sage ich, »aber … ich möchte nicht mehr gefilmt werden.«

Violène umarmt mich. »Ach, Kindchen«, sagt sie und drückt mich fest an sich. Ich rieche ihren Schweiß durch ihr Parfüm hindurch. Dann lässt sie mich wieder los. »Du bist ja patschnass!«, ruft sie.

Zwischen den Bäumen hindurch sehe ich Stef. In den Händen hält er meine Sneakers und meinen Rucksack. Er kommt nicht näher.

»Worauf wartest du?«, ruft Tosca ihm zu. »Wo ist deine Kamera?«

Aber Stef hört nicht auf sie. Er bleibt einfach unbeholfen mit meinen Sachen dort stehen. »Als ich deine Schuhe am Ufer fand, dachte ich, du wärst ...« Er schluckt ein paarmal.

Violène legt mir eine Hand auf die Schulter. »Eva, du blutest ...«

»Es geht schon ...« Ich wische mir das Blut vom Knie. Dann schaue ich sie an. »Sorry«, presse ich hervor. »Sorry, dass ich euch so einen Schrecken eingejagt habe. Aber ich konnte es nicht mehr ertragen, die Kamera. Es war, als würde ich ersticken. Ich wusste, dass ich nur allein weitersuchen konnte ... ohne euch.«

Tosca kommt näher, das filmende Handy vor sich ausgestreckt

»Ohne Kameras«, sage ich genau in die Linse.

Sie lässt das Ding sinken und schaut mich kühl an. Es wird still. Sogar die Vögel hören kurz auf zu zwitschern. Palu tritt ein paar Schritte zurück.

»Wie. Konntest. Du. Nur. Wie. Konntest. Du ...«, fängt

Tosca an. Und dann folgt eine Lawine, was ich alles falsch gemacht habe. Tosca wird nicht einmal rot, sondern weiß. So weiß wie ein Bettlaken. Sie ruft, dass sie Todesängste ausgestanden haben, dass eine Mistkarrenfuhre an Vorwürfen von meiner Mutter über sie ausgekippt wurde, dass sie die Polizei eingeschaltet haben und gerade fast den Rettungsdienst, dass ich null Komma null null null Verantwortungsgefühl besitze ... »Und ganz abgesehen davon«, rattert sie weiter, »hatte ich noch mit einer ganz anderen Katastrophe zu tun, denn ohne dich kann ich diese ganze Folge in die Tonne treten. Und du willst nicht wissen, wie viel Kosten wir schon gemacht haben! Die einzige Lösung, die mir blieb, war, diese Suche nach dir auch zu filmen, und dann in die Folge einzuarbeiten – in der Hoffnung, dass wir dich irgendwann finden werden. Wage es also nicht, mir zu verbieten, dich zu filmen!«

Mir springen die Tränen in die Augen. Ich beiße fest auf meine Lippe. »Aber ...«, presse ich hervor, »ich will es nicht. Ich will es einfach nicht. Eigentlich schon die ganze Zeit nicht. Ich wollte immer nur meinen Vater finden, und ich wusste nicht, wie ich das anders anstellen sollte. Wenn ich gewusst hätte, wie schrecklich ich die Aufnahmen finde, hätte ich das niemals so gemacht ...«

Schnell reibe ich mir die Augen trocken. Tosca ist einen Moment still.

Ich schaue ihr ins Gesicht. »Gleich gehe ich zur Insel meines Vaters, um dort auf ihn zu warten ... Und ich möchte nicht, dass ihr dort filmt.«

Violènes Kinnlade fällt herunter. »Du hast ihn also schon gefunden?«

»Fast.« Zögernd reiche ich ihr die Broschüre und zeige auf das Foto. »Das ist er.«

Sie nimmt die Broschüre, starrt von dem Foto zu mir und wieder zurück.

»Moment mal, Moment«, unterbricht Tosca sie schnell. »Du triffst gleich deinen Vater und das dürfen wir nicht filmen??«

»Lieber nicht, nein«, sage ich leise.

Tosca ist nicht damit einverstanden. Ich versuche zu erklären, dass es wirklich nicht geht, dass mein Vater es sehr wahrscheinlich auch nicht will.

»Aber mein liebes Kind«, seufzt Violène. »Bist du darum abgehauen? Windest du dich deshalb wie ein Aal? Weil du Angst hast, dass unsere Kamera deinem Vater einen Schrecken einjagen könnte? Er ist ein erwachsener Mann! Kein, kein …«

»… Wurm«, murmele ich.

»Nein … Kein Wurm …« Sie zieht die Augenbrauen hoch und muss einen Moment nach Worten suchen. »Überlass das nur uns, er ist nicht der Erste, der Probleme mit Kameras hat … Wir reden mit ihm. Wir lassen die Kamera im Koffer und filmen nichts, bevor dein Vater nicht damit einverstanden ist.«

»Aber … *Ich* bin nicht damit einverstanden.«

»Oh.« Violène sagt nichts mehr.

»Ich verstehe dich«, sagt Tosca plötzlich lächelnd.

»Ja?« Erstaunt sehe ich sie an. Mein Zeh fängt an zu jucken.

»Natürlich. Aber es wäre so gut für die Karriere deiner

Mutter, eine Folge mit hohen Einschaltquoten über ihre Tochter, mit einem rührenden Ende ...« Sie seufzt und späht in die Ferne, als würde sie es schon vor sich sehen. »Weißt du, was wir machen?«, schlägt sie vor. »Wir filmen es sicherheitshalber, dann kannst du immer noch entscheiden, ob du ...«

»Nein«, sage ich wieder. »Ich will keine Kamera dabeihaben. Überhaupt keine.«

Violène zieht Tosca kurz zur Seite. »... Aber ihre Mutter hat doch wohl unterschrieben?«, höre ich sie murmeln.

»Das ist es ja gerade ...«, zischt Tosca. »Sie hat sich geweigert ...« Sie tuscheln noch eine Weile weiter, aber das kann ich nicht verstehen.

Stef ist die ganze Zeit am Fluss stehen geblieben. Jetzt geht er zu mir und gibt mir meine Schuhe. »Hier.« Seine Augen sind feucht.

Er sieht mich lange an. »Aber warum um Himmels willen bist du ins Wasser gegangen?«, fragt er dann.

»Ich habe seine Stimme gehört«, erkläre ich. »Von da drüben. Die Stimme meines Vaters. Ich musste bloß zum anderen Ufer. Und ... Ich hatte Angst vor euch. Vor deiner Kamera.«

Er nickt. »Lass das Mädchen zu ihrem Vater gehen«, sagt er zu Tosca. »Ich filme sie nicht.«

Tosca beißt die Zähne zusammen.

»Wir finden schon eine Lösung«, sagt Stef. »Wir nehmen für die Folge eine Erzählstimme und Bilder der Umgebung hier und ... Und es wäre gut, wenn du wenigstens ein Foto von eurem Treffen machen könntest.«

»Nun lass uns mal nichts überstürzen«, sagt Violène. »Erst mal muss er gefunden werden.«

»Ja. Ich muss gehen.« Ich zeige auf Palu, der sich schon mal in sein Korjal gesetzt hat. »Palu bringt mich hin.«

»Moment mal«, sagt Tosca. »Und was ist mit uns? Dich nicht mehr filmen dürfen ist eine Sache, aber wir lassen dich nicht mehr allein. Damit haben wir schlechte Erfahrungen gemacht.«

»Ich verspreche euch, dass ich auf euch warten werde.«

Aber Tosca lässt sich nicht erweichen. »Deine Mutter bringt uns um, wenn sie hört, dass wir dich noch einmal haben gehen lassen«, sagt sie.

Luuk hatte also nicht übertrieben, als er schrieb, Mama habe am Telefon Feuer gespuckt.

»Okay«, gebe ich schließlich nach. »Aber nicht das ganze Team. Nur eine Person.« Ich denke einen Moment nach. »Violène. Aber wenn ich meinen Vater finde, möchte ich niemanden dabeihaben. Er und ich. Das ist genug.«

Tosca schnaubt und kneift die Augen zusammen. »Nun gut. Aber nur unter der Bedingung, dass wir die Wiedervereinigung mit deiner Mutter filmen dürfen.«

»Mit meiner Mutter??«

Tosca verdreht die Augen. »Ja, du Schlaumeier. Deine Mutter ist ganz schön von der Rolle. Die springt gleich ins erste Flugzeug und macht sich auf den Weg hierher.«

Ich versuche, es mir vorzustellen: Mama hier, in Suriname. »Kann ich … Kann ich dein Handy mal kurz haben, um sie anzurufen?«

»Aber natürlich«, sagt sie und reicht mir ihr Handy. »Sie denkt noch immer, du wärst entführt worden oder hättest dich verirrt und wärst in Stücke gehackt worden ...«

Mama geht fast sofort ran. »Habt ihr sie?«

»Hallo, Mama ...«

»Vögelchen ... Bist du's?«

Ich schließe die Augen und lausche Mamas Stimme. Ganz kurz sehe ich den Wenti wieder vor mir, wie er mir unter Wasser erschienen ist: die langen schwebenden Haare, Mamas Gesicht, bloß marmorweiß.

Mama fragt mir Löcher in den Bauch. Ich gebe immer kürzere Antworten und kann gar nicht aufhören zu lächeln, auch nicht, als sie kurz ziemlich wütend wird. Sie erzählt, sie hätte letzte Nacht kein Auge zugemacht und wäre erst heute Morgen ganz früh todmüde eingeschlafen, aber ganz schnell wieder aufgewacht, weil sie einen so seltsamen Traum hatte.

»Versprichst du mir, nie, nie, nie wieder einfach so zu verschwinden?«, fragt sie.

»Ja, Mam«, sage ich. »Ich verspreche es.«

Sie sagt, sie habe schon ein Ticket gebucht. Ich sage, sie bräuchte wirklich nicht herzukommen, ich käme jetzt wahrscheinlich schnell nach Hause, aber sie kann nicht warten. Sie muss mich sehen. Morgen früh fliegt sie nach Paramaribo. Ich schlucke. »Wie schön«, gebe ich zu.

Ich erzähle, dass ich seine Insel gefunden habe. Und dass sie ihn hier nicht Rico nennen, sondern Gabian.

»Gabian?« Einen Moment ist sie still.

»Sagt dir das was?«, frage ich.

»Vage, ganz vage … Ich erinnere mich, dass mal ein Freund aus Suriname zu Besuch war. Der sagte immer ›Gabian‹. Ich hätte nie gedacht, dass es ein Name ist. Ich dachte, das bedeutet so was wie Kumpel.«

»Ich habe ein Foto von ihm. Er sieht mir ähnlich.«

»Das stimmt«, sagt sie. Sie seufzt.

Und dann frage ich, ob Mama bitte ein Lied singen könnte.

»Jetzt?«

»Ja.«

»Du bittest mich nie, für dich zu singen.«

»Jetzt wohl.«

»… Ich bin ziemlich heiser. Ich habe kaum geschlafen.«

»Das macht nichts. Vielleicht das Lied, das du immer gesungen hast, wenn ich Angst im Dunkeln hatte.«

Und dann singt sie. Ich drücke mir das Handy ans Ohr und spüre die Schmerzen in meinem Knie und in meiner Hüfte nicht mehr. Ihre Stimme ist eine Salbe. Das schlechte, komische Gefühl in meinem Bauch verschwindet für einen Moment.

Im Dschungel zu Hause

Mein Bauch macht noch schlimmere Geräusche als der Außenbordmotor. Mit beiden Armen drücke ich meinen Rucksack wie eine Wärmeflasche dagegen. Während wir an der kurz gemähten Grasfläche vorbeifahren, recke ich den Hals, um alles gut sehen zu können. Vielleicht ist er schon da. Vielleicht läuft er einfach hier herum, der seltsamste und bestversteckte Vater der ganzen Welt.

Violène sitzt auf der Bank hinter mir. Sie hat keine Kamera dabei, bloß einen Rucksack. Sie sieht aus wie eine ganz normale Touristin mit ihrer Sonnenbrille und dem weißen Hut. Es wäre schon sehr sonderbar, wenn sie meinem Vater einen Schrecken einjagen würde.

Palu legt an einem Holzsteg an. Über eine Treppe steigen wir hoch. Es ist mühsam, bei jeder Stufe flammen die Schmerzen in meinem Knie und an meiner Hüfte auf. Auf meinem Schienbein ist das Blut zu einem braunen Streifen getrocknet.

Ein Pfad führt uns zu einer Terrasse. Ich versuche, möglichst normal zu gehen, aber ich hinke ein wenig. Violène bietet mir ihren Arm zur Unterstützung an, aber das will ich nicht. »Lass mich dann wenigstens deinen Rucksack tragen«, sagt sie und nimmt ihn mir schon ab. Ich fühle mich ohne ein wenig nackt.

Diese Insel sieht ganz anders aus. Ein großes, modernes Gebäude aus Holz und Glas mit einem Schrägdach steht dort.

Unter einem breiten Schutzdach glänzend polierte Tische und eine Bar, auf die ein Papagei gemalt wurde. Ein etwa sechzehnjähriges Mädchen mit straff eingeflochtenen Zöpfen trocknet Gläser ab. Sie sieht mich komisch an. Ich sehe natürlich auch komisch aus. Meine Kleider kleben an meinem Körper, mein Haar tropft und auf meinem Bein ist getrocknetes Blut. Aber das ist mir völlig egal.

»Soll ich wirklich nicht mitkommen?«, flüstert Violène.

Ich schüttele den Kopf. »Nur Palu.«

Violène nickt und sucht sich einen Platz an einem der Tische an der Ecke der Terrasse.

Palu und ich gehen zu dem Mädchen hinter der Bar.

Ich schiebe mir eine nasse Locke aus dem Gesicht. »Ich suche Gabian«, sage ich.

»Gabián«, verbessert sie mich. »Kommst du wegen der Expedition?«

Mein Mund bleibt offen stehen. Vielleicht ist das hier doch ein Traum. Das kann kaum anders sein.

Das Mädchen zieht eine Augenbraue hoch. »… Die Kaimane-Expedition«, sagt sie, »… heute Abend. Kommst du deswegen?«

»Oh«, beeile ich mich zu sagen. »Nein.«

Sie zeigt mit dem Kinn auf mein aufgeschürftes Knie. »Bist du gefallen?«

»So ähnlich …«

Sie mustert mich von Kopf bis Fuß.

Ich frage sie noch einmal. »Aber … ist er da? Gabián?«

»Warte mal.« Sie dreht sich um und verschwindet durch eine Tür, über der PERSONAL steht.

Ich halte mich an der Bar fest. Mein Bauch brodelt noch immer. Und mir ist noch übler als damals, bei der Theateraufführung in der Schule, als ich mich so schrecklich übergeben musste.

Sie bleibt lange weg.

Violène hat ihre Sonnenbrille vor sich auf den Tisch gelegt. Sie schaut mich fragend an. Ich zucke die Schultern.

Endlich kommt das Mädchen wieder. Allein. Ohne mich anzuschauen, nimmt sie ein Glas und trocknet weiter ab. »Er ist nicht da.«

»Er ist nicht da?«

Palu legt eine Hand auf die Bar. »Aber heute Nachmittag war hier ein Mädchen, und das sagte, er würde zurückkommen.«

Sie zuckt die Achseln. »Alles, was ich weiß, ist: Er ist nicht da. Er ist in die Stadt gefahren.«

Ich mache große Augen. »Nach Paramaribo?«

»Ja.«

Mein Zeh pikst. Aber mein Fuß auch, eigentlich tut mir das ganze Bein weh.

Unter ihren langen Wimpern sehe ich sie zu Violène spähen.

Ich schaue Palu an. Er zieht die Augenbrauen hoch. Hier stimmt etwas nicht.

Dann sehe ich aus den Augenwinkeln sich etwas bewegen, hinter einem der Fenster in dem Gebäude. Eine Jalousie.

Und ich weiß, was ich tun muss.

Ein Mädchen aus Holland

In aller Ruhe gehe ich um die Bar herum. Ich öffne die Tür, auf der PERSONAL steht. »Hey …«, protestiert das Barmädchen, »Diese Tür ist nicht für Gäste.«

Ich gehe einfach weiter. Ich bin auch kein Gast, ich bin seine Tochter. Niemand hält mich jetzt noch auf. Ich gehe durch eine große Küche mit mehreren Spülbecken. Eine Frau mit einer Schürze knetet etwas. Dann gelange ich in einen Flur. Links ist ein Abstellraum mit Getränkekisten und Flaschen, rechts eine Toilette. »Gabian?«, rufe ich.

Am Ende des Ganges befindet sich eine Tür. Ich drücke sie auf.

Es ist ein dämmriges kleines Büro. Die Jalousien sind geschlossen, das einzige Licht stammt von einer Glühbirne. Ein paar Kartons und ein Eimer stehen auf dem Boden, es gibt einen Schreibtisch mit einem Laptop. In einer Ecke neben einem Schrank summt eine Klimaanlage. Der Schreibtischstuhl ist leer.

»Gabian?«, rufe ich noch einmal.

Gerade will ich die Tür wieder schließen, als ich ein leises Geräusch höre. Hinter der Schranktür.

»Gabian?«, rufe ich noch einmal.

»Keine Kameras«, ertönt es hohl hinter der Tür. »Ich will nicht gefilmt werden.«

»Ich … Ich auch nicht«, sage ich.

Einen Moment bleibt es still. »Eva?«, fragt die Stimme aus dem Schrank. Es ist, als würde eine große unsichtbare Hand meine Lunge zusammenquetschen. Das ist die Stimme von der Kassette, und gleichzeitig auch nicht. »Ist die Kamera aus?«

Ich muss mich sehr anstrengen, um sprechen zu können.

»... Hier gibt es keine Kamera. Nur mich.«

Langsam öffnet sich die Schranktür. Zwischen Besen und Schwabbern, halb gebückt unter einem Regal mit Geschirrtüchern, steht ein Mann. Er hält den Kopf schief und verzieht den Mund zu einer Art Lächeln. Das ist der Mann von dem Foto in der Broschüre. Breite Schultern, runde Brille, eine etwas stumpfe Nase, ein grünes T-Shirt und knielange Shorts. Seine Augen schießen prüfend hinter seiner Brille hin und her.

»Bist du wirklich allein?«, fragt er, während er vorsichtig aus dem Schrank tritt und hinter mir in den Flur schaut. Ich kann nicht antworten. Alle Wörter sind weg. Ich starre diesen Mann aus dem Schrank an. Das kann er nicht sein. Er ist auch zu klein.

»Bist du ... Gabian?«, frage ich.

Er nickt sehr schnell.

»Und ... Rico? Rico Vrede?«

Er zuckt die Achseln. »Ja, auch. Früher.«

Wir starren uns an. Nichts bewegt sich. »Du siehst ihr ähnlich«, murmelt er.

Und dann macht er einen Schritt vor und schlingt seine Arme um mich.

Und ich ... Ich fühle mich voll. Und gleichzeitig ganz leer.

Ich möchte weinen und schreien und lachen und weglaufen und ihn so feste drücken, wie es nur geht, alles gleichzeitig. Aber es ist auch, als wäre mein Kopf mit einem Male leer, alles gelöscht, abgestürzt ... All die Fragen, die ich noch hatte, die tausend Dinge, die ich sagen wollte, sind plötzlich verschwunden. Ich bin nur ein leerer Körper mit zwei Armen drum herum. Zwei Arme meines Vaters.

Nach einer Minute oder einer Viertelstunde oder keine Ahnung, vielleicht nur ein paar Sekunden, lässt er mich los. Er wischt sich die Augen trocken und fasst mich an den Schultern. »Du bist eine Schönheit. Genau wie deine Mutter. Ist sie noch da draußen?«

»Nein, ich bin ohne sie gekommen.«

Eine Falte über seiner Nase. »Wie alt bist du? Nein ... nicht sagen, das weiß ich natürlich. Dreizehn, richtig?«

»Fast.«

Er lässt meine Schultern los und schüttelt den Kopf. Plötzlich fängt er laut an zu lachen. Mit einem Arm reibt er sich über den Kopf. »Sorry, sorry für diesen seltsamen Anfang.« Er schließt die Schranktür wieder.

Dann faltet er die Hände über der Nase und stellt sich ein wenig breitbeinig hin. Wieder schüttelt er den Kopf. »Weißt du, meine Schwester Esseline hat angerufen, dass Leute vom Fernsehen auf der Suche nach mir wären. Und klar, dich wollte ich gern sehen, aber diese Kameras, die will ich hier nicht haben. Also war ich ... ein wenig vorsichtig. Bestimmt hat Esseline dir verraten, wo ich stecke, oder?«

»Nicht wirklich ...«

»Sie redet immer viel zu viel«, fährt er fort. »Und die Hälfte davon ist übertrieben. Aber gerade sah ich eine blonde Frau auf der Terrasse und die sieht wirklich genauso aus wie die Moderatorin von *Verlorene Zeit,* also dachte ich: Hatte meine Schwester doch recht, sie kommen! Sie filmen alles! Gleich werde ich im Fernsehen zu sehen sein als dieser Kerl, der seine Tochter im Stich gelassen hat ... Und weg ist mein guter Ruf. Und den habe ich, einen guten Ruf bei allen Reisebüros in Holland. Also kann ich das wirklich nicht gebrauchen, ein Drama im Fernsehen. Ich kenne das, die Holländer nehmen immer alles so schwer. Dann wird kein Tourist mehr herkommen ...«

Er lacht ein wenig und wedelt mit der Hand. »Ach, Hauptsache, du bist da!« Er stemmt die Hände in die Seite und schüttelt den Kopf. »Hätte ich gewusst, dass du allein kommst ...«

»Ich bin nicht allein«, sage ich. »Palu ist bei mir. Und ... Also Violène, von *Verlorene Zeit.* Du hattest recht, aber ...

Er macht einen Satz auf die Jalousien zu und schaut durch einen Spalt nach draußen. »Also doch!« Schnell geht er zur Tür und schlägt sie zu.

»... Aber sie haben versprochen, uns nicht zu filmen«, sage ich schnell.

»Und das glaubst du?«

»Stef *will* mich nicht einmal filmen, hat er gesagt.«

»Stef? Ist also noch jemand hier?« Wieder schnellt er zu den Jalousien und starrt hinaus.

»Nein, er ist nicht hier, er ist ... noch auf der anderen Insel, glaube ich.«

»Glaubst du?« Seine großen Augen schießen hinter seiner Brille hin und her.

Die Türklinke rappelt. Er duckt sich, ganz kurz, aber als sich die Tür öffnet, richtet er sich sofort wieder auf. Ein kleiner Junge, vielleicht vier Jahre alt, kommt rein. Er rennt an mir vorbei, kriecht unter dem Schreibtisch hindurch und klammert sich an Gabians Beinen fest. Mit großen, runden Augen starrt er mich an. »Wer ist das, Papa?«, fragt er.

»Das ist Eva«, antwortet sein Vater.

»Wer ist Eva?«

»Das ist ein Mädchen aus Holland. Sag nur schön Guten Tag.«

Ein Mädchen aus Holland hallt es in meinem Kopf.

Zögernd geht der kleine Junge um den Schreibtisch herum und streckt die Hand aus. Ich nehme sie. Kleine, kühle Finger in meiner Hand.

Schnell kriecht er wieder zu seinem Vater. Der nimmt ihn in die Arme, zieht eine Schublade seines Schreibtisches auf, nimmt ein Bonbon heraus, steckt es dem Jungen zu und schickt ihn wieder raus.

Draußen kreischen Vögel. Irgendwo summt ein Ventilator. Ansonsten ist es still.

Es dauert eine Weile, bis die Wörter, die in meinem Kopf singen, herauskommen. »Bin ich ... ein Mädchen aus Holland? Mehr nicht?«

Er lacht auf. »Dani ist vier, für ihn ist das noch ein wenig zu kompliziert. Ich will ihn nicht mit meiner Vergangenheit belasten.«

»Deine Vergangenheit?«, sage ich. »Bin ich das? Und bin ich dann auch ... kompliziert?«

Darüber muss er lachen.

»Hast du noch mehr Kinder?«

Er nickt. »Ich habe vier Jungs. Dani ist der Jüngste.«

Mein Kopf knallt fast auseinander. Als würden plötzlich Riesenglocken darin läuten. Ich. Habe. Vier. Brüder.

»Aber die anderen drei wohnen weit weg, bei ihrer Mutter in Nickerie.«

»Hast du den anderen auch nie von mir erzählt? Wissen sie nicht, dass es mich gibt?«

Er lacht ein wenig unsicher. Macht den Mund auf, klappt ihn dann aber wieder zu. Er hebt die Schultern wie zwei lahme Flügel.

»Wie kannst du nur so tun, als wäre ich nicht da? Wie kannst du ...?« Bevor ich noch mehr sagen kann, dreht sich mir der Magen um. Ich schiebe Gabian weg von der Tür und renne raus, aber es ist schon zu spät. Im Flur kommt alles raus und klatscht auf den Holzfußboden.

Zwischen den Getränkekisten

Ich traue mich nicht, ihn anzusehen. Ich weiß nicht, ob ich mich jemals noch trauen werde, ihn anzusehen.

Er hat mich in die Vorratskammer gebracht und dort auf einen Hocker gesetzt. Um mich herum stehen Türme aus Getränkekisten. Auf meinem Fuß ein gelber Spritzer.

Die Frau aus der Küche geht mit einem Eimer und einem Aufnehmer vorbei.

Mein Hals brennt noch und ich habe ein hohles Gefühl im Bauch, als hätte ich nicht nur den Inhalt meines Magens herausgeworfen, sondern auch noch ein paar Organe.

Der Mann, der mein Vater sein soll, legt mir eine Hand in den Nacken und ein Schock fährt durch meinen Körper.

Er fragt, ob ich krank bin, oder etwas Falsches gegessen habe. Ich schüttele den Kopf.

»Geht's wieder?«

»Prima«, lüge ich. Ich erwarte ein Stechen in meinem Zeh, aber ich spüre gar nichts in meinen Füßen. »Bin ich froh, dass das nicht gefilmt wurde …«

»Ich auch«, sagt er grinsend. »Kann ich noch etwas für dich tun?«

Ich zucke die Achseln. Noch immer traue ich mich nicht, aufzusehen.

Er nimmt die Hand aus meinem Nacken.

»Ich habe deine Kassette gefunden«, sage ich.

Er sagt nichts.

»... mit dem Lied.«

»Oh ja«, sagt er.

»Du hast auch noch diese Geburtstagskarte geschickt. Aber danach kam nichts mehr.« Vorsichtig sehe ich auf. »Warum nicht?«

Er schweigt. Jetzt traut *er* sich nicht, mich anzuschauen.

»Warum hast du nichts mehr von dir hören lassen?«, frage ich. Es bleibt still. Ich höre das Summen des Ventilators, das Auswringen des Aufnehmers in dem Eimer auf dem Flur.

Es schiebt eine Kiste näher heran und setzt sich darauf. »Ich habe es versucht, Eva. Als du gerade geboren warst, habe ich Silla Nachrichten geschickt. Ich habe oft versucht, sie anzurufen, ich habe sogar vorgeschlagen, vorbeizukommen, ich hatte schon angefangen, für ein Ticket zu sparen ... Aber wenn alles in einer bodenlosen, kalten Stille verschwindet, halte ich nicht lange durch. Ich muss auch weiter. Das Leben strömt nach vorne, weißt du. Man kann nicht zurückpaddeln. Ich bin nach Suriname gegangen, habe neu angefangen, mit einem neuen Namen. Ich habe das hier aufgebaut, Schritt für Schritt. Die ersten Hütten, auf der alten Insel, habe ich mit meinen eigenen Händen gebaut. Mein Leben ist hier.«

Ich nicke. Ich verstehe es schon, jedenfalls ein wenig ... Aber warum hat er dann später nie mehr etwas von sich hören lassen? Warum hat er so leicht aufgegeben?

»Es war, als wärst du vom Erdboden verschluckt«, sage

ich. »Ich habe überall nachgefragt und gesucht, aber niemand kannte einen Rico Vrede.«

»Das ist mein alter Name, aus einem anderen Leben. Den Namen Vrede habe ich von meinem Vater bekommen. Ich verstand mich nicht gut mit ihm. Seit ich wieder im Binnenland wohne, benutze ich den Familiennamen meiner Mutter, wie viele Saramaccaner es tun. Maisi heiße ich jetzt. Gabian Maisi.«

»Es gibt also gar keinen Rico Vrede?«

»Nicht mehr, nein.«

Er richtet sich auf und schaut auf sein Handy. »Möchtest du was trinken?«, fragt er plötzlich.

Ich schüttele den Kopf. Und dann erst sehe ich es. In seinen Flipflops stecken zwei Füße mit fünf Zehen.

»Du hast keinen elften Zeh!«

»Hä? Nein. Bevor ich nach Suriname zurückging, habe ich ihn wegoperieren lassen.«

»Aber ... Warum?«

Über seiner Nase taucht eine Falte auf. »Warum?« Er lacht schief. »Die meisten Leute finden es ein wenig gruselig. Und was soll ich mit einem zusätzlichen Zeh?«

Wieder spüre ich eine Welle der Übelkeit in mir aufsteigen. Den Mann mit den elf Zehen gibt es nicht.

»Ich habe ihn noch«, murmele ich, »meinen Extra-Zeh. Er ... In ihm sind magische Kräfte. Hast du das nicht?«

»Magische Kräfte?« Er sieht mich an, als wäre ich verrückt. »Du redest wie mein Vater, der sprach auch immer über seine magischen Kräfte.«

»So nannte Palus Oma es. Ich weiß nicht, ob es wirklich was Magisches ist, aber mit meinem Zeh kann ich manchmal fühlen, ob jemand lügt oder nicht.«

»Und das glaubst du?«, lacht er spöttisch.

Ich spüre, wie meine Wangen glühen. »Ja ...«

»Niemand kann spüren, ob etwas wahr ist oder nicht«, sagt er. »Das gibt es nicht.«

Mein Zeh schweigt. Ich kneife, um ihn wach zu machen, aber es ist überhaupt kein Gefühl mehr darin, als würde er schlafen, als hätte ich überhaupt keinen elften Zeh.

Gabian schaut auf sein Handy und steht auf. »Es tut mir leid«, sagt er, »aber ich muss dich kurz allein lassen. Ich muss neue Gäste abholen. In einer Stunde bin ich wieder da. Schaffst du das?«

»Natürlich.«

Er geht einen Schritt zurück, dreht sich um und verschwindet in der Küche.

Ich bleibe auf meinem Hocker in der Speisekammer zwischen dem Leergut sitzen. Die Wunde an meinem Knie sticht.

Ich lausche dem Ventilator und dem Klappern von Töpfen in der Küche, bis Palu und Violène den Kopf um die Ecke der Tür stecken.

»Und?«, fragt Palu. »Das war dein Vater, oder?«

»Mein Vater?« Mehr bekomme ich nicht über die Lippen. Ich bin leer, als hätte in meinem Bauch ein Feuer gewütet.

Glückwunsch oder so

Violène hat mir einen Kakao geholt. Wir sitzen an einem Tisch auf der Terrasse. Palu mit einer Dose Fernandes. Inzwischen dämmert es.

Palu trommelt mit seinen langen Fingern auf den Tisch. »Ich muss eigentlich weg.«

Erschreckt schaue ich auf. »Oh?«

»Aber«, sagt er, »ich kann auch noch kurz bleiben …?«

Ja! will ich rufen, aber es ist, als würde mich eine Hülle aus Glas umgeben. Ich nicke nur, und lächele dankbar.

Er sagt, dass er heute Nacht bestimmt bei seinem Onkel bleiben kann, der Onkel, der hier in der Nähe wohnt. Er steht auf, um ihn anzurufen.

Ich nehme einen Schluck Kakao. Das hilft ein wenig gegen den ekligen Geschmack in meinem Mund.

»Geht's wieder?«, fragt Violène. Sie fragt es bestimmt schon zum zehnten Mal. Ich sage immer »Ja, sicher«, aber eigentlich weiß ich es nicht.

Violène telefoniert mit Tosca. Sie und Stef haben irgendwo am Fluss eine Pension gefunden. Violène hat mit Gabian geregelt, dass sie und ich hier im Resort übernachten. Das war kein Problem. Es gab noch leere Hütten. Als sie aufgelegt hat, frage ich, ob ich ihr Handy kurz haben darf, um Luuk anzurufen.

»Dieser Freund von dir?« Sie schaut auf ihr Telefon und

runzelt die Stirn. »Ich glaube, der schläft jetzt. In Holland ist es jetzt fast Mitternacht.«

»Das ist egal. Ich muss ihn sprechen. Auch, wenn es nur ganz kurz ist.«

Sie runzelt die Stirn, gibt mir aber ihr Handy. Ich gehe damit an den Rand der Terrasse, ans Wasser, und wähle Luuks Nummer.

Seine Mutter geht ran. »Eva! Wir haben es schon von deiner Mutter gehört. Du bist wieder da! Ich werde ihn sofort wecken.«

»Evi?« Luuk klingt überhaupt nicht schläfrig. »Alles in Ordnung?«

»Geht so.«

»Ich habe deine Mails gelesen. Hast du ihn gefunden?«

»Ja.«

»Und?«

»Und ... Jetzt weiß ich es nicht mehr ...«

Meine Augen füllen sich mit Tränen. Ich weine fast nie, wenn Luuk dabei ist, aber es ist, als würde seine Stimme diese Glashülle um mich herum zerbrechen. Wie ein zerbrochenes Fischglas fließt es aus mir.

»Sorry«, schluchze ich.

»Macht doch nichts«, sagt Luuk.

»Sorry sorry.«

»Evi, das macht doch nichts.«

Als ich mich ein wenig beruhigt habe, fragt Luuk: »Sieht er dir ähnlich?«

»Wir haben dieselben Wangen. Und Augen vielleicht. Aber er ist kleiner, als ich mir vorgestellt hatte. Und er hat nicht einmal elf Zehen. Nicht mehr.«

»Ist er nett?«

»Er hat sich gefreut, mich zu sehen. Das hat er jedenfalls gesagt ...«

Und dann bin ich nicht mehr zu bremsen und erzähle. Wie ich zerschrammt und völlig durchweicht hier angekommen bin und dass sie erst gesagt haben, er sei nicht da ...

»Völlig durchweicht?«

Und ich erzähle, dass ich auf der falschen Insel abgesetzt wurde und versucht habe, zum anderen Ufer zu schwimmen ...

»Und was ist mit den Piranhas?«

Und dass die Piranhas mich zwar in Ruhe gelassen haben, der Fluss selbst mich aber erwischt und mitgerissen hatte ... Alles erzähle ich, wie ich die Insel ausgekundschaftet habe, durch den Fluss, über Wasser und unter Wasser, und wie ich meinen Vater schließlich hier gefunden habe. In einem Schrank.

»Puh.« Luuk ist einen Moment still. »Ich weiß nicht, was ich sagen soll ... Herzlichen Glückwunsch oder so. Jetzt hast du auch einen Vater.«

»Oh. Na ja.«

»Nicht?«

»Ich *kenne* diesen Mann nicht. Ich kann ihn nicht sofort meinen Vater nennen.«

»Hmm«, brummt Luuk. »Eigentlich müssten neue Väter

erst eine Vaterprüfung ablegen, bevor man sie »Vater« nennen kann. Eine Art Schwimmprüfung, aber dann eben mit Vater-Sachen.«

»Gute Idee. Dann müsste dieser vielleicht mal mit Seepferdchen anfangen.«

»Klingt ein wenig ... als wäre es dafür zu spät.«

»Ja«, murmele ich. »Er hat noch vier weitere Kinder. Aber denen hat er nie von mir erzählt ... Als würde es mich ... nicht geben. Als wäre ich verschwunden.«

»Warum sollte er das tun?«

»Weiß ich nicht ... wirklich nicht ...« In der Ferne kreischt ein Vogel wie eine Sirene. Ich seufze. »Weißt du, Luuk ... Ich dachte, die ganze Expedition würde hier enden. Dass ich, wenn ich ihn finden würde, viele Antworten auf meine Fragen bekommen würde. Aber wie sagt man das ... Es ist, als würden bloß noch Fragen hinzukommen. Wenn ich etwas bei dieser Expedition entdeckt habe, ist es, dass ich nicht meinen Vater suchen muss, sondern ... etwas anderes. Ich habe bloß keine Ahnung, was.«

Eine Weile sagen wir nichts.

»Ich wünschte, ich könnte dir helfen, Evi, aber ich weiß nicht, ob ich dich so ganz verstehe.«

»Das macht nichts. Ich verstehe mich ja selbst nicht.«

Auf meinem Arm landet eine Mücke. Ich jage sie weg.

»Ich will nach Hause, Luuk. Ich habe Lust, mit dir Fußball zu spielen, in unseren Baum zu klettern, über Kanaldeckel zu springen und was auch immer zu machen.«

»Ich auch, Evi. Ich auch.«

Und dann gibt es da noch dreihundert Sachen, die ich gern sagen würde. Ich würde gerne sagen, dass Luuk mehr ist als ein Freund, aber wie sagt man das? Ich würde gerne sagen, dass er immer bei mir ist, auch, wenn er nicht da ist. Er ist mein Haus, meine Jacke, nein ... er ist der Schatten der Bäume, er ist das Vogelgezwitscher, das immer um mich herum ist. Aber das sage ich nicht. Er weiß es schon.

Kaimane

Über den Tischen auf der Terrasse sind die Neonröhren angesprungen. Der Steg und der Pfad zu den Hütten ist mit Lichterketten umsäumt. Außerhalb der Insel ist der Dschungel jedoch schon stockdunkel.

Violène, Palu und ich haben Reis mit Huhn gegessen. Ich hatte ganz schön Hunger.

Am Steg ertönen Gelächter und ab und zu spitze Aufschreie. Das sind die kanadischen Touristen, die Gabian abgeholt hat. Drei Jungs und drei Mädchen mit lauten Stimmen.

Von der Bar aus kommt jemand zu unserem Tisch. Es dauert ein paar Sekunden, bevor ich Gabian erkenne. Er räuspert sich und wischt sich die Hände an seiner kurzen Hose ab. »Äh … es sind noch ein paar Plätze frei. Wollt ihr vielleicht mit?«

»Wohin?«, fragt Palu.

»Auf Kaimane-Tour«, erklärt Gabian.

»Kaimane!«, sagt Violène. Sie schaut uns fragend an. »Möchten wir das?«

Eigentlich bin ich völlig fertig. Eigentlich habe ich genug von diesem Fluss. Aber es ist mein Vater, der mich einlädt.

Kurze Zeit später hocke ich im Korjal auf einer Bank hinter Violène und den Kanadiern und neben Palu. Hinter uns sitzt der Bootsmann und an der Spitze Gabian. Mit einer starken

Lampe wirft er Lichtbündel über das Wasser und auf das Ufer. Pflanzenstängel, Wurzeln und Blätter gleiten vorbei. Außerhalb des Lichtkegels ist es zappenduster. Ab und zu werfe ich einen Blick auf das Wasser, aber bis auf das leichte Schimmern bleibt der Fluss tintenschwarz.

Gabian scherzt mit den Kanadiern herum. Er spricht Englisch in kurzen, blitzschnellen Sätzen. Ich kann nicht alles verstehen. Die Kanadier müssen laut lachen »*Schsch*«, sagt Gabian grinsend. »*Don't let them hear you. They love meat, especially meat from Canada.*« Darüber müssen sie nur noch mehr lachen. Ab und zu wirft er einen schnellen Blick auf mich, aber er spricht nicht mit mir und fragt mich nichts. Die kanadischen Touristen sitzen zwischen uns.

Dieser Mann da ist mein Vater, denke ich stets. Aber es ist, als würde dieser Satz immer wieder abprallen und weiter in meinem Kopf herumhüpfen, ohne jemals zu landen.

Er zeigt dem Bootsmann an, dass wir nach links müssen. Wir fahren nah am Ufer entlang, aber wir sehen nur Pflanzen. Es ist, als hätte der Dschungel seine Farben verloren. Im Schein der Lampe ist alles grau. Immer wieder gleitet mein Blick zu diesem Mann da vorne im Boot, mit seiner stumpfen Nase und der Brille.

»Du suchst nicht nach Kaimanen«, sagt Palu neben mir.

Ich zucke zusammen. »Häh? Nein …«

»Hast du schon mal einen gesehen?«, fragt er.

Ich schüttele den Kopf. »Sind die nicht gefährlich?«

Palu nickt mit ernstem Gesicht. »Total gefährlich. Hast du

meine Narbe nicht gesehen? »Seine Augen funkeln im Halbdunkel.

»Wo denn?«

Er lacht laut los. »Nein, das war nur ein Scherz. Die tun nichts. Liegen ein wenig im Schlamm rum und dann plötzlich sind sie wieder verschwunden.«

»Pffff.« Ich knuffe ihn in die Seite. »Aber wie sollen wir in dieser Dunkelheit jemals einen finden?«

»Ihre Augen«, erklärt Palu, »die sehen im Licht aus wie zwei leuchtende Murmeln. Achte nur darauf.«

Aber wie lange wir auch am Ufer entlangtuckern, leuchtende Murmeln sehen wir nicht.

Ein Stück weiter fahren wir in einen schmalen Seitenfluss. Die Ufer sind nur ein paar Meter von uns entfernt. Zweige hängen niedrig über dem Wasser. Manchmal müssen wir uns ducken. Ich schaue kurz zurück, aber hinter uns schließt sich die Dunkelheit sofort. Sogar den Bootsmann kann ich kaum erkennen. Je tiefer wir in den Dschungel fahren, desto schmaler wird der Fluss, bis das Boot nicht mehr weiterkann. Der Bootsmann schaltet den Motor aus und das Brummen hört auf. Die Kanadier albern noch ein wenig herum, bis Gabian flüstert, sie sollen mal still sein, und wir nur noch den Dschungel hören. Der gibt ein Abendkonzert. Grillen zirpen laut, Vögel rufen, Frösche quaken. Ich rücke etwas näher an Palu heran.

Ich schaue zu Gabian, wie er angestrengt lauscht und um sich späht. Plötzlich knipst er das Licht aus und um uns herum wird es stockfinster. Ein paar Kanadier bekommen einen Schrecken.

»Hast du Angst im Dunkeln?«, flüstere ich.

»Du?«, flüstert Palu.

»Nicht mehr.«

Langsam lehne ich mich an Palu, bis unsere nackten Arme sich berühren. Seine Haut fühlt sich warm an.

Einer der Kanadier schreit auf und schaltet die Taschenlampe seines Handys an. Sofort setze ich mich wieder aufrecht hin.

Ich schaue ihn nicht an, ich schaue nach vorn, zum Bug. Im Licht des Handys sehe ich Gabians Augen aufleuchten. Er späht kurz zu mir rüber, aber noch immer sagt er nichts.

Er schaltet die große Lampe wieder ein, aber als er nach ein paar Minuten noch immer keinen Kaiman entdeckt hat, startet der Bootsmann den Motor wieder. Es ist zu eng, um das Korjal zu wenden, darum fahren wir rückwärts, quer durch dicke Benzinwolken, die über dem Wasser hängen bleiben. Auch auf der Wasseroberfläche leuchten im Lampenschein Benzinpfützen in schillernden Farben auf.

»*I'm sorry*«, sagt Gabian. »*But the caimans are not at home. Maybe they have a party somewhere else ...*«

Die Kanadier sagen, dass sie ganz schön neugierig auf so eine Kaimanenparty seien. Mich bringen die Benzindämpfe zum Husten. Palu scheint das alles nichts auszumachen.

Wir fahren in weitere Seitenarme hinein und wieder heraus, aber nirgends sehen wir einen Kaiman. Nur leere Ufer voller

Pflanzenstängel und Baumstämme mit langen Wurzeln, die wie Finger ins Wasser greifen. Und dicke Benzinwolken, die sehen wir auch. Ich lege mir eine Hand über Nase und Mund, aber es ist, als könnte ich das Benzin auf der Zunge schmecken.

Nach dem dritten leeren Seitenfluss steigt Gabian zwischen die Kanadier hindurch und setzt sich auf die Bank vor mir, neben Violène.

»Ich weiß nicht, was da passiert ist«, sagt er. »Normalerweise sehen wir hier mindestens sieben … Sorry.«

»Aber dafür können Sie doch nichts«, sagt Violène.

»Sie könnten auch am anderen Ufer entlangfahren«, schlägt Palu vor. »Da sieht man sie ganz bestimmt.«

»Ich will eigentlich nicht mehr suchen«, sage ich leise.

Gabian blinzelt. »Was sagst du?«

»Den Kaimanen geht's doch gut dort, versteckt in ihrem Wald … Können wir sie nicht in Ruhe lassen?«

Einen Moment ist es still. »Aber die Kanadier haben bezahlt, die wollen einen Kaiman sehen.«

Ich zucke die Achseln. »Die können doch auch in den Zoo gehen?«

Palu biegt sich vor Lachen. Gabian schüttelt den Kopf. »Du bist mir vielleicht eine …« Er steigt wieder über die Bänke, zurück zu seinem Platz am Bug, und richtet seine Lampe wieder aufs Ufer. Unbeirrt sucht er weiter.

Palu schaut mich lächelnd an. »Du magst Tiere wirklich sehr gern«, sagt er nach einer Weile.

Ich zucke die Schultern. »Du nicht?«

»Doch ... klar. Aber mein Onkel macht auch ab und zu solche Exkursionen und er sagt, die Kaimane würde das überhaupt nicht stören und ...« Als er mein Stirnrunzeln sieht, spricht er nicht mehr weiter. »Ach, egal.«

»Gut«, sage ich. »Egal.« Und dann nehme ich seine Hand.

Palu schaut zu meiner Hand in seiner Hand. Nach einer Weile sagt er leise: »Aber meine Oma, die findet die Exkursionen Unfug. Sie sagt auch, man solle die Kaimane in Ruhe lassen. Sie sagt, sie seien unsere Freunde.«

Ich nicke. Mehr sagen wir nicht mehr. Wir sitzen einfach da. Gabian späht noch immer im Dunkeln nach Kaimanen, aber auch am anderen Ufer lassen sie sich nicht blicken. Er gibt es auf. Zum Glück.

Auf dem Rückweg sagen die Kanadier nicht mehr so viel. Auch Gabian sitzt schweigend da, die Lampe vor sich wie einen großen Scheinwerfer. Als wir auf einem breiten Stück mitten auf dem Fluss sind, sagt er, er wolle uns etwas zeigen, was vielleicht noch cooler ist als ein Kaiman. Alle schauen auf das Lichtbündel, das übers Wasser gleitet, aber dann schaltet er die Lampe plötzlich aus und wir sitzen wieder im Dunkeln. Erst denke ich, er will uns ein wenig ärgern, aber als ich kurz aufschaue, verstehe ich, was er meint.

Über uns glitzert ein Sternenhimmel, größer und voller als ich ihn jemals gesehen habe. Millionen, Milliarden Lichtpünktchen. Ein ganzer Himmel voll, ich staune mit offenem Mund, ich vergesse einfach zu atmen. Kräftige und schwache Lichtlein, ganze Lichtergirlanden und Wolken aus Licht. Sehr weit weg, und gleichzeitig ganz nah.

Ich höre Palu neben mir seufzen.

Und ich stelle mir vor ... Da oben, da fahren Milliarden Bötchen so wie unseres. Milliarden Bötchen mit einem Scheinwerfer. Alle auf der Suche. Ich bin nicht die Einzige.

Als wir wieder im Resort angekommen sind, geht Gabian mit den Kanadiern zur Bar und bietet ihnen zur Entschädigung ein Getränk an. »If the caimans are gone because they have a party, we can have a party too!«, ruft er, und es werden große braune Bierflaschen auf den Tresen gestellt.

Gabian fragt, was wir trinken möchten. Ich schüttele den Kopf. »Ich möchte ins Bett.« Violène auch, sie ist todmüde. Und Palu sagt, er müsse bald zu seinem Onkel, er mache sein Korjal schon mal fertig.

Gabian bittet das Barmädchen, uns Hütte Nummer 5 zu zeigen. Dann öffnet er eine Bierflasche.

»Gute Nacht«, sage ich.

»Ja«, sagt er. »Frühstück gibt's hier ab sieben Uhr.« Mit einem Arm wischt er sich den Schweiß von der Stirn. Dann wendet er sich wieder den Kanadiern zu.

Ich warte, bis er sich umdreht. Bis er mir auch eine Gute Nacht wünscht. Oder etwas anderes. Ich starre auf seinen Rücken. Auf sein T-Shirt mit den geschwungenen Buchstaben. *Im Dschungel zu Hause.*

Aber sein Rücken bleibt ein Rücken.

Und ich kapiere, dass ich nicht zu warten brauche. Ich lasse ihn zwischen den lachenden und trinkenden Gästen stehen und gehe Richtung Bootssteg.

Violène fasst mich an den Schultern und fragt, ob ich nicht mitkomme zur Hütte.

»Ich komme gleich«, sage ich. »Nur schnell Palu auf Wiedersehen sagen.«

Sie lächelt.

Palu steht am Steg und wischt sich gerade die Hände ab.

»Ist es nicht zu dunkel zum Fahren?«, frage ich.

»Eigentlich schon«, antwortet er. »Aber es ist nicht weit. Und ich konnte mir eine Lampe leihen.« Sein Gesicht leuchtet im Schein der Lichterkette auf. Von der Bar ertönt Musik.

»Schön, dass du so lange geblieben bist«, sage ich. »Und mitgekommen bist auf die Tour.«

Er zuckt die Achseln. »Wir haben nicht einen einzigen Kaiman gefunden.«

»Aber dafür achtundachtzig Millionen Sterne.«

»Und natürlich einen Vater«, sagt Palu.

Ich hole tief Luft.

»Bist du morgen noch hier?«, fragt Palu.

»Ich weiß nicht, wie es weitergeht. Morgen kommt meine Mutter in Suriname an und ich habe schon auch Lust, wieder nach Hause zu fahren.«

Palu nickt. Sein Blick schießt hin und her.

»Aber soll ich dir meine Nummer geben?«, schlage ich vor.

Er nickt.

Er hat kein Handy dabei, nur einen Bleistiftstummel. Er bricht ein Stück Rinde von einem Baum ab und kritzelt meine Nummer darauf. »*Ghaan tangi fi* ...«, sagt er. Danach weiß er nicht mehr, was er sagen soll. Er schaut nach oben, als könne er dort Wörter finden. Ich schaue mit. Zwischen den Baumkronen sehen wir ein Stück Himmel mit Sternen.

»Auch *ghaan tangi fi* ...«, flüstere ich, »für alles.« Und dann stelle ich mich auf die Zehenspitzen und gebe ihm einen Kuss. Auf seine Lippen.

Bevor er etwas sagen kann, renne ich weg. Den Steg entlang, über die Terrasse, den Pfad hinunter, in die Dunkelheit. Ich achte nicht auf die Schmerzen in meinem Knie und meiner Hüfte. Ich spüre nur mein Herz, das fast aus meiner Brust springt.

Hütte Nr. 5 liegt am Ende des Pfades. Sie ist blitzsauber. Gerade weißen Wände, eine große Glasschiebetür, ein Badezimmer mit funkelnden Fliesen und zwei gemachte Betten mit blütenweißen Laken.

Violène zieht sich gerade ihre Sandalen aus. »Schick, was«, sagt sie bewundernd. »Du hast echt Glück, dass dein Vater solche schönen Unterkünfte hat. Und dass du gleich hier übernachten kannst.«

»Ja. Wirklich.«

»Morgen Abend kommt deine Mutter auf dem Flughafen an«, sagt Violène. »Wir haben vereinbart, sie da abzuholen. Tosca, Stef und ich wollen auch so schnell wie möglich zurückfliegen. Jetzt, da wir dich und deinen Vater nicht mehr filmen dürfen … Na ja, wir sind hier im Grunde fertig. Das bedeutet bloß, dass wir morgen früh schon wieder von hier wegmüssen.«

»Oh.«

»Das tut mir leid. Normalerweise sorgen wir dafür, dass die Familienmitglieder ein wenig länger zusammenbleiben können. Aber jetzt … Tja, das ist alles ein wenig anders gelaufen. Wir haben schon so viel kostbare Zeit … äh … verloren … Aber vielleicht kannst du mit deiner Mutter später noch einmal herkommen?«

Ich nicke.

Durch die Glastür sehe ich in der Ferne die Lichter der Bar, und die feiernden Kanadier. Mein Vater steht allein am Rand, eine Flasche in der Hand. Mein Vater ist niemand zum Gute-Nacht-Sagen.

»Das macht nichts«, sage ich.

Vom Fluss aus ertönen leise Motorengeräusche. Ich erhasche einen letzten Blick auf Palus Licht, das einsam über das Wasser gleitet.

Ich würde gern wieder herkommen, irgendwann. Und nicht nur wegen meines Vaters.

Anfangen

Am nächsten Morgen schrecke ich nach Luft schnappend aus einem Traum auf. Es war etwas mit wüsten, sprudelnden Strömen, die mich wieder in die Tiefe zogen, Riesenschlucken Benzin und einem Kaiman mit Brille.

Dem Wecker auf dem Nachtschränkchen zufolge ist es noch sehr früh. Violène schläft noch fest.

Meine Hüfte ist wund und mein Knie tut weh. Die Kruste hat sich wieder gelöst. An meinem Laken klebt ein wenig Blut.

Ich ziehe mich an. Meine Shorts sind gerissen, aber ich habe nichts anderes. Wenn wir heute an einem Geschäft vorbeikommen, kaufe ich schnell etwas Neues.

Leise schiebe ich die Tür auf. Der Morgen ist kühl. Über dem Fluss hängen weiße Nebelschwaden. In der Ferne sehe ich den Steg, an dem ich gestern Abschied von Palu genommen habe. Im Morgenlicht sieht es hier seltsam kahl aus. Ich vermisse Palu jetzt schon.

Auf der Terrasse sind alle Tische leer, bis auf einen. Daran sitzt Gabian, mit einer Tasse Kaffee.

Ich gehe zu ihm. Er wippt in seinem Stuhl nach hinten, als er mich sieht, und greift mit beiden Händen nach der Tischplatte, als müsste er feste bremsen. Er hat Augenringe. »Konntest du auch nicht mehr schlafen?« Er schiebt einen Stuhl zurück. »Komm, setz dich.«

Ich setze mich.

»Kaffee?«

Ich schüttele den Kopf.

»Du trinkst noch keinen Kaffee.«

»Nein.« Ich schaukel mit den Beinen.

Die Sonne scheint orangefarben zwischen die Bäume hindurch. Kräftige Strahlen werfen Lichtstreifen auf den Tisch. Es ist still. Nur eine Waldtaube ruft zögernd *uuwuu uuwuu*.

Gabian trommelt mit den Fingern auf den Tisch.

Mein Kopf ist leer. Tausende Fragen hatte ich. Aber es ist, als hätten sie sich alle irgendwo tief unten in meinem Bauch versteckt. Ich hätte ein Kapitel mit der Überschrift »Wie spricht man mit biologischen Vätern?« schreiben sollen.

Er fragt, ob ich gut geschlafen habe. Prima, sage ich. Ich erzähle nicht, dass ich ein paar Mal aufgeschreckt bin, weil ich von der Sula geträumt habe.

Er rückt sich die Brille zurecht. Und noch einmal. Dann zeigt er auf meinen Rucksack. »Was hast du da drin?«

Ich öffne die Tasche und lege die gelbe Plastikmappe auf den Tisch. Ich klappe sie auf.

Er sieht die Kassette und lächelt. »Sie hat sie dir also doch gegeben?«

»Nein. Ich habe sie selbst suchen müssen.« Sein Lächeln erstirbt.

Ich nehme das halbe Foto von seinem Arm, der um Mamas Schultern liegt, das Foto, von dem er abgerissen wurde. Er nimmt es an und schweigt.

Ich fische die blaue Feder aus der Mappe. »Die habe ich bei Esseline gefunden. Sie ist von Eddi.«

Er starrt auf die Feder. »Sie hat mir Eddi weggenommen. Er war krank. Wir hatten hier keine Medikamente. Keinen Tierarzt. Sie hat ihn mitgenommen, aber nie mehr zurückgebracht.«

Er sieht mich an. »Esseline hat bestimmt erzählt, wie du hierherkommen kannst.«

»Überhaupt nicht. Sie wollte nicht einmal, dass ich zu dir komme.«

Und dann fange ich an zu erzählen. Ich erzähle, wie Esseline sich zum Glück verplappert hat und ich daher wusste, dass ich ins Binnenland musste. Wie ich den Bus genommen habe und dann ein Boot, wie ich Hilfe bekommen habe von Kapitän Boots und Palu. Ich erzähle die ganze Geschichte meiner Expedition, vom Weglaufen bis zum Fast-Ertrinken in der Sula. Und er hört zu. Und während er zuhört, werden seine Augen immer größer.

Als ich zu Ende erzählt habe, starrt er mich noch eine Weile an. An seinem Blick hat sich etwas verändert.

Vorsichtig schüttelt er den Kopf. »Du bist nicht gerade ängstlich veranlagt.«

»Pffff. Und ob. Die Sula, die ist supergruselig, finde ich.«

»Finde ich auch«, gibt er zu. Er zeigt auf das Wasser. »Ich bade hier nie. Auch wegen dieser Geschichten über den Wenti.«

Ich schaue zum Fluss und schüttele den Kopf. »Vor dem Wenti habe ich keine Angst.«

Er schaut, als würde ich einen Scherz machen. »Na ja, ich schon. Ich hasse Meerjungfrauen.«

»Mama auch!«

Er kneift die Augen zusammen. »Hat sie dir von unserem Abend am See erzählt?«

»Ein wenig.«

Wir sagen nichts.

Eine der versteckten Fragen poppt auf. »Stimmt das? Hast du diesen Peter wirklich so schlimm geschlagen?«

»Geschlagen? Erzählt sie das noch immer?« Er runzelt die Stirn. Die Falten über seiner Nase bilden einen scharfen Pfeil. »Hätte ich ihn nur geschlagen. Mit diesem Fisch hat er mit einem Mal alles kaputt gemacht.« Er schnaubt. »Sieh mal, Eva, ich war verrückt nach deiner Mutter. Aber sie scharwenzelte ständig um diesen Peter herum. Es war, als könnte sie sich nicht entscheiden. Ich wollte ihr zeigen, dass das zwischen ihr und mir, dass das echt war. Als ich also diese Legende über diese Meerjungfrau hörte, bin ich mit ihr zum See gegangen.«

Er lacht ein schiefes Lachen. »Es war so ein wunderbarer Abend, mit dem Mond, das Wasser so glatt wie ein Spiegel. Aber die einzige Meerjungfrau, die erschien, war dieser gigantische faule Fisch, den Peter auf uns warf. Er und seine Freunde kriegten sich nicht mehr ein vor Lachen ... Es war, als würde mit einem Mal alles zerbrechen. Und ich ... Ich fühlte mich so klein. Ich bin kein Held, weißt du. Aber als ich Silla neben mir im Wasser stehen sah, mit diesen großen, ängstlichen Augen, da wusste ich: Jetzt muss ich etwas tun, wenn ich will, dass sie mich jemals noch ansieht. Also bin ich hinter diesem Peter hergerannt, in den Wald. Als ich ihn da stehen sah, zwischen den Bäumen, mit diesem blöden Grinsen auf dem Gesicht, ja, da habe ich mich auf ihn gestürzt. Ich gab ihm einen anständigen Schubs gegen die Schulter, er stolperte und knallte mit dem Kopf gegen einen Ast. Fluchend rannte er weiter, in die Dunkelheit. Ich habe ihn gehen lassen … Er ist gut weggekommen. Und alle dachten immer nur, dass ich ihm ein blaues Auge geschlagen habe. Silla war wütend. Was immer ich auch sagte, nein, das hier war der Tropfen, der das Fass zum Überlaufen brachte: Sie wollte mich nicht mehr sehen. Ich war am Boden zerstört. Wochenlang bin ich durch die Stadt geirrt …« Gabian erzählt und erzählt und es ist, als würde ich wieder in einer Sula mitgerissen, zurück in die Zeit, und ich kann nichts tun, kann mich nur mitführen lassen, nur seinem Wörterstrom zuhören: »… Ich grübelte und grübelte, wo war es schiefgegangen? Woher konnte dieser Peter nur wissen, dass wir an dem See waren? Hatte Silla es ihm erzählt? Aber warum? Und dann stellte sich auch noch heraus, dass sie schwanger war. Von diesem Peter, das dachte ich jedenfalls, denn sie …«

Ich drücke die Hände auf meine Ohren, seine Wörter schnüren mir die Kehle zu, ich bekomme fast keine Luft mehr. Er hört auf zu reden und sieht mich erstaunt an. Ich nehme die Hände wieder weg.

»Möchtest du es nicht hören?«, fragt er.

Ich schüttele den Kopf. »Es ist egal. Es ist schiefgegangen.

Ich brauche nicht zu wissen, wer schuld war. Davon habe ich doch nichts mehr ...«

Gabian starrt mich mit halb offenem Mund an. »... Nein.«

Er nimmt die blaue Feder vom Tisch. »Du bist weise.«

Er starrt auf die Feder in seiner Hand. Traut sich nicht, mich richtig anzusehen. »Es tut mir leid«, murmelt er. »Aber gestern, als du hier so plötzlich aufgetaucht bist, habe ich einen ziemlichen ... Schrecken bekommen.« Er seufzt. »All die Jahre dachte ich: Es ist gut so, wie es ist, ich kann damit leben ...«

»Auf der Kassette sprichst du von einem Loch in deinem Herzen.«

»Genau. Na ja, und ich dachte eben, dieses Loch sei inzwischen ein wenig zugewachsen. Aber jetzt, wo du plötzlich hier bist ... Jetzt, wo ich dich sehe, weiß ich erst, dass es nie zugewachsen ist, es ist immer nur größer geworden.«

Er lächelt. In meiner Brust fängt etwas an zu glühen.

Ich schaue hinauf zu den turmhohen Bäumen. Ein kleiner, knallgrüner Leguan huscht zwischen den Blättern weg.

»Und was ist das?« Gabian zeigt auf meine Projektarbeit, die noch in der Mappe steckt.

»Das ist ... damit hat alles angefangen. Meine Projektarbeit.«

Er schlägt die Mappe auf und liest den Titel auf der Vorderseite. »*Biologische Väter?*« Er schaut mich ungläubig hinter seinen Brillengläsern an.

»Möchtest du's lesen?«, frage ich vorsichtig.

Er beäugt die Projektarbeit, als könnte sie ihn jeden Moment beißen. »Bestimmt stehen da lauter schlechte Sachen über mich drin.«

»Nein, das nicht.« Ich schiebe die Mappe näher zu ihm, aber er fasst sie nicht an.

»Da stehen ... eigentlich sehr wenige Sachen über dich drin. Weil ich ja noch nichts über dich weiß.«

Reglos starrt er auf die Projektarbeit vor ihm auf dem Tisch.

»Möchtest du's nicht lesen?«, frage ich. »Traust du dich nicht?«

Er muss lachen. Ein seltsames, hohes Lachen.

»Ich werde es lesen. Später.« Er wirft einen Blick auf sein Handy und trinkt seinen Kaffee aus. »Aber jetzt muss ich weg. Ein Meeting mit Kapitänen tiefer im Binnenland. Heute Abend bin ich wieder da. Du bleibst doch noch ein paar Tage?«

»Nein.«

»Nicht?«

»Wir holen Mama vom Flughafen ab, also müssen wir gleich schon los. Und ich will auch gerne nach Hause.« Ich nehme meine Projektarbeit wieder und schiebe sie zurück in die Mappe.

»Okay.« Er blinzelt. »... Dann muss ich es ein anderes Mal lesen.«

Ich stehe auf, schiebe die Mappe und die anderen Sachen wieder in meinen Rucksack und setze ihn auf.

Dani, Gabians Sohn, starrt mich von hinter der Bar aus an. Mein kleiner Bruder. Ich winke ihm zu. »Tschüs, Dani!« Kichernd versteckt er sich. Dann kommt er an der anderen Seite zum Vorschein. »Tschüs, Dani!«, rufe ich wieder, und wieder flitzt er lachend weg.

Gabian räuspert sich. »Eva? Darf ich noch ein Foto von dir machen, bevor du gehst?«

Ich schlage mir die Hand vor den Mund. »Fast vergessen! Ich muss selbst auch noch ein Foto von uns machen, der Kameramann hat mich darum gebeten.«

»Für *Verlorene Zeit*?« Er runzelt die Stirn. »Dann lieber nicht …«

»Ich habe es Stef aber versprochen …«

Gabian kneift ein Auge zu. »Na ja. Wenn man mich nur nicht erkennen kann …« Er angelt eine dunkle Sonnenbrille aus seiner Hosentasche hervor und tauscht seine normale Brille dagegen aus.

Vor langer Zeit habe ich ihn mir so vorgestellt, einen Vater mit Sonnenbrille. Vor sehr langer Zeit.

Er stellt sich neben mich und legt mir eine Hand auf die Schulter. Er ist nur einen halben Kopf größer als ich. Ich versuche zu lachen, aber das klappt nicht so ganz.

Mit seinem Handy macht er ein Selfie von uns. Ich mache auch eins mit meinem Telefon.

Dann sehe ich mir die Fotos an. Es ist, als sähe ich auf meinem Display zwei Fremde. Ein Mädchen mit Augenringen und einen Mann mit einer Riesensonnenbrille.

»Kommst du mich nochmal besuchen?«, fragt er. Die dunklen Gläser starren mich an.

»Das wollte ich dich gerade fragen.«

Er nickt. »Wenn es geht, komme ich gerne mal zu dir ...«
Er zieht einen Mundwinkel rauf und grinst schief. Ein halbes Lachen. »Wir sind noch nicht fertig, was?«, sagt er.

Ich lächle. Auch ein halbes Lachen. Die andere Hälfte.

»Wir fangen gerade erst an«, sage ich.

Noch ein halber Ozean

Von: evaloks@mail.nl
An: luukdejong@net.nl
Betreff: Nach Hause

Lieber Luuk,

ich fliege wieder. Nach Hause. Draußen ist es dunkel, aber ich kann nicht mehr schlafen. Die Sonne will einfach nicht aufgehen.

Ich sitze jetzt neben Mama. Oder eigentlich unter Mama, denn sie ist im Schlaf halb auf mich draufgefallen. Ihre Haare kitzeln in meiner Nase, während ich das tippe, aber ich möchte sie nicht aufwecken.

Vorgestern Abend haben wir sie am Flughafen abgeholt. Es war sehr seltsam, sie in Suriname zu sehen.
    Wir brauchten ewig, um vom Dschungel zum Flughafen zu gelangen. Erst stundenlang in einem Korjal, und dann Kilometerweit mit dem Taxi über die Straße durch den Dschungel und die Savanne, an Hütten und Häusern und Fabriken vorbei, bis wir endlich am Flughafen ankamen. Ich musste mich wieder richtig an Autos, Mopeds und Busse gewöhnen. Es war, als ob

sie mich aus einer anderen Welt, dem Dschungel, wach hupten.

In der Ankunftshalle musste ich warten, bis Mama gelandet war. Das war die längste Stunde, die ich je erlebt habe. Von meinen Fingernägeln ist wenig übrig. Dass das Fernsehteam inzwischen mit den Kameras bereitstand, machte es nur noch schlimmer.

Tja, ich hatte den Leuten von *Verlorene Zeit* versprochen, dass sie filmen durften, wenn ich meine Mutter wiedersehen würde, um es ein wenig wiedergutzumachen. Dann haben sie wenigstens eine rührende Begegnung im Kasten.

Und na ja, alles besser als wenn sie das erste Treffen mit meinem Vater für die Folge gefilmt hätten. (Ein Vater, der aus einem Schrank kriecht, eine Tochter, die sich übergeben muss, das wäre schon reichlich seltsam geworden mit einer seichten Geigenmusik dazu ...)

Das Wiedersehen mit meiner Mutter sieht im Fernsehen bestimmt schöner aus.

Bevor sie durch die großen Türen kommen würde, musste ich mich mitten in der großen Halle bereit machen. Wieder wurde mir ganz anders, als die Kamera auf mich gerichtet wurde, aber als Mama schließlich auf mich zukam (oder besser gesagt rannte) war mir alles egal. Wir fielen uns in die Arme und blieben sehr lange aneinandergedrückt so stehen. Ich spürte ihre Tränen sogar in meinem Nacken. Ich musste nicht weinen. Ich weiß nicht, warum nicht. Meine Tränen sind vorläufig alle, glaube ich.

Zwei Tage bin ich mit Mama in Paramaribo geblieben. Wir sind nicht viel aus dem Hotel rausgekommen. Ich habe vor allem viel geschlafen. Und Mama und ich mussten uns natürlich auch aussprechen ...

Wir sind auch kurz bei Esseline vorbeigegangen (jetzt war ich nicht mehr die Einzige, die zu Mus gedrückt wurde ...) Ich wollte auch noch sehr gern meine Brüder besuchen, aber die wohnen in Nickerie, am Rand von Suriname, das ging also nicht. Aber Mama hat versprochen, dass wir noch einmal nach Suriname zurückkehren, sie und ich. (Und hoffentlich kannst du dann auch mitkommen?)

Wenn ich jetzt aus dem Fenster schaue, sehe ich die ersten Sonnenstrahlen über den Horizont kriechen.

In ein paar Stunden bin ich wieder in Holland und ich sehe dich am Flughafen. Am Tag danach sitze ich wieder ganz normal in der Klasse. Und alles geht weiter.

Hast du deine Projektarbeit schon fertig? Ich nicht.

Ich werde gleich noch ein Kapitel schreiben, weil ich nicht gut nichts machen kann, wenn ich warten muss. Und es dauert noch eine ganze Weile, bevor ich lande, mehr als einen halben Ozean.

Bis später, Eva

KAPITEL 8

<u>Wie fand ich es, diese Projektarbeit zu schreiben?</u>

Meist schreibt man, dass man am Ende viel über sein Thema gelernt hat. Aber um ganz ehrlich zu sein: Ich verstehe immer noch wenig von meinem Thema und ich habe nur noch mehr Fragen in meinem Kopf.

Okay, durch meine Projektarbeit und meine Expedition habe ich schon etwas über biologische Väter gelernt, aber noch viel mehr über biologische Töchter, also über mich selbst.
    Ich habe entdeckt, dass eine biologische Tochter wie ich eigentlich immer mit einem seltsamen Gefühl herumläuft. Einer Art Hunger, aber dann nicht nach Essen. Einer Art Loch im Herzen. So ein Loch entsteht nicht durch eine Wunde oder einen Pfeil oder so, sondern durch Fragen, auf die sie einfach keine Antworten bekommt. Quälende Fragen. Über ihren Vater.
    Ein echtes Loch im Herzen kann gefährlich sein, aber dieses Loch auch. Es macht einen manchmal blind für andere Gefahren und reißt einen mit.

Schließlich habe ich ihn gefunden, aber es fühlt sich komisch an, zu sagen, dass die Expedition »erfolgreich« war. Ein biologischer Vater, den man zum ersten Mal sieht, ist niemals, was man von ihm erwartet. Bei mir jedenfalls nicht.

(Irgendwie fand ich den Vater, den ich mir ausgedacht hatte, besser. Er konnte alles Mögliche sein. Geheimagent, Musiker, was auch immer.)

Ich habe aber gemerkt, dass man bei so einer Expedition unterwegs vielleicht am meisten lernt: zum Beispiel, dass es viel mehr Sorten Väter gibt, als man denkt, oder dass ein Land, in dem man noch nie gewesen ist, doch ein wenig zu einem gehört. Und dass man das nicht allein schaffen kann, so eine Expedition. Nicht ohne Hilfe.

Ich bin froh, dass ich ihn gefunden habe. Aber das Loch ist noch nicht zu.

Eigentlich ist meine Expedition auch noch nicht zu Ende,

denn den Mann, den ich gefunden habe, kann ich nicht »meinen Vater« nennen. Noch nicht. Die Expedition muss noch anfangen. Und ich habe keine Ahnung, wie lange sie dauert.

Und eigentlich ist diese Projektarbeit noch immer nicht fertig, weil ich noch immer nicht weiß, was ein Vater ist, ein echter Vater.

Ich frage mich, wie viele Kapitel ich noch schreiben müsste, bevor ich das weiß. Vielleicht wird es niemals fertig.

Zu Hause

Mit unseren ratternden Koffern an der Hand gehen wir zu den milchweißen Schiebetüren, Mama ein wenig hinter mir. Ich kann ihn noch nicht sehen, aber ich weiß, dass er da ist. Und ich denke: Vielleicht ist das ja das Ende meiner Expedition. Vielleicht ist er ja, wonach ich auf der Suche war. Obwohl er nicht neu ist. Obwohl ich ihn schon seit dem Kindergarten kenne.

Die Türen schieben sich auf. Ich sehe Opa da stehen, mit seinen funkelnden Augen. Ich sehe Luuks Eltern, und seine Schwestern. Und da sitzt er, auf einem Absperrgitter. Sein Auge ist noch ein wenig blau, aber ansonsten ist es einfach wieder Luuk, wie immer. Dennoch ist es, als würde ich ihn neu sehen. Meinen besten Freund, meinen Fast-Bruder. Luuk, der immer da ist. Und wenn ich einen Vater auf dem Mond gesucht hätte. Und wenn ich hundert Jahre lang weggeblieben wäre.

Er springt von dem Gitter. Ich lasse meinen Koffer fallen. Es spielt keine Geigenmusik. Es sind keine Kameras dabei. Das hier ist echt.

Dankeswort

Dieses Buch hätte ich niemals allein schreiben können.
Alles fing mit meiner Schwester an. Ihre Suche nach ihrer biologischen Familie in Suriname ist der Keim für dieses Buch. Ihr Mut hat mich enorm inspiriert, und ich bin ihr sehr dankbar für die Offenherzigkeit, mit der sie ihre Geschichten teilte. Was für ein Glück und was für ein Geschenk, dass ich ihr Bruder sein darf.
In Suriname habe ich vielen Leuten Löcher in den Bauch gefragt. Bei ihnen allen möchte ich mich bedanken: Kenneth, Presley, Chapeau, Palu, Kapitän Petrusi, Joël, Joni, Kukcy, und natürlich Kollege-Autor Dorus Vrede, der mich so inspiriert hat mit seinen Geschichten über die Saramaccaner. Vinije Haabo war mein saramaccaanischer Felsen in der Brandung, bei ihm möchte ich mich fürs Mitlesen und Mitdenken bedanken, ebenso wie bei Soenita Goerdayal, die mir so sehr geholfen hat mit ihrer Redaktion des surinamischen Niederländisch. Und Dankeschön an Nanie, meine Leih-Oma, die die leckersten Roti von ganz Paramaribo macht.
Auch Daan Steijnen darf ich nicht vergessen, der mir viel über die Ins und Outs des Fernsehfachs erzählt hat, und Jacqueline Govaerts für ihre Tipps über die Arbeit einer Sängerin. Dank auch an Lin, für ihre besondere Geschichte über die Suche nach ihrem biologischen Vater.

Mirjam bin ich ebenfalls zu großem Dank verpflichtet – ihr scharfer Blick und ihre Engelsgeduld sind Gold wert – und Karst-Janneke, die außer Illustratorin auch Inspiratorin und Sparringpartnerin ist. Bei Janneke Dubbelboer und Marianne Drissen möchte ich mich sehr herzlich für das kritische Lesen bedanken, und natürlich bei Biko, meiner Anna und Vossie.

Schlussendlich gilt mein besonderer Dank Timon, mit dem ich mich in das surinamische Abenteuer stürzte: Reisegefährte, unschlagbarer Meister im Fake-Brasilianisch und treuer Freund, schon seit dem Kindergarten.

Die Übersetzung des Buches wurde von der Niederländischen
Stiftung für Literatur gefördert.

**Nederlands letterenfonds
dutch foundation
for literature**

Die Arbeit der Übersetzerin am vorliegenden Text wurde vom
Deutschen Übersetzerfonds gefördert.

van der Geest, Simon:
Der Urwald hat meinen Vater verschluckt
978 3 522 18568 4

Aus dem Niederländischen von Andrea Kluitmann
Einbandgestaltung und Innenvignetten: Karst-Janneke Rogaar
Einbandtypografie: formlabor
Innentypografie: Tanja Haaf
Reproduktion: DIGIZWO GbR, Stuttgart
Druck und Bindung: GGP Media GmbH, Pößneck

© 2019 by Simon van der Geest
Die Originalausgabe erschien unter dem Titel
Het werkstuk of hoe ik verdween in de jungle
bei Uitgeverij Querido Kinderboeken, Amsterdam
© 2021 Thienemann
in der Thienemann-Esslinger Verlag GmbH, Stuttgart
Printed in Germany. Alle Rechte vorbehalten.